グローバル化時代の
教育評価改革
― 日本・アジア・欧米を結ぶ ―

田中耕治
Tanaka Koji

編著

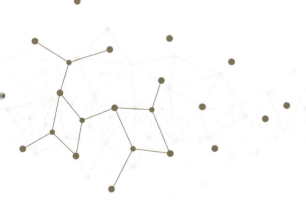
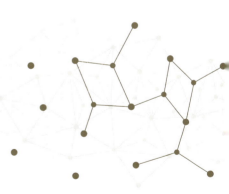

日本標準

まえがき

　現代は,「評価の時代」だといわれる。たとえば,日本においては全国学力・学習状況調査が実施されている。「活用」を問うB問題は,学習指導要領の2008(平成20)年改訂に先立って,次の学習指導要領がめざす学力像を広く知らしめる役割を担った。さらに,都道府県別の結果が公表されることにより,全国学力・学習状況調査は学校現場の教育を強く規定するものとなっている。

　「活用」が重視された背景には,2004年の「PISAショック」がある。PISA(生徒の学習到達度調査)を実施しているOECD(経済協力開発機構)は,『PISAから見る,できる国・頑張る国』(渡辺良監訳,明石書店,2011年)を公表し,各国の教育政策に大きな影響を与えている。

　このように,統一テストによって教育実践や教育政策が規定される状況は,現在,国内外のさまざまな場面で見受けられる。しかし,そのようなテストが本当に教育の改善につながっているかという点については,疑問の声も聞かれる。教育実践の改善につながる「評価」のあり方を,教育実践研究の蓄積をふまえつつ再考することが求められているといえるだろう。

　「評価を教育改善に生かす時代」を築くためにはどうすればよいのか。本書は,この問いへの答えを探るため,同時代を生きる諸外国(地域や国際機関を含む)の模索を検討している。序文ではまず国内外の改革動向を概括している。

　第1章「教育改革における評価の位相」では,中国・上海,アメリカ,オーストラリア,イタリア,スウェーデンの事例を検討している。そこでは,統一テストによって競争をもたらすという方策だけが,教育改革の唯一の道ではないことが解き明かされる。

　第2章「学力・能力観をめぐる議論」では,国際比較調査の動向を確認したあと,EU,フランス,ドイツ語圏,中国においてそれぞれに検討されている学力・能力観を検討する。そこには,2000年代に入って衆目を集めているコンピテンシー論と,従来型の学力論・教養論との相克が浮かび上がる。

　第3章「新しい評価法の考え方と進め方」では,学力評価の方法について多

角的に検討する。まず，アジアにおいてパフォーマンス評価を政策的に取り入れた韓国の事例を紹介するとともに，アメリカの州学力テストにおいて障害のある子どもへの配慮がどう行われているかを検討する。さらに，イギリスにおける形成的評価論の新たな展開を説明するとともに，英語圏における芸術教育の評価に関する研究動向を紹介する。

第4章「授業・教師・学校の評価」では，アメリカにおける授業評価・教員評価・カリキュラム評価が，説明責任を志向するものと教育改善を志向するものとの間で葛藤しつつ展開していることを解き明かす。また，オランダの事例から，標準テストの結果に特化させず，広く学校運営に関する諸条件を評価対象とするような学校評価のあり方を探る。

日本における外国研究といえば，旧来は，理想的な先進事例から具体的方策を学ぼうとする姿勢が多く見受けられた。しかしながら本書は，どこかに理想郷を求めるのではなく，同じ悩みや葛藤を抱え，問題解決を模索している種々の事例に丁寧に寄り添うことによって，「評価」に関する基本的な原理への理解を深めることを意図している。各章にはそれぞれ「序論」と「小括」を配し，日本における状況の説明と，各節から学ぶべき教訓を整理している。以上をふまえ，終章では今後の目標と評価のあり方の展望を提案している。

本書の執筆者は，京都大学大学院教育学研究科の田中耕治研究室で教育評価を探究してきた者たちである。執筆にあたっては，合宿を含む研究会を15回にわたって行い，メーリングリストも活用しつつ執筆者間で議論を重ねた。とくに各章の内容については，章の序論・小括の執筆担当者を中心に詳細な検討を行った。

本書が示す知見が，教育評価を生かし，教育を改善することを追求している学校の教師や管理職，教育政策担当者，教育研究に携わる方々にとって一助となれば幸いである。さらに議論を深めるべき点については，読者の忌憚のないご批正を待ちたい。

2016年1月

西岡加名恵

目　次

　まえがき　西岡加名恵　　iii

序　文　教育評価改革の潮流 ―――――――――――――1
田中耕治

　　0　はじめに　　1　21世紀初頭における日本の教育課程政策の展開　　2　1980年代以降の国際的な教育課程改革の動向を読み解く

第1章　教育改革における評価の位相 ―――――――――11
　序　論　評価の時代のはじまり　　　　　　　　石井英真　　12
　　0　全国学力・学習状況調査のはじまり　　1　全国学力テストの結果の活用をめぐる状況　　2　全国学力テストに対する危惧　　3　世界的な学力テスト政策の展開の背景　　4　学力テスト政策の多様な展開から学ぶ

　第1節　上海におけるカリキュラムと評価改革の展開　　鄭　谷心　　16
　　0　はじめに　　1　上海におけるカリキュラム改革　　2　新しいカリキュラムに応じた教育評価の改革　　3　おわりに

　第2節　アメリカにおけるスタンダード運動の重層的展開　　遠藤貴広　　28
　　0　はじめに　　1　州によるスタンダードの策定と標準テストによる評価　　2　州テスト政策に対抗する草の根の教育評価改革　　3　全米レベルでのスタンダードに基づいたパフォーマンス評価へ　　4　おわりに

　第3節　オーストラリアの教育改革における教育評価の取り組み
木村　裕　　40

　　0　はじめに　　1　オーストラリアにおける近年の教育改革の全体像　　2　教育評価に関する特徴的な取り組みの様相　　3　おわりに

　第4節　教育課程評価としてのイタリアのINVALSIテスト
徳永俊太　　52

　　0　はじめに　　1　学校に自己評価を促すテスト　　2　格差指標としてのテスト　　3　おわりに

　第5節　スウェーデンにおける全国学力テストをめぐる議論
本所　恵　　64

　　0　はじめに　　1　スウェーデンの教育評価システム　　2　教育評価の強調の背景　　3　担任教師による採点をめぐる議論　　4　おわりに

小 括　学力テスト政策の課題と展望　　　　　　　　　　　石井英真　76
　　0　各国の教育評価改革の共通性と多様性　　1　現代日本の教育改革における学力テストの位置　　2　学力テスト政策に伴う目標と評価の議論の仕方の変容　　3　教育目標と評価の新たな形に向けて

第2章　学力・能力観をめぐる議論――83

序　論　学力・能力観をめぐる議論の高まりとどう向き合うか
　　　　　　　　　　　　　　　　　　　　　　　　　　　樋口太郎　84
　　0　学力・能力観をめぐる語りの状況　　1　学力研究の成果に学ぶ　　2　学力・能力観をめぐる議論の新たな局面　　3　国際機関および各国の議論に学ぶ

第1節　国際比較調査PISAをめぐるOECDとユネスコの動向
　　　　　　　　　　　　　　　　　　　　　　　　　　　樋口とみ子　88
　　0　はじめに　　1　PISAリテラシーをめぐる議論の展開――日本での議論　　2　OECDの社会観　　3　国際比較の意味――ユネスコとの違い　　4　おわりに

第2節　EUにおけるキー・コンピテンシーの策定と教育評価改革
　　　　　　　　　　　　　　　　　　　　　　　　　　　本所　恵　100
　　0　はじめに　　1　DeSeCoのキー・コンピテンシーとEUのキー・コンピテンシー　　2　EUによるキー・コンピテンシー策定の背景　　3　キー・コンピテンシーの育成をめざす教育評価改革　　4　おわりに

第3節　フランスの中等教育におけるコンピテンシーと教養の相克
　　　　　　　　　　　　　　　　　　　　　　　　　　　細尾萌子　112
　　0　はじめに　　1　コンピテンシー概念の内実　　2　「知識とコンピテンシーの共通基礎」に対する教員の反応　　3　おわりに

第4節　ドイツ語圏の教育改革におけるBildung（ビルドゥング）とコンピテンシー
　　　　　　　　　　　　　　　　　　　　　　　　　　　伊藤実歩子　124
　　0　はじめに　　1　ドイツ語圏の教育の変容――2010年代　　2　Bildungとコンピテンシー――改革に対する批判の系譜　　3　おわりに

第5節　中国における素質教育をめざす教育改革　　　　　項　純　136
　　0　はじめに　　1　素質教育の内実と特徴　　2　カリキュラム改革をはじめとする基礎教育改革の展開　　3　素質教育の充実と教育改革の新しい動向　　4　おわりに

小　括　学力・能力観をめぐる議論を読み解く　　　　　樋口太郎　148
　　0　はじめに　　1　能力観の比較　　2　3つの論点に関する考察　　3　おわりに――日本への示唆

第3章　新しい評価法の考え方と進め方 ── 155

序　論　「目標に準拠した評価」の登場と課題　　　　赤沢真世　156
　　0　はじめに　　1　「目標に準拠した評価」の登場　　2　子どもの実態を丁寧に捉える形成的評価の位置づけ　　3　「目標に準拠した評価」をめぐる論点

第1節　韓国におけるパフォーマンス評価の理論的潮流　　　　趙　卿我　160
　　0　はじめに　　1　ペクによるパフォーマンス評価論の意義　　2　ナムのパフォーマンス評価論の具体像と課題　　3　おわりに

第2節　アメリカの州学力テストにおける障害のある子どもたちへの特別な配慮　　　　羽山裕子　172
　　0　はじめに　　1　障害のある子どもたちを州学力テストの対象とする取り組み　　2　代替的な評価の普及と課題　　3　おわりに

第3節　イギリスにおける「学習のための評価」による形成的評価の再構築
　　　　　　　　　　　　　　　　　　　　　　　　　　　　　二宮衆一　184
　　0　はじめに　　1　形成的評価の再構築　　2　「学習のための評価」としての形成的評価の新たな展開　　3　おわりに

第4節　英語圏における芸術教育の評価の新展開　　　　渡辺貴裕　196
　　0　はじめに　　1　評価に対する古典的な受け止め方　　2　「スタンダード」に基づいた評価の広がり　　3　「スタンダード」路線への批判　　4　「スタンダード」とは異なる方向性をもった取り組み　　5　おわりに

小　括　新しい評価法をめぐる議論の到達点と課題
　　　　　　　　　　　　　　　　　　　　　　　　　　　　　赤沢真世　208
　　0　はじめに　　1　新しい評価法をめぐる共通基盤と意義　　2　日本における評価研究・実践の再吟味　　3　おわりに

第4章　授業・教師・学校の評価 ── 215

序　論　説明責任と教育改善のはざまで　　　　赤沢早人　216
　　0　子どもの学習や成長を支える教育評価　　1　ニュー・パブリック・マネジメントと4つの評価の制度化　　2　4つの評価の機能

第1節　北米地域を中心とする授業研究の拡がりと評価観の更新
　　　　　　　　　　　　　　　　　　　　　　　　　　　　　藤本和久　220
　　0　はじめに　　1　授業研究の国際的流行　　2　北米地域の授業研究の拡がりと課題　　3　授業研究と教育評価論の関係　　4　おわりに

第2節　アメリカにおけるカリキュラム評価論の諸潮流

西岡加名恵　232

0　はじめに　　1　カリキュラムに関する価値判断として評価を捉える　　2　社会的な実験として「評価」を捉える　　3　カリキュラム編成のプロセスに学業達成の評価を位置づける　　4　おわりに

第3節　オランダにおける学校評価

奥村好美　244

0　はじめに　　1　オランダにおける学校評価の概要　　2　自己評価ツールZEBOの概要と検討　　3　おわりに

第4節　アメリカにおける教師評価

八田幸恵　256

0　はじめに　　1　資格認定制度が求められる背景　　2　NBPTSにおける評価の基準と方法　　3　教師の意思決定を支える「内容に関する知識」の評価　　4　おわりに

小　括　教育改善としての教育評価を守り育てるために

赤沢早人　266

0　市場原理を超えて　　1　授業評価としての授業研究の再吟味　　2　教師-授業-学校を結ぶカリキュラム評価の位置　　3　子どもの成長を促す学校評価に向けて　　4　自律的な専門家としての教師を育てる教師評価のあり方　　5　おわりに

終　章　新時代の教育目標と評価——日本への示唆————273

川地亜弥子

0　はじめに　　1　共通性と多様性——何がどの程度必要かを誰が判断するか　　2　高次の能力をどう指導し評価するか　　3　教師や学校に対する評価——専門性の向上か，長期目標・ユニークな目標の棄却か　　4　評価への参加——枠組み作りに参加し，成長・発達する　　5　教育メディア革命期における教育評価　　6　特別支援教育における教育目標・評価論からの示唆　　7　学校のもつ福祉機能の評価　　8　おわりに

あとがき　田中耕治　285

索　引　289

序文

教育評価改革の潮流

田中耕治

0 はじめに

　本書は，現在進行しつつある，「資質，能力」をめざす教育課程改革を教育評価という視角から，さらにはその教育課程改革がグローバル化（知識基盤社会を前提とするICT化の推進を併走しつつ）の様相を呈していることから，その研究対象を現代の教育課程改革の特質をある意味で顕現している諸外国（韓国，中国，アメリカ，イギリス，イタリア，オーストラリア，オランダ，スウェーデン，ドイツ，フランス），地域（欧州連合：EU），機関（ユネスコ）に拡大し，国際的視野から，その動向，論点，課題を浮き彫りにするものである。また，そのプロセスの中で教育評価の役割が，PDCAサイクルの一環として矮小化されている事態（「点検，査定としての評価」）に直面して，さまざまな教育場面において，豊かに深化しつつある国際的な教育評価研究の新たな展開についても考察するものである。それでは，まず，21世紀を前後する頃から現在までの日本の教育課程政策が，21世紀初頭に登場したPISA（生徒の学習到達度調査：Program for International Student Assessment）に代表されるグローバル化と占有的に共振して，加速度的に展開してきたことを，そのエポックを中心にして確認してみよう。

1　21世紀初頭における日本の教育課程政策の展開

　振り返ってみれば，1999年6月に『分数ができない大学生』[1]というセンセーショナルな書物の出版によって，いわゆる「学力低下論争」が勃発し，基礎学力不足を招来したとされる当時の「ゆとり教育」政策を揺さぶったことは記憶に新しい。その論争の終息ときびすを接するかのように，2004年12月に，前年に実施されたPISA2003の調査結果が報告され，日本の生徒たちの「読解力（reading literacy）」（以下，PISA型読解力）がOECD平均程度であることが明らかとなり，教育関係者にショックを与えることになった（いわゆる「PISAショック」）。

　この結果に危機感をもった文部科学省は，2005（平成17）年12月に「読解力

向上に関するプログラム」の策定と『読解力向上に関する指導資料』を作成した。また，2006（平成18）年6月に発足した「言語力育成協力者会議」ではPISA型読解力を意識した「言語力」の育成を強調して，学習指導要領の改訂作業に影響を与えることになる。2007（平成19）年4月から実施されるようになった「悉皆調査」としての「全国学力・学習状況調査」では，A問題（「知識」に関する問題——基礎的・基本的な内容）と，B問題（「活用」に関する問題——実生活を想定した場面で知識を活用して答えを出す内容）を区別し，B問題ではPISAと同類の問題を出題した。そして，このような経緯を強く反映して，2008（平成20）年3月28日に改訂学習指導要領が告示されることになる。そこでは，改正学校教育法（2007〈平成19〉年6月27日）の第30条（教育の目標）2項に法的根拠をもつ学力の重要な要素として，「①基礎的・基本的な知識・技能の習得，②知識・技能を活用して課題を解決するために必要な思考力・判断力・表現力等，③学習意欲」と提起された。これらの要素によって構成される「確かな学力」観の特徴は，とりわけ「②知識・技能を活用して課題を解決するために必要な思考力・判断力・表現力等」を重視し，さらには，思考力・判断力・表現力については，各教科の内容を活用して思考し判断したことを，記録・要約・説明・論述・討論といった言語活動（図・グラフ，構想や設計なども含む）を通じて評価することとされている点である。

　このような志向性は，近年の先進諸国の教育目標論において，教科の知識・技能に加えて，教科横断的な「資質・能力」を明確化する動きとして敷衍化されようとしている。たとえば，PISAの枠組みであるOECDのプロジェクトDeSeCo（コンピテンシーの定義と選択：Definition and selection of competencies）が示した「キー・コンピテンシー（key competency）」[2]や米国の企業関係者や教育関係者の提起した「21世紀型スキル（21st century skills）」（教科の内容知識に加えて，4つの柱〈思考の方法，働く方法，働くためのルール，世界の中で生きる〉を強調）[3]などが積極的に紹介され，教科横断的な汎用的スキルなどの「資質・能力」を明確化し，それを「21世紀型能力」（三層〈基礎力，思考力，実践力〉として構造化）[4]として整理し，次期の学習指導要領における教育目標と評価のあり方を方向づけようとしている（このような動向を「コンピテンシー・ベイス」な改革と総称）[5]。

以上，粗っぽい素描ではあるが，日本の教育課程政策が，21世紀初頭に登場したPISAに象徴されるグローバル化と占有的に共振して，加速度的に展開してきたことが理解できよう。本書の意図は，現行の教育課程改革を相対化するとともに，より良い改革的な方向を模索するために，国際的な視点からの論点を明示し，オルタナティブを提起することにある。

　以下，本稿では，紙幅の制約から本書の全面的な水先案内を行うのではなく，各章の内容をふまえて俯瞰的な立場からやや抽象度をあげて，とりわけ1980年代以降，市場原理を軸とする競争主義，成果主義の国際的な政策動向とその一環である教育政策の中で二項対立を余儀なくされている，異質な原理を析出して，その関係性を考察してみようと思う。それは一見して錯綜しているかにみえる教育改革の動向を読み解くための概念装置の役割を期待してのものである。

2　1980年代以降の国際的な教育課程改革の動向を読み解く

(1)「質と平等」の問題

　この「質と平等」の問題は，従来はアンビバレントな関係として意識されてきた。子どもたちの学力の質の向上を追求すると平等を犠牲にすることになる，他方平等を追求すると質の平準化とその結果としての質の低下をもたらすという関係である。この「質と平等」の関係において，どちらを優先するのかは，教育制度レベル，教育方法レベルにおいて，各国の歴史的事情を反映して多様に選択されてきた。かつてのオランダのように，「質」を「個性」と読み替え，「平等」とはその保証または尊重であると考える国もある。それでは，このたびの教育改革においてはこの問題はいかに意識され，現実にはどのように表れているのであろうか。

　競争主義，成果主義の国際的な政策動向を牽引するアメリカにおいて，学力向上政策の起爆剤として2002年に制定されたNCLB法（「どの子も置き去りにしない」法：No Child Left Behind Act）下においては，「アカウタビリティ」の要求がさらに強まり，それを証明する大規模調査としての州学力テストのハイ・ス

テイクス化が競争主義，成果主義を媒介としてますます増幅され，教師の配置替えや学校の存亡にまで及んできたことはよく知られている。まさに法案の名称は，明らかに落ちこぼれや弱者救済をめざしているにもかかわらず，つまり「平等」をめざしているにもかかわらず，競争主義，成果主義を媒介とするハイ・ステイクス化した州学力テストが格差（貧富，WASPとマイノリティ，階層間格差としてのペアレントクラシー，健常者と障害者など弱者）を顕在化させ，さらには格差拡大に拍車をかけていることが報告されている[6]。もちろん，この事例はアメリカに典型化されているが，本書においても指摘されるように，他国においても生じていることである。

「質と平等」の問題は，「質とともに平等を保障する」ことがめざされるべきであるが，アメリカの事例に象徴されるように，必ずしも「質」と「平等」の同時実現は予定調和ではない。むしろ，競争主義，成果主義を特質とする政策のもとに展開される大規模な学力調査によって，「質」の追求が「平等」を脅かすように作用するとともに，近年のアメリカにおいて標準テストの復活にみられるように，「質」それ自体にも歪みが生じようとしている。

この困難で複雑な状況を突破する方向として，まさしくステイクホルダーによるさまざまなレベルでの「調整（moderation）」を基軸とする「参加（アンガージュマン）」を媒介として「質」と「平等」を同時に実現することが模索されようとしている。そこでは，何よりも評価結果に利害を有するすべての人々が，評価行為にさまざまな形態で参加する権利を有しているという民主主義的な認識が共有されなくてはならないとされている[7]。

(2)「共通性と多様性」の問題

それでは，「質」を「平等」に達成するという志向をとった場合，ただちに課題となるのは，その「質」の吟味である。ここでは，その「質」の吟味を「共通性と多様性」という問題の角度から考察しておきたい。今日の教育課程改革において，その「共通性」を象徴する言葉が「スタンダード」であり，その「スタンダード」として，PISAの「リテラシー」概念（日本では「21世紀型能力」として統合）が国際的標準としての地位を確保しつつある。

しかしながら，近年になって，そのPISAがグローバル・スタンダードとし

て受容されようとしている現状に対する異議申し立て（2014年4月）[8]も公表されている（その責任的立場にある人物への公開書簡という形式をとって）。そこでは，PISAの「リテラシー」概念が経済的価値に特化したものであり，とりわけ身体的，道徳的，芸術的な諸価値つまりは市民的価値を軽視していることを警告し，本書でも詳細に考察されているユネスコやユニセフといった正統な国際機関の役割や提案に注意を促している。さらにはPISAが各国の文化や歴史を軽視し，そのグローバル化は無機的なコスモポリタン化＝無国籍化を招いていると批判している。また，日本で提起された「21世紀型能力」に対しては，「階層レベルとしての能力概念」と「要素としての能力概念」が混在していることから，知識や社会的プロセスとは関係しない思考プロセスのスキル指導のみが形式的に優先されるのではないかという危惧が表明されている[9]。

　ところで，「共通性」それ自体の志向は，ただちに批判されるべきであろうか。PISAが描く経済の流動化のみを根拠とするグローバル化（コスモポリタン化）とは異なり，東西冷戦の終結以降の世界は，平和問題，環境問題，民族問題，難民問題，宗教問題等に日々直面し，その問題群の熟慮，解決には21世紀の公共社会に「生きる力」としてのいわば「地球市民」的教養の構築の必要性（共有の目標化）のみならず，それらが子どもたちにミニマムエッセンシャルズとして保障されなくてはならない（目標の共有化）のではないだろうか。

　もとより，日本のようにナショナル・カリキュラムの伝統の強い国にあっては，その「共通性」は即座に「画一性」の押しつけに転化するとの危惧が大きいことであろう。換言すれば，「多様性」を担保して「共通性」を構築するという伝統（「公共性と私事性」の調整という課題化）に乏しく，たとえばフランスのように，「新教育基本法（ペイヨン法）」（2013年）をめぐる論争のように，公論によって，フランスの独自文化（「多様性」）を射程に入れた「共通性」の構築を行うという制度的選択肢も模索されてよいのではないだろうか。「多様性」を担保して「共通性」を構築するという伝統は，多民族国家アメリカにおいても長い歴史をもつが[10]，その伝統によって蓄積された知見が今こそグローバル・レベルにおいても生かすことが求められているといえるだろう。

(3)「外発と内発」の問題

　上述したように，21世紀初頭に登場したPISAに代表されるグローバル化と占有的に共振して，日本の教育課程政策が加速度的に展開してきたことを素描したが，そこでは，文明史家が指摘する日本文化に特有の「外発と内発」の問題を改めて顕在化させたことがあげられよう。この問題性は主に戦前の教育界を想定して「送迎展示方式」とはやくから指摘されていた。その方式とは，「ⓐ学界の主要な関心は，欧米先進諸国の新しい思想・学説をいち早く『輸入』し『紹介』することにありⓑ現場（とくに附属など）の主要な関心は，そこに新しい教育実践の方法や示唆を求めるということにあった。そこから，学界には，新旧思潮を『送迎』し，これを書物や講座に『展示』する方式が広く行われ，他方，現場においては，新しい動向に『飛びつき』，そして『捨て去る』という風習が生まれた」[11]として厳しく指摘されている。もちろん，この方式が当時の学界のすべてを席巻したのではないことを断りつつではあるが。

　このたびのPISAショックの特徴は，「PISAは平成の黒船」と称されるように，教育課程政策においてPISAへの全面的な追従が起こったことである。本書で詳しく紹介されているフランスやドイツのPISAへの対応との差異に注目すべきだろう。フランスにおけるエスプリ，ドイツにおけるビルドゥングという各国の文化と歴史で鍛えられてきた教養概念とPISAが提起したコンピテンシーとの異同が明確に意識され，公論の中で議論されていることは重要であろう。日本においては，その伝統的な「学力」概念と「リテラシー」概念との相違のみが強調され，その異同を吟味する論究は低調であった。

　今回のPISAショックのもうひとつの特徴は，そのPISAにおいて好成績を上げたフィンランドの教育への礼賛が生まれたことである。その数多くの出版物において礼賛されたフィンランドの教育の特長とは，要約すると，競争と淘汰で脅かす教育システムでなく機会と結果に公正と平等を優先する，学習者個々のニーズに応じる姿勢，学校や子どもをテストでランクづけする仕組みがない，教師教育の充実と自由裁量，自己決定に基づくコラボレーションを重視してきたというものであった。これらの礼賛された内容のもつ教育的価値に異論をはさむ余地は少ないであろう。しかしながら，フィンランドの歴史と文化

に培われた教育，とりわけ学校をめぐるシステムの特質を分析することなく，その教育のあり方を理想モデル化するだけでは，このたびのグローバル化を相対化し，それに対する真の打開策を打ち出しえない[12]のではないだろうか。

このようなフィンランドの教育への礼賛と比較すると，PISAにおいて，実施当初から好成績を続けてきた韓国の教育に対する関心の低さが際立っている。その主な理由は，同じく儒教文化圏の中にあって，韓国は日本以上に受験熱が高く，そのことがPISAの好成績につながったという類推であろう。この点では，PISA2009において，一躍世界のトップにたった中国の上海の教育に対して，同じ類推がなされていると考えてよい。本書で詳しく紹介されている韓国や中国，上海の教育の歴史的営みを読めばすぐにわかるように，日本において学力低下論争が行われていた同時期に，すでに韓国や中国，上海においては，受験学力を超える新しい教育評価の研究が模索されており，その成果の一環としてPISAの好成績に結びついたと考えることが妥当であろう。

このように，PISAショックを強調するのは，外発的契機を避け，無視して，内発的契機のみに沈潜せよという短絡的な結論を導くためではない。近代日本の学問研究の歴史をひもとけば，たとえば翻訳語の工夫などのように[13][14]，「送迎展示方式」に陥ることなく，外発的契機を内発的契機に転化するためのさまざまな苦心と努力が行われてきたことが理解できよう。筆者はかつて教員の研修場面を想定して「『洗練（リファイン）』としての『刷新（リニューアル）』」という主張を行ったことがある[15]。すなわち，教員の研修場面で強調される「刷新すること」とは，従来から蓄積してきた教育経験を放棄して「まったく」新しく更新することであり，それでは新しい教育方針も「送迎展示」（新しい動向に「飛びつき」，そして「捨て去る」という風習）に終わる危険性がある。それに対して，「洗練」という視点は，「磨きをかける」という意味であり，教員たちが保持している力量を前提として，それに磨きをかけて工夫を凝らし完成度をあげていこうとするものである。新しく提示された教育方針と自らが培ってきた教育経験を突き合わせて，その新しさの正体を見抜き，それが自らの実践をどのように更新していくのかを問う姿勢こそ重要なのであると指摘した。

おそらく，グローバル化という事態は，今後も避けることはできないだろう。「外発と内発」の問題からみて，日本における今回のPISA問題の教訓は，その

「外発」の起動してくる根源を見極め，何か理想モデルを外に求め，称揚することなく，「内発」をふまえることによって「外発」から学ぶべき点を確認することであろう。

　本書は，教育評価という視角から，諸外国（韓国，中国，アメリカ，イギリス，イタリア，オーストラリア，オランダ，スウェーデン，ドイツ，フランス），地域（EU），機関（ユネスコ）の事例を紹介することによって，それぞれの事例において「外発と内発」の問題がいかに展開されているのかを確認する意味でも興味深い作品となったと自負している。本書が，読者によって，紹介した諸外国，地域，機関における教育評価のあり方に興味関心をもたれ，さらなる追究心に点火することになれば，執筆者一同にとっても望外の喜びである。

1) 西村和雄ほか『分数ができない大学生』東洋経済新報社，1999年。
2) ドミニク S. ライチェン，ローラ H. サルガニク編著（立田慶裕監訳）『キー・コンピテンシー――国際標準の学力をめざして』明石書店，2006年（原著2003年）。
3) P. グリフィン，B. マクゴー，E. ケア編（三宅なほみ監訳）『21世紀型スキル――学びと評価の新たなかたち』北大路書房，2014年（原著2012年）。
4) 国立教育政策研究所『教育課程の編成に関する基礎的研究　報告書5　社会の変化に対応する資質や能力を育成する教育課程編成の基本原理（改訂版）』2013年。
5) 「特集――コンピテンシーと21世紀型能力」『指導と評価』2015年5月。
6) 石井英真『現代アメリカにおける学力形成論の展開――スタンダードに基づくカリキュラムの設計』東信堂，2011年。
7) 遠藤貴広『教育実践の省察的探究――DeSeCo以降の能力と評価の理論を踏まえた教育実践研究と教員養成の方法』科研費研究報告書，2015年。
8) OECD and Pisa tests are damaging education worldwide-academics (the guardion) http://www.theguardian.com/education/2014/may/06/oecd-pisa-tests-damaging-education-academics（PISAへの公開書簡）（2016年1月25日確認）
9) 石井英真『今求められる学力と学びとは―コンピテンシー・ベースのカリキュラムの光と影―』日本標準ブックレット，2015年。
10) 山本はるか「米国における言語化スタンダードの分析――『多文化性』を尊重し『結果の平等』を保障する方途の模索」『教育目標・評価学会紀要』第23号，2013年。
11) 森昭「教育思潮研究と教育思想」森昭編『現代教育思潮』1969年所収，34頁。
12) 藤田英典『義務教育を問いなおす』ちくま新書，2005年。
13) 辻哲夫『日本の科学思想』中央公論社，1973年。
14) 柳父章『翻訳語成立事情』岩波新書，1982年。
15) 田中耕治『教育評価と教育実践の課題――「評価の時代」を拓く』三学出版，2013年。

第1章

教育改革における評価の位相

序論
評価の時代のはじまり

石井英真

0　全国学力・学習状況調査のはじまり

　1999年，大学生の学力問題から始まった学力低下論争は，「ゆとり教育」を標榜する従来の教育課程政策の是非を問い，さらに，OECDのPISA2003で，日本の生徒の読解力の順位が8位から14位に下がったことは，教育界に「PISAショック」をもたらした。2008（平成20）年には小・中学校の学習指導要領の改訂が行われ，知識・技能の習得と，PISA型学力を意識した「活用する力」を車の両輪として重視することが示された（「確かな学力」観）。

　学力向上をめざす文部科学省は，2007（平成19）年4月に全国学力・学習状況調査（以下，全国学力テスト）を実施するようになった。全国学力テストは，小学校6年生，中学校3年生を対象にした悉皆調査（2010年度，2012年度は抽出調査および希望利用方式，2011年度は東日本大震災の影響を考慮し実施せず）であり，国語と算数・数学について調査される（2012年度から3年に1度は理科も実施）。調査問題は「知識」を問うA問題と「活用」を問うB問題に大別され，B問題はPISAを意識したものになっている。教科の学力実態の調査に加え，児童・生徒の生活習慣や学校環境を問う質問紙調査も実施される。

1　全国学力テストの結果の活用をめぐる状況

　こうした学力テストの実施は，教育制度の構造改革とも密接に関わっている。規制緩和により教育現場の創意工夫を促す一方，学力調査（学力テスト）を実施するなどして，学校教育の質保証のシステム（PDCAサイクル）を確立することで，教育の成果への統制を強めるわけである。

調査結果に関しては文部科学省が集計し，都道府県別の平均正答率が公表される。市町村別や学校別の結果も集計される。学校間競争やテスト準備教育を煽るものとなる危惧から，データの提供を受けた各教育委員会が個別の市町村名や学校名を公表することはこれまで禁じられてきた。しかし，2014年度調査から，結果を分析して改善策を示すことを条件に解禁した（平均正答率を一覧表にすることや順位付けは認めないが，ルール違反への罰則はない）。都道府県教育委員会も市町村教育委員会の同意があれば，市町村別や学校別の成績を公表できることになったのである。

全国学力テスト導入当初には，愛知県犬山市が自治体レベルで不参加を貫いていたが，2009年度以降，一部の私立学校を除きほぼすべての小・中学校が参加するようになった。また，全国学力テスト導入の前後から，都道府県や市区町村レベルで，各自治体固有のテストも実施されており，子どもたちは学力テストを頻繁に受けるようになっている。さらに，実際に学校別成績を公表しているのは大阪市など少数派ではあるが，都道府県知事や市区町村長を中心に，情報公開や説明責任のために結果を公開すべきとの主張もなされ続けている。

2　全国学力テストに対する危惧

かつて文部省によって，1956～66年にかけて全国一斉学力調査が行われたが，1961～64年に中学校2・3年生に対して実施された学力調査が悉皆調査であったことから，「学力テスト反対運動」（学力テストが，児童・生徒，教師，学校の管理や競争の道具となることへの批判）が起こり終了した。同様に，昨今の日本の学力向上政策に対しても，「新自由主義」教育改革，「学力テスト体制」などという言葉で，批判がなされている[1]。すなわち，現代日本の教育改革は，テスト学力とテスト準備教育を重視する傾向をもたらし，教育における競争主義と成果主義（結果至上主義）を強化するというのである。

上記のような日本における教育改革の展開，すなわち，学力向上が課題となり，それを実現する方策として学力テストが用いられている点は，英米を中心に世界的に展開を見せている「スタンダードに基づく教育改革（standards-based reform）」を想起させる。たとえばアメリカでは，NCLB法（「どの子も置き去り

にしない」法）以降，州統一の学力テストの結果が，学区や学校への予算配分，教職員の処遇，保護者による学校選択と結びつけられるようになった。こうして，学力テストが子どもや学校にとって大きな利害のからむハイ・ステイクスなテストとしての性格を強めるに伴って，テスト結果を上げることが至上命題となり，学校間競争が激化し，授業がテスト準備に矮小化されたり，教育困難校や低学力の子どもたちの切り捨てが進行したりしている。

3　世界的な学力テスト政策の展開の背景

現代日本の学力テスト政策は，世界的に展開している「スタンダードに基づく教育改革」のひとつの形と見ることができる。「スタンダードに基づく教育改革」の展開は，グローバル化の進展と福祉国家の縮小を背景とした，公教育の新たなガバナンスの形の模索という，先進諸国共通の課題と関連している。

社会の成熟段階において，国家が福祉国家のコストを担うことが財政的に困難となっており，しかも変化が激しく人々のニーズも多様化する現代社会の中では，各地域の固有の状況に応じる柔軟性が公共部門にも求められるようになる。その結果，これまで国家が画一的な形で担ってきた公共領域を，さまざまな主体が分担して担っていくことが求められるようになっており，その際，市場にゆだねるか（新自由主義的方向性），市民社会にゆだねるか（社会民主主義的方向性）という点が，そして，局所的で多様な取り組みの質をどう保証するかという点が問われるようになってきているのである。

さらに，PISAをはじめとしたOECDの「教育インディケーター事業(Indicators of Education Systems)」が，政策評価にとどまらず，各国の教育システムを同一基準で比較し，改革を方向づけるようになる中で，「スタンダードに基づく教育改革」という改革手法のパッケージ化・標準化が加速している[2]。

4　学力テスト政策の多様な展開から学ぶ

こうした共通性の一方で，同じように学力テストに基づく改革であっても，子細に見てみると，その展開のしかたは各国の文脈によってさまざまである。

そして，そうした各国における固有の状況を見ていくと，教育システムの中での学力テストの位置づけの多様なあり方に気づく。そこからは，学力テスト政策に伴うさまざまな教訓を，また，学力テストを管理や競争の道具としないための，さまざまな挑戦や制度的な工夫を学ぶことができる。

　そこで第1章では，「評価の時代」において，学力テストをはじめとする評価政策がどのように展開し，そこで何が課題となっているのかを検討する。第1節では，2009年と2012年のPISA調査で首位の成績を収めた上海において，キー・コンピテンシーも見据えつつ徳育を重視する形で進められてきたカリキュラムと評価制度の改革の内実が明らかにされる。第2節，第3節では，「スタンダードに基づく教育改革」を先導するアメリカやオーストラリアにおいて，21世紀型の学力をめざす改革がどのように進行しているのかが示される。第2節では，共通コア州スタンダードの導入とセットで進もうとしている，パフォーマンス評価をベースにしたアメリカの評価改革の現状と課題が示される。第3節では，オーストラリアにおける，汎用的能力を含む広範な学力の育成をめざすナショナル・カリキュラムの開発，およびそれを評価する学力テストや州レベルの取り組みについて検討がなされる。続く第4節，第5節では，ヨーロッパ圏において，PISAの影響も受けつつ，学力テストがどう教育政策に位置づけられているかが示される。第4節では，イタリア初の全国レベルの学力テストの目的，評価内容，活用方法などの実態が明らかにされる。第5節では，スウェーデンの教育システムにおける全国学力テストの役割の変化と，それと連動した教師による採点の是非に関する議論が検討される。以上をふまえながら小括では，世界的に展開している学力テスト政策の論点を整理するとともに，日本の特殊性，学力テストを管理や選別の道具ではなく，教育改善と学力保障の道具としていくための方向性をまとめる。

1) 佐貫浩・世取山洋介編『新自由主義教育改革——その理論・実態と対抗軸』大月書店，2008年などを参照。
2) OECD（渡辺良監訳）『PISAから見る，できる国・頑張る国——トップを目指す教育』明石書店，2011年を参照。

第1節
上海におけるカリキュラムと評価改革の展開

鄭　谷心

0　はじめに

　2009年と2012年に，OECDが主催したPISAにおいて，上海は2回連続で首位の成績を収めた。また，上海は全分野を通して成績上位の生徒が多いだけでなく，下位の生徒が最も少ないこと，上位と下位の差が小さいことが特徴であった。

　今回の好成績の要因について，香港大学の程介明 (Cheng, Jieming) は2010年度のOECD報告書において次のようにまとめている。程によれば，上海の歴史，文化，伝統と三十年来の教育改革といったさまざまな要素が相互作用した結果が好成績を導いたという。それらの要素としては，教育を重視し，努力を重んじる文化的伝統をもつこと，ならびに上海政府により学校の均衡発展政策や，教師の収入を大幅に引き上げ，教師の専門性向上活動を多様化させて普及し，組織的かつ段階的に教育の規範化と改革を推進する政策がとられたことなどが挙げられている。ただし，上海という教育先進地域におけるPISAの結果は，中国全土の教育水準を代表するものではないという見解も示されている[1]。

　上海の教育の秘密を探るために，日本の新聞や雑誌では，上海のカリキュラム改革の政策や教員研修の現状，および成績上位校と下位校を連携させたペア学校制度が取り上げられた[2]。それにより，2400万人の人口を有する上海は，エリート教育ではなく，学力の底上げ教育によって，PISAで測れる学力を生徒たちに比較的均等に確保できたということがわかった。しかしながら，上海の結果に対し，中国国内外から称賛の声もあれば，疑問の声もある。主として，以下の3つのような批判の声が上がっている。第1に，上海の教育は伝統的な

知識偏重型ではないか，生徒の受験能力が高いだけなのではないかということ，第2に，上海の生徒は学校外の習い事の時間が長く，良い結果が得られるがその代価も大きいということ，第3に，PISA自体には限界があるため，より高次の能力を評価するシステムを開発する必要があるということである。

本稿では，これらの課題に関連した上海のカリキュラムと評価改革の実態を明らかにすることを目的とする。とくに上海はどのような学力を想定したのか，どのようなカリキュラムと評価システムを構築したのかを対象にしてその意義と課題に迫っていく。

1　上海におけるカリキュラム改革

まず，背景として，1970年代前半までの文化大革命により，上海の経済・文化と教育は大きなダメージを受けた。当時，荒廃したあらゆるものを再興することが急がれていた。その後，80年代前半までに上海は復興を果たし，学校の施設と設備も新しくされた。1988年には，中国の国家教育委員会の依頼を受け，上海は，経済と文化が比較的発達している地域におけるカリキュラム改革の研究と実践に取り組みはじめた。これ以降の上海のカリキュラム改革は，1988～97年を第1期カリキュラム改革，1998年～現在に至るまでを第2期カリキュラム改革と時期区分されている[3]。以下，この時期区分に沿ってそれぞれの改革における目標論を明らかにする。

(1) 第1期カリキュラム改革の意義

第1期カリキュラム改革のテーマは，「素質教育[4]をどのように実施するか」ということであった。主として，それまでの受験教育のためのカリキュラムと教科書を素質教育のためのものにすること，単一化したカリキュラム・モデルを多元化したものに改革することに重点が置かれていた[5]。流れとしては1988年，上海における小・中・高等学校のカリキュラム・教材改革委員会（以下，「改革委員会」）が設立され，それにより1990年に，上海独自の「カリキュラム改革方案」と「課程標準」が制定された。これらの新しいカリキュラムと教科書の普及がめざされ，1997年には全面実施に至った。

当時，上海の改革の重要なシンクタンクであった華東師範大学国際比較教育研究所の鐘啓泉（Zhong, Qiquan）は次のように述べた。「学力の中身は時代の流れや社会の要求，および評価の観点によって変わってくる。一方，『基礎学力』の重要性は，日本，イギリス，アメリカのカリキュラム改革の分析によって明らかになっている。ただし，『基礎学力』には潜在的な能力を伸ばす部分も含むため，発展性も備えている」[6]。こうした考えをもとに，鐘はブルーム（Bloom, Benjamin S.）の目標分類学（タキソノミー）に即して，基礎学力を含めた学力の内容を次の4側面からなると提起した。それらは，①認知的側面：知識・概念・法則を核心とした論理的・言語的な知識，②表象方式：学習者自身の経験に関連し，客観的な知識・概念・法則が学習者の内面に転化するときに作用する思考様式，③学習方法：学習者が自ら客観的な知識・概念・法則を発見し，獲得したときの一連の操作技能，行動およびグループにおける討論，共同作業する集団性，④情意的側面：学習の意志，興味，掘り下げて研究する能力，持続力，忍耐力，価値観など学習を支える態度の4つである[7]。

　こうして，上海では，基礎的・基本的な知識とともに，個性的な思考様式，実践的な能力，学習の態度を育む学力観が形成された。その後，これは態度，知識，スキルが一体化した「基礎学力」観として捉えなおされた[8]。1989年，上海が教育目標として打ち出した「個性伸長」「労働操作の技能」「心理的素質」というキーワードはまさしくこの「基礎学力」観を映し出しているといえる。

　さらに鐘の研究によると，それまでの中国において最も普及していたのは「教科中心カリキュラム論」であり，その他の「児童中心カリキュラム論」や「社会本位カリキュラム論」からは，わずかしか影響を受けなかった。1989年に「改革委員会」の王生洪（Wang, Shenghong）が率先してこの3つのカリキュラム論を総合した「三角形カリキュラム・モデル」（別称：素質中心カリキュラム論）を提案した[9]（図1-1-1参照）。

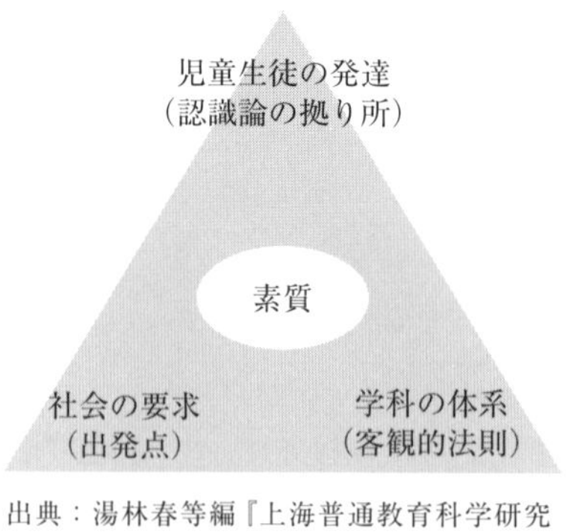

　それは，人間教育を中心に据え，社会の

出典：湯林春等編『上海普通教育科学研究30年』華東師範大学出版社，2012年，68頁に基づいて筆者作成。

図1-1-1 三角形カリキュラム・モデル

要求をカリキュラム編成の出発点とし，児童生徒の発達を認識論の拠り所とし，教科の体系をカリキュラム編成の客観的な法則として捉えるものである。この三角形は必ずしも正三角形ではなく，異なる学年・段階に応じて変形したり，重点が変わったりする柔軟性をもつとする。

図1-1-1に対応するように，上海では9年間の小中一貫教育として，学問的な「必修課程」，職業生活的な「選択課程」，児童生徒中心的な「活動課程」から「三位一体」のカリキュラムが構築された[10]。たとえば，「必修課程」において労働と技術の原理が新しい教科として成立し，小学校4年から開設されるようになった。また，「選択課程」は，中学校8，9年の2年間にわたり，簡易簿記，簡易測量，電工技術，家畜飼育，園芸管理，絵画，彫刻，家政などの科目が各学校で生徒によって自由に選択されることが可能となった。「活動課程」には，学校やクラス行事としての活動，体育活動，サークル活動，社会実践活動，自習活動および読書活動などが含まれていた。つまり，あらゆる課程を通して社会的な実践能力を育成しようとしていることがわかる。

(2)「総合的学力」観に基づくカリキュラム改革

第1期の改革の目標に影響を与えた鐘は，これからの「基礎学力」を考えていく上で，「情報化社会」を予言したトフラー(Toffler, Alvin)が提唱した「未来学力」にも言及した[11]。「未来学力」において最も重要なのは，創造力であり，次に必要なのは，機械ではできない，新しい文脈・状況に対応するための問題解決力である。加えて，今日の公害問題と環境問題を解決できる学力も必要とされている。第2期の改革では，鐘の考案をふまえ，「改革委員会」の代表である趙才欣(Zhao, Caixin)が「総合的学力」の概念を全面的に打ち出した(図1-1-2)。

「総合的学力」は，基礎学力，発展性学力と創造性学力の3層からなる立体的な構造となる。基礎学力は，学ぶことを好む態度と基

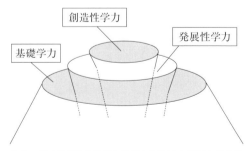

出典：趙才欣「現代課程と教学」上海教育委員会教育科学研究室, 2003年。

図1-1-2 「総合的学力」モデル

本的な学ぶ能力，構造化された基礎知識のことを指す。発展性学力は，児童生徒の学習に対する見通しと，独学力・生存力・情動制御力，および発展的知識のことである。創造性学力とは，探究的な態度，批判的な思考と実践力，多元的な知識の集合のことである。これは，「未来学力」の要素を取り入れた学力の層であろう。基礎学力は発展性学力と創造性学力を育む土壌であり，これらの学力の伸長と可視化を促進する。いずれの層も態度・知識・スキルの3要素を備えるとされているのが特徴的であり，先述したように，これは第1期においても重視されていたと捉えられている。

　また，「総合的学力」観が最も反映されたのは，「情報技術（力）」の育成である。カリキュラム改革ではこれまで高等学校において設定されていた「情報科学技術」を必修科目として小学校3年から履修させるようになった。さらに「情報技術（力）」は，すべての教科の中で，教材・教授・学習過程・評価と融合した形で求められる。これは『上海普通小中（高）校課程方案』（2004年）において，「カリキュラムと整合性のある情報技術（力）」（以下，「情報技術（力）」）というように定義されている。この定義を，2001年にOECDが発表した「キー・コンピテンシー」と照らし合わせると，次の2つの特徴を指摘することができる。

　1つめに，「情報技術（力）」は「キー・コンピテンシー」と同様に，科学・技術の知識（道具）的要素を含むことである。2つめに，「情報技術（力）」は，「キー・コンピテンシー」と同様に，個人の自律性と主体性，社会の倫理など情意的要素を含むことである。また，「キー・コンピテンシー」と「PISAリテラシー」[12]の関係について，OECDの報告書（2001）によると，「PISAリテラシー」は，「キー・コンピテンシー」の中の「道具を相互作用的に活用する能力」の一部を測定可能な程度にまで具体化したものであるという[13]。つまり，「PISAリテラシー」は「キー・コンピテンシー」のごく一部にすぎない。同様に，「情報技術（力）」は「総合的学力」の一断面でしかない。上海PISAセンターの陸璟（Lu, Jing）は，「PISAのような大規模学力調査の方法を取り入れるべきとしても，それだけでは上海の生徒の学力が十分に測りきれないのである」[14]と述べた。これは，上海の生徒に「PISAリテラシー」を超えた，「キー・コンピテンシー」のような要素を身につけさせようとするためであることが明らかである。

　第2期のカリキュラムの編成を第1期のそれと比べると，児童生徒の人格形

表 1-1-1　上海における 12 年間の小中高一貫教育カリキュラムの構造

```
           3種類のカリキュラム：基礎型，発展型，研究型
                   ↓                    ↑
    ┌─────────────────────────┬──────────────┬──────┐
    │        学習領域          │     科目      │ モ  │
    │                         │              │ ジ  │
    │言 数 社 自 技 体 芸 総   │ 学  活  特   │ ュ  │
    │語 学 会 然 術 育 術 合   │ 科  動  定   │ ー  │
    │文    科 科    と    実  →│          の →│ ル  │
    │学    学 学    フ    践   │          テ  │ ・  │
    │              ィ         │          ー  │ 主  │
    │              ッ         │          マ  │ 題  │
    │              ト         │              │     │
    │              ネ         │              │     │
    │              ス         │              │     │
    └─────────────────────────┴──────────────┴──────┘
```

出典：『上海普通小中（高）校課程方案』上海教育委員会，2004 年，3 頁。

成の側面にいっそう重点が置かれていることがわかる。とりわけ，児童生徒の自主的な参加と体験が重視され，①道徳形成と人格発達の経験，②潜在能力開発と認知発達の経験，③体育とフィットネスの経験，④芸術的修養を発達させる経験，⑤社会的実践に関する経験，という多様なニーズと学習経験を保障するために表 1-1-1 のような 8 つの学習領域が再編成された。

　表 1-1-1 において，「総合的学力」モデルに対応した 3 種類のカリキュラム（基礎型課程，発展型課程，研究型課程）が主幹となり，学習領域が第 2 次元とされ，科目が第 3 次元として定義づけられている。『上海普通小中（高）校課程方案』によると，関連した 20 学科のほか，サークル活動，部活動，課題研究活動，社会奉仕と社会実践および特定のテーマ教育も科目として設置されている。また，各科目の内容は独立しながらも相互に内在的な関連をもつモジュールと主題から構成される。モジュールは複数の主題を含めることが可能とされている。これらのモジュールと主題は，核心となる観念，明確化した学習過程，教育的価値を有しなければならないと規定される。これは，児童生徒の発達段階を考慮して教育内容と形式を再編成するとともに，個性化した教育方法の工夫を教育現場に求めることを意味する。

　こうした改革を経た学校現場のデータは，以下のとおりである。2004～05 年に上海教育科学研究院が同市の各学校の校長および教師に実施したアンケート[15]によると，第 2 期カリキュラム改革以来，84.7 ％の教師は「教育理念と授業観念が更新された」と感じており，その次は「授業に対する反省の意識を強

めた」（51.6％）と「共同に授業研究を進める力が伸びた」（37.3％）である。多くの教師は児童生徒への評価行為，および授業研究における自由裁量権と意思決定権を得たと実感したようである。教師から見た児童生徒の一番変わったところとして最も多いのは「仲間との交流，討論が増えた」（59.4％）ことであり，その次は「学習への意欲が高まった」「主体的に学習を進める力が身についた」「独自の見解を述べる回数が増えた」ことである。つまり，授業において，教師側にはカリキュラム開発と授業研究に取り組む主体性が，児童生徒側には学習に自らの考えをもち，それを主体的に探究し，伝え合う力が大事であると現場が捉えるようになったのである。こうした教育理念が学校現場に浸透することによって「総合的学力」が育まれ，PISAの好成績につながったのだろう。ただ，上海では受験戦争が依然として過熱しており，児童生徒の学校外の習い事の時間の長さが課題として浮かび上がった。新しいカリキュラムを導入する際，それに相応した評価システム・パラダイムの転換は喫緊の課題となった。

2　新しいカリキュラムに応じた教育評価の改革

　上海におけるカリキュラム改革と同様に，評価改革も2段階で捉えることができる。第1段階は，1990～98年までの道徳教育における評価システムを開発・試行する段階であり，第2段階は，1998年～現在に至るまでの「総合的学力」をめざした評価方法の推進である。それぞれの評価改革の時期はカリキュラム改革のそれとほぼ対応する。

（1）第1期カリキュラム改革における評価改革

　第1段階においては，主に「徳育」を中心に評価改革が行われた。これは，第1期カリキュラム改革が人間教育を中心に据えていたからである。また，評価の形式としては，上海の学校では従来，学期末に，児童生徒の学業成績と品性・道徳に関する教師の評語，および健康診断の結果を保護者に知らせるための「学校家庭連絡手帳」が使用されていた。それに加え，1990年から，生徒の良い品性と豊かな個性を育むという教育目標を達成するために，主に中等教育段階において，「上海における中学生の品性評価手帳」（以下，「品性手帳」）と「品

性・行動の記録カード」が日常的に使われるようになった。

　「品性手帳」と「品性・行動の記録カード」に記入する際には、「上海中学生の品性評定の参考標準」（以下、「参考標準」）[16]が参考にできるようになっている。「参考標準」には幾つかの項目欄があり、その下にさらに細かい項目が示されている。たとえば、「道徳・行動・態度」欄は、3つのレベルの評価基準から構成される。レベル1は、「格好を重視し、自分を厳しく律する」「集団を心から愛し、文明的で礼儀正しい」「ルールを守り、勤勉に学ぶ」の項目からなる。レベル2の「格好を重視し、自分を厳しく律する」の項目には、さらに「生活が質素で、衛生を重んじる」「誠実に信義を守り、善悪を明らかにする」などの項目が含まれる。最終的な評定はレベル3の項目に対応し、優秀か合格かの2段階で示されている。不合格という評価基準はないということは、「徳育」の評価はあくまでも生徒の自律的な態度と行動にゆだねられ、進学や入試にさほど影響を及ぼさないことを意味するだろう。

　さらに評価の際には、教師と保護者と生徒の多方向の意見交換が重視されている。たとえば、生徒の日常的な自己評価とまとめ、グループによる意見欄の記入、親による評語をふまえた上で、本人が最後に自分の意見を記入する。これらの記録を拠り所として、担任の教師が他の教師たちの所見を聞き出したあとに最終的な評定をつける。この評価方法においては、良いとされる品性について、生徒と保護者、教師の共通認識を求めるとともに、生徒の意見と個性を尊重した点が特徴であるといえよう。他方、生徒も最終の評定に参加するようになると、教師は本当のことを書きにくいという現場の意見が出たり、学校によって40個以上の指標をもって道徳を評価することもあり、教師の日常の仕事の煩雑化、道徳教育の形式化などの問題も現れるようになった。これらの問題を乗り越え、「総合的学力」の評価へとつないでいくために、カリキュラム全体において評価方法の改革が行われるようになった。

（2）第2期カリキュラム改革における評価改革

　1998年、上海教育委員会が第2期カリキュラム改革に応じた小・中・高等学校における評価改革方案を検討しはじめた。翌年、「上海児童生徒評価手帳」（以下、「評価手帳」）が編成された。各区、各学校は「評価手帳」をガイドライン

として，基本をおさえつつ，それぞれの学校の実態に応じた小・中・高等学校における評価改革方案を検討しはじめた。

従来の児童生徒に対する評価では，学業成績，教師による道徳に関する所見（評語），健康診断の結果を分離して捉えていた。「評価手帳」のひとつの特徴は，「資質評価表」を通して，思想道徳，文化認知，身体・心理・生活習慣，および労働技能の4側面を総合的に捉えようとすることである。なお，「思想道徳素質の側面」に関しては，10年間の徳育における模索を通じて，その内容を国家意識，集団意識，国際的マナー，法令遵守という4つのテーマに絞ることができた。これらのテーマは上海において最も求めるべきものであるという共通認識が得られたからである[17]。

評価方法について，成績順位表のような相対評価は児童生徒の集団における位置づけを知らせることができる。百点採点法や等級法による絶対評価は児童生徒の学習目標に対する達成度を確認することができる。だが，いずれも個性に応じた評価とは言い難い。その不足を補うために，自己評価による個人内評価が取り入れられた。すなわち，本人の中で前日，先週，先月の出来に対して，どう変わったかを縦断的に評価させたり，またはその児童生徒の内で異なった側面の出来を横断的に比較させたりする。「評価手帳」では，「優秀」「良好」「努力が必要」という3段階の個人内評価基準が設定される。

また，「評価手帳」は定性的評価（定性評価）を取り入れ，児童生徒の生き生きとした発達を促進しようとした。定性的評価とは，従来のデータや点数による客観的なテストではなく，ポートフォリオ評価法，観察法，分析哲学を用い，教育評価に役立つさまざまな情報を収集・整理し，評価対象に対する指導を行うことを指す。たとえば，上海市実験小学校の「評価手帳」における評語の個性化，具体化と系統化に関する取り組みがその典型的な例である。

2004年，国による評価改革を推進する政策と道徳教育を強化する政策[18]の影響を受け，上海教育委員会は，これまでの実践と研究の蓄積に基づいて「評価手帳」を「上海小中学校の生徒成長記録冊」（以下，「成長記録冊」）に改訂するとともに，従来の百点採点法と成績・順位の公表制度を完全廃止した。児童生徒の学業負担を軽減させ，素質教育の深化をめざすことが変わらぬテーマであった。さらに2006年，同市は「上海小・中学生に対する総合素質評価方案（試

表 1-1-2　上海市小中学生総合素質評価表（中学校6〜9年）[智の分野]

1級指標	2級指標	3級指標	チェック・ポイント	レベル優秀	レベル良好	レベル合格	レベル努力が必要	評価方法
智	学習態度 (20%)	学習意欲	教科の学習に対する興味。授業参加の程度。					
		学習習慣	宿題の出来具合。協同の出来具合。					
	実践能力 (10%)	実践的な操作力	簡単な実験操作。					
		技術的操作力	簡単な加工操作と情報技術操作。					
		教科における実践活動	教科に関する部活動。教科に関する課外実践。					
	学習能力 (20%)	読む力・コミュニケーション力・表現力	教科の年次目標による。					
		批判的・科学的に探究する力	教科の年次目標による。					
	学習成績 (50%)	総評成績（50%）	教科の期末テスト得点。教科の期末総合得点。					
		総評偏差値（百分位）	教科の期末テストの偏差値。教科の期末総評偏差値。					

出典：「上海市小中学生総合素質評価表」(2004年)を筆者が一部抜粋，訳出して作成。

行)」（以下，「総合素質評価」）を公布した。「総合素質評価」は，主に「成長記録冊」における日常的な記録に基づいて年度末と小・中・高のカリキュラム修了時に行うものとされていた。評価の内容を日常的に「成長記録冊」のセットとして開発されたソフトウェアに登録・記入し，「総合素質評価表」をパソコンの分析によって自動的に作成することが義務づけられている。

「総合素質評価表」には，徳・智・体・美の4つの領域にそれぞれ1〜3級までの指標があり，各指標には1〜4種類の下位指標が設定されている。評価基準は，「評価手帳」のような「優秀」「良好」「努力が必要」という3段階ではなく，「優秀」「良好」「合格」「努力が必要」という4段階からなる。百点採点法と成績・順位の公表制度が廃止されたとしても，基本的な合格ラインに達成したかどうかを評価表によって示すことは，本人と保護者に知らせるためにも進級の証明のためにも必要なためである。

表1-1-2のように，「総合素質評価表」（中学校6〜9年）の智の分野は，「学習態度」（20%），「実践能力」（10%），「学習能力」（20%）と「学習成績」（50%）の4領域から構成されている。とりわけ，創造性学力の要素としての「実践能力」

が重視されている。ここでは，上海実験学校中学部の数学科における事例を挙げてみよう[19]。「学校の校門をデコレーションするために，設計図を描いて，必要な材料を計算する」という実践活動が行われた。生徒たちは現実生活におけるデコレーションの知識を調べ，それに関連した幾何の知識を復習し，実地測定の方法・手段を知らなくてはならない。さらに，幾何の知識と測定の方法・手段を生かして実際に校門を測定し，設計図を作り出すことで，応用力と操作力を示すことも求められる。それらをグループで行うことで，グループ活動における行動から個々の生徒の主体性・協調性・創造性を観察することもできる。つまり，実践能力は認知的基礎知識，応用力と操作力，および情意的内容からなり，これをパフォーマンス課題のような総合的な実践活動を通して評価することが求められているのである。

　そして，「学習能力」は教科における具体的な知識・技能に関連する力よりも，汎用的な力とされているという点も興味深い。たとえば，中学校6～9年の数学科の学習能力に関しては，「推論・演算能力と空間観念」のほか，「数学的言語能力」「自主的に探究し，既有の知識経験を生かして，新しい状況における数学問題を解決する能力」「数学モデルを初歩的に形成し，簡単な現実的問題を解決する能力」などを育成することが規定されている[20]。これも主に生徒の自己評価と相互評価によって記録されるとする。一方，目標に準拠した評価と相対評価の合計によってつけられる「学習成績」は評価の半分を占めている。

3　おわりに

　以上，上海は，実践能力・人間性・創造性を育成するための教育目標を，2期の連続したカリキュラム改革を通して達成しようとした。加えて，目標を具現化した評価システムを構築・遂行することによって，多くの児童生徒の学力保障が実現されるようになったといえる。2009年，上海はPISAの評価測定手法を生かし，児童生徒の学力の質を観測・保障するための「緑色指標に基づく評価システム」を構築した。それは，学業負担指数や社会経済的背景による学業成績への影響指数などの8つの評価指数とそれらの指数をふまえた年度別の総評からなる。このシステムをもって2011年に学力調査が行われ，区域間・

学校間の生徒の学力が比較的に均衡を保っていることを検証した。
　一方で，中等教育段階のコース間における基礎学力の格差が拡大する傾向が見られる。生徒の興味・関心に応じて多様化を図ったものの，限界がすでに現れている。その原因として，学期末・年度末の総括的評価において，目標に準拠した評価と相対評価を合わせて半分の割合しか占めておらず，共通する知識内容の習得が難しくなった問題が挙げられる。それを克服するために上海では学校外の習い事の時間が長く費やされ，かえって生徒の学業負担を増加させたというジレンマが生じている。学習の質を向上させ，さらに生徒の学校外の習い事を短縮させるためには，PISAを超えた高次な学力を評価するための評価システムの開発と指導の工夫が必要である。同様に，多様化と共通化の課題を抱えている日本も上海の事例からたくさんの示唆を得ることができるだろう。

1) 高原「冷静対待『PISA二連冠』——基干新自由主義的思考」『外国中小学教育』2014年。
2) 小川崇「世界の動き ペア学校制度による格差解消」『内外教育』2012年，12-13頁等。
3) 湯林春等編『上海教育科学研究院普通教育研究所30周年学術叢書・シリーズ：上海普通教育科学研究30年』華東師範大学出版社，2012年，67頁。
4) 従来の知識偏重型の教育の反省として，人間性を育てるための全人教育の特徴をもつ素質教育のことを指す。
5) 湯，前掲書，67-68頁。
6) 鐘啓泉「学力論与課程構造」『外国教育資料』1989年，18頁。
7) 鐘啓泉「学力理論の歴史的発展」『全球教育展望』2001年12期，32-39頁。
8) 上海教育委員会「上海小中高校におけるカリキュラム・教材改革第2期プロジェクト：新しい課程方案の修正意見に関する報告」2000年9月，4頁。
9) 鐘啓泉「討論素質教育課程設計的教育学模型」『教育研究』1995年，30-36頁。
10) 上海課程教材改革委員会「上海小中学校課程改革方案」1990年。
11) 鐘，前掲論文，1989年，18頁。
12) PISAで測定される能力を，本稿では「PISAリテラシー」とする。
13) OECD, *The Definition and Selection of KEY COMPETENCIES*, 2001.
14) 2013年1月29日，筆者による上海教育科学研究院基礎教育研究所副所長陸璟へのインタビューによる。
15) 楊四耕「上海第2期カリキュラム改革に関する観察報告——常識と理性に基づいた判断」『上海教育科研』2006年01，13頁。
16) 上海教育委員会「上海中学生の品性評定の参考標準」1990年。
17) 董念祖「思想道徳評価の内容と原則」『上海教育』2000年，12頁。
18) 中国共産党中央党国務院「中共中央国務院による未成年の思想道徳教育を一層強化・改善することに関する意見」2004年。
19) 唐是青「中学生実践能力的形成和評価」『浦東新区科学教育研究報告書』，2001年。
20) 上海教育委員会『上海中小学数学課程標準（試行）』2004年，11頁。

第2節
アメリカにおけるスタンダード運動の重層的展開

遠藤貴広

0　はじめに

　近年の世界の教育評価改革に大きな影響を及ぼしているものの1つにOECDのPISAがある。たとえば日本はこの調査結果が公表されるたびに一喜一憂し，「PISA型学力」といった言葉で新たな取り組みが次々と進められた。
　このような日本と比べると，アメリカは明らかにPISAの直接的な影響が少なかった国に位置づく。アメリカにおいて教育政策は基本的に州政府の専権事項で，同じアメリカ国内にあっても州ごとに異なる取り組みが進められている。一方で，アメリカには全米学力調査（National Assessment of Educational Progress: NAEP）をはじめとする独自の国内調査が確立している。このため，州間ないしは学区間の比較で国内調査の結果に一喜一憂することはあっても，国際比較調査の結果を受けて国民が大騒ぎすることは少なかった。
　しかしながら，2010年代以降，この構造に変化が起きつつある。それは，教育政策においても，州・学区レベルではなく国・連邦レベルで同じように取り組むことを余儀なくされる構造であり，PISA等の国際比較調査に一喜一憂させられる構造である。

> 　私は州知事や州教育長に対して，たんに生徒がテストで穴埋めできるかどうかを測定するのではなく，問題解決・批判的思考，起業家精神，創造性のような21世紀型スキルを身につけているかどうかを測定するスタンダードや評価方法の開発を要請しています。

　これは2009年3月10日に，大統領に就任して間もないオバマ（Obama,

Barack)が述べたものである[1]。以後,州をまたいだ教育スタンダードとなる「共通コア州スタンダード」(Common Core State Standards: CCSS)の開発が全米州知事協会(National Governors Association: NGA)と全米州教育長協議会(Council of Chief State School Officers: CCSSO)の主導で行われ,以後,そのスタンダードに基づいた新たな評価方法の開発も進められた。それは国レベルでのパフォーマンス評価に向けた取り組みと見ることもできる。

実は,この動きを後押しするのに利用されたのが,PISAの結果である。PISA2006の結果公表時,全米州知事協会や全米州教育長協議会が関与する集会に,OECD教育局指標分析課長だったシュライヒャー(Schleicher, Andreas)が招かれ,アメリカの初等中等教育がグローバル社会に求められる能力の形成に対応できていないことが議論されている。また,PISA2009とPISA2012の結果公表後には,「PISAからアメリカへの教訓」をまとめた報告書がそれぞれ出され[2],とくに後者においては,共通コア州スタンダードの数学とPISAの数学的リテラシーの評価の枠組みとの共通性が指摘された上で,共通コア州スタンダードに基づいた取り組みを忠実に進めればPISAの結果が向上するということまで述べられている[3]。それは,ドイツや日本よりも遅れてやってきた「PISAショック」と言える一方で,共通コア州スタンダードの開発・普及に向けて意図的に作られたショックと見ることもできる[4]。

以下,本稿では,日本とはまったく異なる形でPISAを受け止めることになったアメリカのテスト政策をはじめとする教育評価の構造に注目し,この構造がどのようにしてできあがったのか,それが今どのように変容しようとしているのかを明らかにしながら,テスト政策ないしは教育評価改革をめぐる論点を探りたい[5]。

1 州によるスタンダードの策定と標準テストによる評価

アメリカでは1983年の「危機に立つ国家(A Nation at Risk)」刊行以後,州のスタンダードに基づいてアセスメント(評価)を行い,その結果に基づいてアカウンタビリティを示す動きが広がった。ただし,そこでアセスメントのデータとして州や学区での標準化されたペーパーテストの点数が用いられることが

多かったため，その標準テストによって学校のカリキュラムが歪められてしまうことが1980年代から問題視されていた。この批判の中で，標準テストの代替となるアセスメントのあり方が「真正の評価 (authentic assessment)」という言葉とともに議論され，具体的な方法としてパフォーマンス評価やポートフォリオ評価に衆目が集まった。そして，1990年代には州レベルでもパフォーマンス評価の開発と実践が進められた(ケンタッキー州，バーモント州など)[6]。州で策定されているスタンダードに対して，どのような方法で評価を行うかについては，州や学区で独自に決めることができるためである。

しかしながら，これら州レベルのパフォーマンス評価の実施は2000年代以降ほとんど継続されていないのが実状である。しかも，2002年にNCLB法(「どの子も置き去りにしない」法)と呼ばれる初等中等教育法の改正法が成立後，連邦政府が各州に標準テストの実施を求めるようになっており，州レベルではますますパフォーマンス評価を実施しにくい状況が続いている。

ただし，NCLB法自体は「高次の思考技能・理解を評価する測定を含めた，複合的な，最新の情報に基づいた学力測定」を要求していた(NCLB, Sec. 1111, b, 3, C, vi)。それにもかかわらず，この部分は無視されたり，標準化された多肢選択式のペーパーテストのみの評価に矮小化されたりしてしまった。

このような状況の中，ネブラスカ州が2001年に州の標準テストに依存することなく，各学区の裁量で自由に評価方法を設定することができる「学校ベースで教師主導の評価・報告システム (School-based Teacher-led Assessment and Reporting System: STARS)」を開発し，NCLB法制定後の全米教育界で期待を集めた[7]。しかし，その後，州内で学区間の比較を求める声が高まり，学区独自の評価方法を採用することを特徴としていたSTARSは2008年に廃止された。

一方で，たとえばロードアイランド州では2008年以降，高校卒業資格取得に際し，学習発表会やポートフォリオを利用したパフォーマンス評価の遂行を州内すべての高校に求めている。これは，NCLB法制定後も発展を続けている州レベルでのパフォーマンス評価の例として注目される[8]。

ただし，これらはアメリカ国内では特異な例である。とくに2000年代に入って，ほぼすべての州で，標準化された州統一の多肢選択式ペーパーテストの結果によるアカウンタビリティ・システムが基本となっている。

2　州テスト政策に対抗する草の根の教育評価改革

　こうした全米各州の状況の中，たとえばエッセンシャル・スクール連盟（Coalition of Essential Schools）では1984年の設立以後，加盟校すべてが一貫してパフォーマンス評価を組み込んだアカウンタビリティ・システムを持続的に発展させている。連邦や州のテスト政策に対抗する草の根の動きではあるが，アメリカ国内での公教育を担う学校として，NCLB法を犯さない形で実践を続けてきたのも事実である。そこで本項では，エッセンシャル・スクール連盟の地域センターの1つであるニューヨーク・パフォーマンス・スタンダード・コンソーシアム（New York Performance Standards Consortium: NYPSC）の取り組みを事例に，州テスト政策に対抗する草の根の教育評価改革の一端を明らかにする。

（1）パフォーマンス評価による卒業認定

　NYPSCはニューヨーク州内の公立高校約30校のネットワークによって成り立つコンソーシアムで，1998年には今の形で結成されている。加盟校はエッセンシャル・スクール連盟にも関わるスモール・スクールで，「学習発表会による卒業証書（Diploma by Exhibition）」ないしは「習得の披露（Demonstration of Mastery）」と呼ばれる同連盟の共通原則にものっとる形で，高校卒業前にパフォーマンス評価課題（performance-based assessment tasks: PBATs）の遂行を生徒に求めている[9]。

　このパフォーマンス評価は，ニューヨーク州学習スタンダード（New York State Learning Standards）も満たしながら，①文学分析エッセイ，②社会科研究論文，③独自の科学実験，④高等数学の応用の4つの課題で実施されている。そして，このパフォーマンス評価を実施するにあたり，NYPSCでは加盟校すべてに次の7つの構成要素を求めている。

　1点目は「活動的な学習」と呼ばれる要素で，ディスカッションをベースにした授業，プロジェクトをベースにした課題，独自の研究と実験，コースワークにおける生徒の選択が求められている。

　2点目は「形成（構成）的・総括的ドキュメンテーション」と呼ばれる要素で，

前の学校での取り組みに関わる記録から，生徒の今の学校での取り組み方に関わる記録，保護者との懇談，生徒の作品についての教職員による再検討といったことに至るまで，生徒が学校で何をどう学んでいるかをどう検討するかということに関わる資料を複合的に組織することが求められている。

3点目は「修正行動のための方略」と呼ばれる要素で，作品についてのフィードバック，ナラティブ形式の通知表，生徒との懇談，保護者との懇談，放課後宿題実習，ピア・チュータリングが求められている。

4点目は「生徒が学びを表現・披露するための複数の方法」と呼ばれる要素で，筆記表現（文学エッセイ，研究論文，劇作，詩歌，叙情詩等），口頭発表（ディスカッション，ディベート，詩歌朗読，劇上演，校外発表等），芸術的表現（彫刻，絵画，線描，写真等）といった多様な表現方法を認めることが求められている。

5点目は「学習スタンダードに合致した卒業レベルのパフォーマンス課題」と呼ばれる要素で，この要素の中で先の4つのパフォーマンス評価課題が求められている。

6点目は「生徒の作品の外部評価者」と呼ばれる要素で，科学者・作家・歴史家といったさまざまな学問分野の専門家，他校の教師など利害関係のある評価者，後述のパフォーマンス評価審査委員が求められている。

7点目は「（教師の）専門職としての力量形成への焦点」と呼ばれる要素で，探究中心の授業に強調点を置いた学校ないしはセンターをベースにしたワークショップ，生徒の作品や教師が出した課題を再検討するセッション，生徒の発表と評定手続きを批評する機会，熟練教師による新任教師へのメンタリング，ルーブリックの練り直しとパフォーマンス評価プロセスの再検討，学校ベースの研究の支援といったものが求められている。

NYPSC加盟校は以上7つの要素を満たした実践を続けている。ただし，この7要素は一般的なもので，具体的な取り組み方は学校によって異なる。

（2）信頼性確保の土台

このように，NYPSCでは，州統一試験ではなく，コンソーシアム独自のパフォーマンス評価で高校卒業認定とアカウンタビリティが保てるシステムが維持されているわけだが，そのシステムの維持を支えているものに，教師による

モデレーション研究（moderation study）がある。それは，コンソーシアムの教職研修施設である教授学習探究センター（The Center for Inquiry in Teaching and Learning）に加盟校の教師が集まり，実際の生徒の作品をコンソーシアム共通のルーブリックを用いて学校をまたいで評価し，評価基準の調整を図るグループ・モデレーションである。具体的には次のような流れで進められる[10]。

　まず，コンソーシアム加盟校の教員代表150人が，提出された生徒の作品を読み，コンソーシアムのルーブリックを用いて評価を行う。次に，学校ごとに教師が，同じ作品群から選ばれたものを読んで評価する。この2段階で達したコンセンサス，ならびに，各学校の評価がコンソーシアム全体の評価と一致しているかどうかは，後で知らされる。その後，参加教師は傑出した生徒の作品に注目し，そのような作品を最も生み出しやすいカリキュラムと課題について理解を深める。さらに，システム外の教育者が，コンソーシアムの教員が作品をチェックするのと同じ過程をたどる。

　これは，傑出した生徒の作品を共有し，そのような作品が生み出された学校のカリキュラムと評価についての理解を深めるために行われている教員研修である。その一方で，これがパフォーマンス評価の信頼性の確保にもつながっている。この研修が加盟校の実践の年間サイクルに明確に位置づいていることが，パフォーマンス評価を組み込んだアカウンタビリティ・システムの持続的な発展に大きく寄与している。

　さらに，NYPSCでは独自にパフォーマンス評価審査委員会（Performance Assessment Review Board）を組織しており，エッセンシャル・スクール連盟創設者のサイザー（Sizer, Theodore）やマイヤー（Meier, Deborah）をはじめ，ダーリン＝ハモンド（Darling-Hammond, Linda），ペローネ（Perrone, Vito），ステイク（Stake, Robert）など，全米規模で学校改革論や教育評価論をリードしてきた面々が委員を歴任している。NYPSCでは，どの加盟校も5年に1度は，この委員による評価を受けることになっている。これもパフォーマンス評価の信頼性を確保するための重要な土台となっている。

3 全米レベルでのスタンダードに基づいたパフォーマンス評価へ

(1) 州をまたいだスタンダードの策定

　このように，NCLB法制定後も多様な展開を見せているアメリカ国内の教育評価改革であるが，オバマ政権成立後，それまでになかった変容が生まれている。それが，本節冒頭でふれた州をまたいだスタンダードの策定と，それに基づいた新たな評価の取り組みである。

　前述のとおり，とくにNCLB法制定以後，州レベルでは，標準化された州統一の多肢選択式ペーパーテストの結果でアカウンタビリティを示すことが基本となっている。しかしながら，州ごとに設定されている習熟レベルを比較すると，そこに大きな州間格差があることが指摘されるようになった。州統一テストの結果で向上し続けていることを示すために，州で設定している習熟レベルを下げる場合があるからである。そこで起こるのは，州統一テストの結果で向上を示しながら，NAEP等の全米調査の結果では何の向上も示されないという状態である。

　このような州間格差を是正すべく取り組まれたのが，共通コア州スタンダードの開発である。それは2009年から全米州知事協会と全米州教育長協議会の主導で行われ，英語と数学において，まず高校卒業までに何を知り理解していることが求められるかが定められた上で，幼稚園から高校までの各学年段階でどの程度のものが求められるかが決められた。これに対し約1万件のパブリックコメントが寄せられた後，2010年6月に最終的な共通コア州スタンダードが公表された[11]。

　また，共通コア州スタンダードに準じる形で，評価に関してはPARCC (Partnership for Assessment of Readiness for College and Careers) とSBAC (Smarter Balanced Assessment Consortium) という2つのコンソーシアムが設立された。両者とも，数学と英語について，第3〜8学年と高校の学年末総括的評価用に，共通コア州スタンダードの内容に即したコンピュータ使用型テストを開発し，その中にはパフォーマンス課題となるものも含まれている。これに加えて，オ

プションとして，学年開始時ないしは中間時に診断的評価や形成的評価のために利用できる評価のシステムも提供しており，これによって，学年末総括的評価に向けて早い段階から生徒の状況を教師や保護者が確認できるようになっている。基本的に，学年末総括的評価をどの学年で利用するかは州の判断に，また，診断的評価や形成的評価のためのオプションを利用するかどうかは学校ないしは学区の判断にゆだねられている[12]。

教育の権限が州にあるアメリカにあっては，国ないしは連邦レベルで教育スタンダードや評価方法を確定し，州がそれに従うという形はとれない。共通コア州スタンダードについては，全米州知事協会と全米州教育長協議会が開発に関わることで，国・連邦主導ではなく，各州の自発的な取り組みの創意として策定される形となった。また，PARCCとSBACは，連邦政府から資金援助を受けているものの，連邦教育省とは独立した機関である。さらに，共通コア州スタンダードを採択し，PARCCもしくはSBACに参加するかどうかは，各州の判断にゆだねられている。しかしながら，「頂点への競争 (Race to the Top)」と呼ばれる連邦教育省の競争的改革助成金のプログラムにおいて，共通コア州スタンダードの採択とPARCCかSBACへの参加が重要な審査項目となっているため，ほとんどの州が連邦から多額の資金を獲得するために採択・参加するに至っている。こうして，教育の権限が州にありながら，全米レベルでのスタンダードに基づいた評価が行える構造ができあがりつつある[13]。

（2）パフォーマンス評価に向けての課題

PARCCとSBACで取り組み方に若干の違いがあるものの[14]，記述式の問題ないしはパフォーマンス課題を用いて評価を行うことを志向している点は共通している。2014-2015年度からの本格実施により，全米レベルでパフォーマンス評価に向けた取り組みが一気に進むことが期待された[15]。

しかし，本格実施直前の2014年になって思わぬ事態が起こっている。2014-2015年度にPARCCの評価を利用するのが11州，SBACの評価を利用するのが18州のみで，少なくとも21州，生徒数で半数以上がPARCCとSBACどちらの評価も利用しないことが明らかとなったのである[16]。これにより，PARCCとSBACの本格実施によって全州一斉に共通コア州スタンダード対応

のパフォーマンス評価に向けた大転換が一気に起こるということはなくなった。

　一方で，PARCCないしはSBACの評価を利用している州の中には，州の裁量で独自の評価システムを整えている州も見られる。たとえばニューハンプシャー州は，SBACの評価システムを利用しながらも，それとは別に，州の教育スタンダードに基づく独自のパフォーマンス評価システムと，州内のローカルなレベルで機能させるアカウンタビリティ・システムを整備している[17]。これは連邦教育省によるNCLB法遂行義務免除 (Elementary and Secondary Education Act Flexibility Waiver) 政策によるところもあるが，それにとどまらない州独自のアプローチも見られる。

　PARCCにしろSBACにしろ，コンピュータ利用の大規模調査に乗せるために，標準化されたテストにしておかなければならないという制約からは逃れられない。そのため，記述式の問題やパフォーマンス課題が加わっているとはいっても，そこで対象となっているのは，それほど高次の思考技能を必要としない短期的なものである。この点，たとえば前述のNYPSCで課されているパフォーマンス評価課題とは，生徒の取り組みのスパンも深さもまったく異なる（表1-2-1）。

　また，PARCCもSBACも，共通コア州スタンダードの中の一部分しか評価できない状態である。したがって，どちらかの評価で習熟レベルにあることが示されたとしても，それでスタンダードを満たしたことになるわけではない。

　さらに，共通コア州スタンダード自体，進学や就職に必要となる能力の一部しか示し得ていない。そのため，共通コア州スタンダードを満たしたからといって，それで生徒全員に確かな進学ないしは就職が保障されるわけではない[18]。

　これらは至極当然のことのようにも見えるが，「頂点への競争」プログラムによって加速した取り組みがこのまま続けば，PARCCないしはSBACの評価で習熟レベルが示されればそれでよしとする風潮が生まれ，このテストで点数を上げながら多くの子どもたちを置き去りにすることが起こりうる。それは，「どの子も置き去りにしない」というNCLB法のスローガンとはまったく逆の帰結である。

表 1-2-1 評価課題の長さ・深さの違い

狭い評価 ↓ ↓ 深い学習の評価	決まり切った技能についての，標準化された多肢選択式テスト。例：伝統的なテスト
	いくつかの応用技能についての，多肢選択と自由記述項目を伴った標準化されたテストと，（1～2回にわたる）短いパフォーマンス課題。例：共通コア州スタンダード評価（SBAC，PARCC）
	構造化された探究，統合された技能，協働を含む，教師開発のパフォーマンス課題。例：共通パフォーマンス課題（オハイオ州，ニューヨーク州）
	（英語，数学，理科，社会における）すべての鍵となる認知的方略に関わり，完遂するのに1～2週間かかる，標準化されたパフォーマンス課題。例：Think Ready評価システム（教育政策改善センター）
	（2～3か月にわたる）長く深い調査と発表会，課題研究，修了ポートフォリオ，科学フェア，国際バカロレアの研究論文。例：生徒設計のプロジェクト（Envision，NYPSC，シンガポール，国際バカロレア）

出典：Darling-Hammond, L. & Adamson, F.(eds.), *Beyond the Bubble Test: How Performance Assessments Support 21 st Century Learning*, San Francisco, CA: Jessey-Bass, 2014. p. 20, figure 2.2 をもとに筆者作成。

4　おわりに

　こうしてアメリカの現状に目を向けてみると，国全体でパフォーマンス評価に転換する動きとなればそれでよいというものではないことが見てとれる。

　まず，同じパフォーマンス評価といっても，そこで生徒が課題に取り組むスパンと深さには大きな幅がある。改めてパフォーマンス課題の質に目を向ける必要がある。

　また，たとえパフォーマンス評価を志向したものであっても，標準化された大規模テストを，アカウンタビリティのために悉皆でやれば，必ず問題が起こる。もちろん，それを状況調査やモデレーションに資する情報を得るために抽出で行うことに意義がある場合はある。しかし，アカウンタビリティのために悉皆で行えば，そのテストで点数を上げることにしか目が向かず，点数に表れない面での教育の質に目がいかなくなる。こうして，テストの点数を上げながら，教育活動全体としての質は低下させるという歪んだ状態が生まれる。

　これは日本でも十分起こりうる問題である。もはや対岸の火事ではない。

1) Obama, B., President Obama's remarks to the Hispanic Chamber of Commerce,

March 10, 2009, retrieved March 31, 2015 from http://www.nytimes.com/2009/03/10/us/politics/10text-obama.html（2016年1月25日確認）

2) OECD, *Strong Performers and Successful Reformers in Education: Lessons from PISA for the United States*, OECD, 2011; OECD, *Lessons from PISA 2012 for the United States: Strong Performers and Successful Reformers in Education*, OECD, 2013.
3) OECD, *op. cit.*, p. 9.
4) この点については，佐々木司「PISA調査の結果で世界はどう動いたか③――アメリカ編（上）」（『週刊教育資料』No.1266，2013年9月9日号，22-23頁），黒田友紀「PISAと米国のテストをめぐる問題」（『人間と教育』No.84，2014年冬号，54-61頁）等を参照。
5) 本節1・2項は，遠藤貴広「州テスト政策に対抗する草の根の教育評価改革――New York Performance Standards Consortiumを事例に」（北野秋男・吉良直・大桃敏行編『アメリカ教育改革の最前線――頂点への競争』学術出版会，2012年，第13章）の一部を加筆・修正したものである。
6) この点については，松尾知明『アメリカの現代教育改革――スタンダードとアカウンタビリティの光と影』（東信堂，2010年）等，多くの先行研究がある。
7) ネブラスカ州STRARSについては，石井英真「教室の内側からの評価改革――『学習のための評価』論とネブラスカ州の評価システムに焦点を当てて」（北野・吉良・大桃編，前掲書，第14章）を参照のこと。
8) ロードアイランド州高校卒業資格プログラムについては，遠藤貴広「標準テスト批判の諸相――『真正の評価』の理論と実態」（北野秋男編『現代アメリカの教育アセスメント行政の展開――マサチューセッツ州（MCASテスト）を中心に』東信堂，2009年，第13章）を参照のこと。
9) 以下，NYPSCの取り組み内容については，同コンソーシアムのホームページも参照。http://performanceassessment.org（2016年1月25日確認）
10) Tashlik, P., "Changing the National Conversation on Assessment," *Phi Delta Kappan*, 91 (6), 2010, pp. 55-59.
11) 共通コア州スタンダードの概要については，http://www.corestandards.orgを参照（2016年1月25日確認）。また，この内容を検討したものとして，新谷龍太朗「共通コア州スタンダーズの開発プロセス及び内容」（『アメリカ教育学会紀要』第25号，2014年，15-27頁）等を参照。
12) PARCCの概要についてはhttp://www.parcconline.orgを，SBACの概要についてはhttp://www.smarterbalanced.orgを参照（2016年1月25日確認）。
13) オバマ政権後の共通コア州スタンダードをめぐる動きについては，佐々木や黒田の前掲論文，北野・吉良・大桃編の前掲書に加え，松尾知明『21世紀型スキルとは何か――コンピテンシーに基づく教育改革の国際比較』（明石書店，2015年）等も参照。
14) PARCCとSBACの相違点と共通点については，Herman, J. & Linn, R., *On the Road to Assessing Deeper Learning: The Status of Smarter Balanced and PARCC Assessment Consortia* (CRESST Report No. 823, Los Angeles, CA: University of California, National Center for Research on Evaluation, Standard, and Student Testing, 2013) 等を参照。

15) アメリカにおけるパフォーマンス評価への転換に向けた展望については，以下を参照。Darling-Hammond, L. & Adamson, F. (eds.), *Beyond the Bubble Test: How Performance Assessments Support 21st Century Learning*, San Francisco, CA: Jessey-Bass, 2014. なお，同書については，要約版として，Darling-Hammond, L. (ed.), *Next Generation Assessment: Moving Beyond the Bubble Test to Support 21st Century Learning* (San Francisco, CA: Jossey-Bass, 2014) も刊行されている。
16) Gewertz, C., "Final Testing Count: More Than Half of Students Will Take Non-Consortium Exams," in *Education Week's blog: Curriculum Matters*, retrieved February 5, 2015 from http://blogs.edweek.org/edweek/curriculum/2015/02/more_than_half_of_students_.html（2016 年 1 月 25 日確認）
17) http://www.education.nh.gov/instruction/accountability/index.htm（2016 年 1 月 25 日確認）
18) Darling-Hammond, *op. cit.*, p. 13.

第3節
オーストラリアの教育改革における教育評価の取り組み

木村 裕

0　はじめに

　「21世紀型スキルの学びと評価（Assessment and Teaching of 21st Century Skills: ATC21S）」を主導する国の１つであるオーストラリアは，現在，「21世紀型スキル」としての「汎用的能力（general capabilities）」の育成をめざしたカリキュラム開発や教育評価に取り組む国として注目されている。本稿では，オーストラリアの教育改革の全体像を示した上で，全国および州レベルでの教育評価に関する特徴的な取り組みの様相を明らかにし，その意義と今後の展望について考察する。

1　オーストラリアにおける近年の教育改革の全体像
（1）ACARAを中心とした全国規模での教育改革の推進

　オーストラリアでは建国以来，教育行政に関する権限を各州・直轄区（以下，各州）が持ってきた。そのため，従来は国家規模での教育方針は設定されず，各州が多様な教育活動を展開してきた。しかし，1989年のホバート宣言（Hobart Declaration）を契機とするナショナル・カリキュラムの開発や1996年以降に進められている全国学力調査の実施など，近年，全国規模での教育改革が進められている。

　現在，こうした教育改革を主導しているのが，2009年5月に設立され，連邦政府と州・直轄区政府が協同で運営している「オーストラリア・カリキュラム評価報告機構（Australian Curriculum, Assessment and Reporting Authority: ACARA)」である。ACARAは主に，ナショナル・カリキュラムの開発，ナショ

ナル・アセスメント・プログラム（National Assessment Program: NAP）の実施，そして，全国規模のデータ収集と報告を行っている。

（2）ナショナル・カリキュラムの全体像

2008年12月にラッド（Rudd, Kevin）労働党政権によって発表されたメルボルン宣言（Melbourne Declaration on Educational Goals for Young Australians）において，「公正さと卓越性のいっそうの追求」とともに，すべての若者を「成功した学習者」「自信に満ちた創造的な個人」「活動的で知識ある市民」として育成することが教育の主要な目標として示された。そしてその後，同宣言に基づいて，「オーストラリアン・カリキュラム（Australian Curriculum）」と呼ばれるナショナル・カリキュラムの開発が進められ，2013年より順次，各州において，その本格的な導入が進められた[1]。

ACARAはメルボルン宣言の目標を達成するために，オーストラリアン・カリキュラムを，「教科ごとの学習領域（discipline-based learning areas）」「汎用的能力」「学際的優先事項（cross-curriculum priorities）」の3次元から成るものとして構想した。これらはすべて，子どもたちが21世紀の生活および仕事で成功するのを助けるものであるとされている[2]。

主要な学習領域として設定されたのは，「英語」「算数・数学」「科学」「人文・社会科学」「芸術」「技術（Technologies）」「保健体育」「言語」の8領域である。各学習領域において扱うべき内容の概要は示されているが，カリキュラムの具体化については，各州の担当部局を中心に進めることとされている。

汎用的能力として挙げられているのは，「リテラシー」「ニューメラシー」「ICT能力」「批判的・創造的思考力」「個人的・社会的能力」「倫理的理解」「異文化理解」の7つである[3]。これらは，知識，スキル，態度，傾向性（dispositions）を網羅するものであり，あらゆる学習領域に埋め込む形でカリキュラムに位置づけることによって，子どもたちに獲得させることが想定されている。

学際的優先事項とは，子どもたちが現代社会を理解するとともに，直面する現代的な社会問題に取り組めるようになるためにとくに扱うべき事項であり，「アボリジナルおよびトレス海峡島嶼民の歴史と文化」「アジア，およびオーストラリアとアジアとの関わり」「持続可能性」の3つが示されている。これら

もすべての学習領域に埋め込む形で扱われることとされており，各学習領域との関連に応じて多様に位置づけられる。また，ACARAでは各優先事項に関して不可欠な知識，理解，およびスキルを反映する一連の「組成概念（organising ideas）」を示すとともに[4]，各学習領域への位置づけ方を提案している。

ACARAは，各学習領域で独自に身につけさせたい力と汎用的能力それぞれについて，想定される力の発達の様相を示している。加えて，ACARAはウェブ上で，他の2つの次元との関連を示しながら各学年の各学習領域の中で行い得る学習活動案を提示しており，誰もが自由に閲覧できるようになっている。ACARAではこのように，全国的なカリキュラム編成の方針を明示している。ただし，先述のように，カリキュラムの具体化については各州の担当部局を中心に進めることとしている。また，後期中等教育修了資格との関連で第10学年までよりも厳格に到達度の把握が求められる第11・12学年についても，オーストラリアン・カリキュラムの内容やスタンダードを各州の定めるカリキュラムの枠組みに埋め込んだり評価したりする方法を各州で決めるよう示している[5]。このように，ACARAでは各学校や各州の裁量によるカリキュラム編成の余地を残し，また，それを推奨している。そのため，各州ではACARAの方針に沿わせながらも，これまでの独自のカリキュラム開発の成果もふまえて，自州のカリキュラムおよび評価方法や評価システムの開発を進めている。

（3）全国規模の学力調査の概要

オーストラリアで初めて実施された全国規模の学力調査は，1996年のリテラシーに関するものであった。その後，ニューメラシー，科学的リテラシー，シティズンシップ，ICTリテラシーに関する調査も実施されるようになった。オーストラリアも参加する国際学力調査であるPISA, PIRLS, TIMSSも含めて，オーストラリアで実施されている一連の全国規模の学力調査は現在，NAPとしてまとめられている（表1-3-1）[6]。

また，オーストラリアではNAP以外にも，州レベルのものや日常的なものも含めて，子どもたちの学力実態の把握と育成をめざした多様な教育評価の取り組みが進められている。次項では，こうした取り組みの中から特徴的なものを取り上げ，その様相と意義および課題を明らかにする。

表1-3-1 NAPに含まれる学力調査の概要

領域	調査の種類	対象者	実施サイクル
リテラシー	NAPLAN（国内調査）	第3・5・7・9学年（悉皆調査）	毎年
	PISA（国際調査）	15歳児（抽出調査）	3年ごと
	PIRLS（国際調査）	第4学年（抽出調査）	5年ごと
ニューメラシー	NAPLAN（国内調査）	第3・5・7・9学年（悉皆調査）	毎年
	PISA（国際調査）	15歳児（抽出調査）	3年ごと
	TIMSS（国際調査）	第4・8学年（抽出調査）	4年ごと
科学的リテラシー	NAP Sample Assessment（国内調査）	第6学年（抽出調査）	3年ごと
	PISA（国際調査）	15歳児（抽出調査）	3年ごと
	TIMSS（国際調査）	第4・8学年（抽出調査）	4年ごと
シティズンシップ ICTリテラシー	NAP Sample Assessment（国内調査）	第6・10学年（抽出調査）	3年ごと

出典：http://www.nap.edu.au/naplan/naplan.html，および，http://www.nap.edu.au/nap-sample-assessments/nap-sample-assessments.htmlをもとに筆者作成（ともに，2016年1月25日確認）。

2 教育評価に関する特徴的な取り組みの様相

（1）NAPLANに関する取り組み

　NAPに含まれる学力調査の中ですべての子どもに関わるのが，第3・5・7・9学年を対象として毎年実施されている「リテラシーとニューメラシーの全国学習到達度評価プログラム（National Assessment Program—Literacy and Numeracy: NAPLAN）」である。そこでは毎年5月に，「言語事項」「ライティング」「リーディング」「ニューメラシー」に関する調査が行われる。

　NAPLANでは，悉皆調査の形式をとるとともに項目反応理論に基づく調査方法をとることで，子ども一人ひとりの学力実態についての調査結果が経年比較できる形で明らかにされている。調査結果のフィードバックに際しては，各学年で最低限到達すべき基準を示すことにより，平均点との関係のみで子ども

や学校の成績を把握することに陥らないよう配慮されている。また，調査結果は8月から9月にかけて，子どもと保護者，学校にフィードバックされるため，結果をふまえた指導や学習の改善を当該学年のうちに行いやすい[7]。さらに，学力調査の結果が芳しくない学校に対して予算面での重点的な支援が行われるとともに，先住民や社会・経済的に不利な立場にある子どもたちへの支援も意識されている。このように，NAPLANは，子ども一人ひとりの学力実態の把握と学力保障に向けた取り組みとして進められている。

資料1-3-1は，NAPLANのホームページ上で公開されているライティングの調査問

資料1-3-1　NAPLANのライティングの調査問題例

動物を檻で飼うことは残酷である。

あなたはどう思いますか？　賛成しますか，それともしませんか？　もしかすると，あなたは，この話題の両面についてのアイディアを考えられるかもしれません。

読み手があなたの意見に納得するように書きなさい。
- **序論から始めなさい。**序論は読み手に，あなたが何について書こうとしているのかを知らせます。
- **この話題に関するあなたの意見を書きなさい。**あなたの意見の**理由**を示しなさい。あなたの意見の理由を説明しなさい。
- **結論で終わりなさい。**結論は，読み手があなたの意見に納得できるように，あなたの文書をまとめる方法です。

忘れずに以下のことをしなさい：
- あなたの文書の計画を立てる。
- 読み手があなたの意見に納得するように，注意深く言葉を選ぶ。
- 文で書く。
- つづりと句読点に注意する。
- あなたのアイディアを整理するために段落を使う。
- 読み手にはっきりとわかるようにするために，あなたの文書を確認し，編集する。

出典：NAPLAN2011のライティングの調査問題例（http://www.nap.edu.au/verve/_resources/NAPLAN 2011_prompt__caged_animals_final.pdf）を筆者が訳出して作成（2016年1月25日確認）。

題例である[8]。子どもたちは40分という時間制限の中で問題に取り組む。この問題例については，たとえば，提示された条件に沿って短時間でテキストを構成したりリテラシーに関わる知識を示したりする能力の把握には適している一方で，時間をかけて試行錯誤を繰り返しながら探究したり，他者との交流を通して考えを深めたりするという能力の把握には適さないことが指摘できる。

また，NAPLANの結果は「私の学校ウェブサイト（My School Website）」[9]を通して一般公開されている。これは，保護者や学校関係者だけでなく社会全体に対しても説明責任を果たすことにつながる一方で，学校間の序列化や一元化

された学力のみに焦点をあてた競争や対策を生み出すことにもつながり得る。実際，NAPLANの結果を参考にした学校選択の要望が生まれているという声や，子どもたちの学力保障を実現するためには，予算面での支援だけではなく優れた教員の配置や家庭生活の支援なども併せた複合的な支援を行う必要があるという現場の声もある[10]。これらをいかに克服するのかは，NAPLANに関わる重要な課題であるといえよう。

（2）作品例ポートフォリオの提示による学力の把握と育成のための取り組み

　ACARAでは，オーストラリアン・カリキュラムで示した各学習領域に関して，就学前から第10学年までと後期中等教育段階にあたる第11・12学年に分けて，「内容記述（content descriptions）」と「到達度スタンダード（achievement standards）」を設定している。内容記述とはすべての子どもが学習すべき内容を詳細に記述したものであり，到達度スタンダードとは学校教育のそれぞれの時点で子どもたちに期待される理解の深さとスキルの高度さを示したものである[11]。それに加えてホームページ上には，各学年の各学習領域における学習で求められる到達度スタンダードとそれに対応する課題，ならびに子どもの作品例を含む「作品例ポートフォリオ（Work Sample Portfolio）」が掲載されており，誰でも自由に参照することができる。

　資料1-3-2に示したのは，第10学年の「英語」に関する作品例ポートフォリオに含まれている，説得力のある文章を書く力を測ることを目的とした，「危険な犬とその飼い主の責任について地元紙の編集者に手紙を書く」という課題に関する例である。ホームページ上には「満足できる」「満足できるレベルより低い」「満足できるレベルより高い」の3つのレベルそれぞれにあたる例が示されており，資料1-3-2は「満足できる」レベルに分類されているものである。

　作品例ポートフォリオには，「到達度スタンダード」「課題の概要」「生徒の作品とそれに関する注釈」が含まれており，「注釈」を読むことで学習や採点の際のポイントを把握することができる。また，例は文章記述に関するものだけではなく，たとえば「口頭発表」に関する課題についても動画付きで示されている[12]。

　説得力のある文章を書く力や口頭発表を行う力などについてはそのパフォー

資料 1-3-2 「英語」（第 10 学年）の作品例ポートフォリオの一部

第 10 学年 英語 到達度スタンダード
〈略〉
課題の概要
　生徒は，地元紙の編集者に対し，危険な犬とその飼い主の責任について手紙を書くことを求められた。生徒は授業中に時間を与えられてヴィクトリア州の公共の場における危険な犬に関する問題について調査し，コンピュータを利用して最終作品を完成させた。

説得力のある文章：危険な犬

生徒の作品例
（省略）

注釈
手紙作成上の決まりを適切に使っている。
トピックに関して明確な主張を行っている。
〈中略〉
論理的な方法で個人的な議論を一般的な議論に移し，陳述を展開している。
多様なはじまりの文を用いて，段落内および文章全体の統一性をつくっている。
たとえば「もしあなたが〜をできない，あるいはしたくないのであれば，どうか〜してください」という形で，犬の飼い主に対する直接的な訴えで締めくくり，見解を強化している。

出典：http://www.acara.edu.au/curriculum/worksamples/Year_10_English_Portfolio_Satisfactory.pdf (pp. 4-5) を一部省略する形で筆者が訳出して作成（2016 年 1 月 25 日確認）。

マンスの質に差が生まれるため，客観テスト式の評価方法で評価することは難しい。この点に関して，到達度スタンダードや作品例は，教師が生徒の到達度をバランスよく（on-balance）判断するのを助けるものとされているように[13]，オーストラリアン・カリキュラムに示された多様な能力を教師が評価する際の指針となる。これはまた，教師が指導の指針を得たり生徒が学習上の要点を把握したりすることも可能にする。ここから，オーストラリアでは，従来の客観テスト式やNAPLANの形式の評価方法では十分に測ることが難しい学力を把握し，育成するための取り組みが，全国規模で進められているといえる。

（3）学校での評価のための取り組み――南オーストラリア州を例に

　オーストラリアでは全国規模の取り組みに加えて，各州での独自の取り組みもなされている。ここでは，各学校での日常の学習の成果も対象とした評価実

践を進めている州の1つである南オーストラリア州の取り組みを検討する[14]。

南オーストラリア州では，後期中等教育修了資格の取得をめざす第11・12学年の生徒の到達度が，「南オーストラリア州の教育修了資格 (South Australian Certificate of Education: SACE)」[15]の枠組みに沿って評価されている。具体的には，SACE委員会 (SACE Board) が「英語」「数学」「人文・社会科学」などの学習領域をさらに細分化して複数の科目を設定し，各科目を実践する際にふまえるべき教育評価と学習テーマに関する規定を「科目概要 (Subject Outline)」として示している。そこでは，評価課題や評価指標である「パフォーマンス・スタンダード」も示されている。

表1-3-2は，2014年度の第12学年向けの「英語学習 (English Studies：「英語」の学習領域に含まれる科目の1つ)」の科目概要に示された評価の種類と割合および取り組みの概要である。「学校での評価 (School Assessment)」とは，各学校で担当教員が評価および採点を行うものである。この英語学習の評価は，「共同学習 (Shared Studies)」「個別学習」から成る「文章に関する学習 (Text Study)」，「文章テキスト作成」「口頭テキスト作成」から成る「文章作成学習 (Text Production Study)」，そして，試験による「外部評価 (External Assessment)」で構成されている。

SACEによるこの取り組みに関しては，とくに，次の3つの特徴を指摘したい。1つめは，約半年間かけて取り組まれる一連の学習に，多様な評価課題と評価方法を位置づけることを求めている点である。先述のように，「英語学習」という1つの科目に関して生徒には，文章の読解や制作，他者と共同で取り組む課題や個別の課題など，多様な評価課題に取り組むことが求められる。また，各課題は，「知識と理解」「分析」「適用」「伝達」の4観点に沿って評価されるため，それらを意識した学習に取り組むことも求められる。これにより，汎用能力として示された学力も含む多様な学力の把握が可能になっているといえる。

2つめは，科目概要に「知識と理解」「分析」「適用」「伝達」の4観点から成る「パフォーマンス・スタンダード」が示されている点である[16]。パフォーマンス・スタンダードは，教師にとっては教授・学習プログラムの中で生徒の学習の質に関するフィードバックや意思決定を行う際に参照するものとされてい

表1-3-2 「英語学習」(第12学年)に関する評価の種類と割合および取り組みの概要

評価の種類			割合	評価に関する取り組みの概要
学校での評価	文章に関する学習	共同学習	30%	＊「2つの単独の文章(Single Texts)についての学習」「対をなす文章(Paired Texts)についての学習」「詩の学習」「短い文章の批判的読解の学習」の4種類から成る。 ＊各種類から最低1つずつ，計4～6つに取り組むよう求められる。 ＊書いたものは1000語以内，口頭のものは6分以内，複合的なもの(multimodal)についてはこれ相当の長さにする。 ＊「知識と理解」「分析」「適用」「伝達」の4つの作成基準(design criteria)に関する学習の証拠を示すことが求められる。
		個別学習	20%	＊2000語以内で批判的なエッセイを仕上げることが課題。 ＊「知識と理解」「分析」「適用」「伝達」の4つの作成基準に関する学習の証拠を示すことが求められる。
	文章作成学習	文書テキスト作成＆口頭テキスト作成	20%	＊文書テキストについては1000語以内のものを，口頭テキストについては6分以内のものを，それぞれ2つずつ作成することが求められる。複合的なものについてはこれ相当の長さにする。 ＊「知識と理解」「適用」「伝達」の3つの作成基準に関する学習の証拠を示すことが求められる。
外部評価	試験		30%	＊3時間の試験が課される。 ＊試験は3つのセクションから成り，各セクションの問題に1つずつ答えることが求められる。 ＊セクションAは，上記「共同学習」にある「2つの単独の文章についての学習」「対をなす文章についての学習」「詩の学習」のいずれかに関するものから成る。 ＊セクションBは，セクションAで扱われなかった2つの学習に関する一連の問題から成る。 ＊セクションCは，1つかそれ以上の，前もって見てはいない短い文章の批判的読解に基づく問題から成る。 ＊「知識と理解」「分析」「適用」「伝達」の4つの作成基準に関する学習の証拠を示すことが求められる。

出典：SACE Board of SA, *English Studies 2014 Subject Outline Stage 2*, Australia, 2010をもとに筆者作成。

る。また，生徒にとっては，自身が示した知識やスキル，理解を確認したり，到達可能な中で最も高いレベルに到達するために今後さらに示す必要がある具体的な特徴を確認したりする際に参照できるものとされている[17]。教師も生徒もSACEのホームページ上で作品例や評価の観点などを確認できるため，つねに自身の学習の状況や指導の方針を評価し，必要に応じた修正を繰り返しながら取り組むことが可能となっている。ここから，州の統一のスタンダードを設定することで生徒が獲得すべき学力の内容と質を明確にすることにより，学力

保障を実現するための教育評価が実践されやすくなっていることが指摘できよう。

3つめの特徴は,「学校での評価」に関してもモデレーションが行われている点である。各教師には,学習到達度を把握するために参照した生徒一人ひとりのすべての作品をAからEの5段階に分けて採点した後,それらを当該年度の成績が確定するまで残しておくことが求められる。SACE委員会は各学校の生徒の作品の中からいくつかのサンプルを選び,教師に委員会への提出を求める。そしてそこで担当教師以外の評価者による評価がなされ,担当教師による評価との相違が確認されるとともに,必要に応じた修正が行われる。これにより,州全体で評価基準が正確に利用され,生徒に不利益が生じないようにされているのである。この取り組みからはまた,質的に幅のある学力を評価する際の客観性を確保する方途とともに,教師の評価能力を向上させ,ひいては子どもたちへの適切な支援を充実させることにもつながる取り組みの方途も見えてくる。

前述した作品例ポートフォリオの提示は,多様な学力の把握と育成につながる全国規模での取り組みであった。ただし,この取り組みだけでは,教師によって評価基準の解釈にばらつきが生じたり,子どもたちが取り組むべき課題の種類の選択に偏りが生じたりする可能性がある。ここで見てきた南オーストラリア州の取り組みは,全国規模の取り組みに見られるこうした制約を乗り越える可能性をもつものでもあるといえる。

3　おわりに

ここまで見てきたように,オーストラリアではACARAを中心として,各学習領域で独自に身につけさせたい力と汎用的能力の育成をめざしたナショナル・カリキュラムの開発や全国学力調査などを行っている。また,各州もACARAの方針をふまえながら,独自の取り組みを進めている。

ナショナル・カリキュラムの導入や大規模な学力調査の実施は,時に教育活動を画一化させたり,ある特定の尺度によって子どもたちを序列化したり競争を強いたりする状況を生み出す危険性をもつ。しかしオーストラリアでは,全

国レベルではNAPに加えて作品例ポートフォリオを提示したり，州レベルではSACEに見られた取り組みを行ったりすることによって，複数の評価の取り組みから成る包括的な評価システムを構築し，多様な学力の把握と育成をねらっていた。さらに，評価結果を迅速に子どもや保護者，学校にフィードバックすることで指導や学習の改善を行いやすくしたり，学力調査の結果が芳しくない学校や子どもたちへの予算面での支援を重点的に行うための制度を整えたりしていた。また，全国的に一定の学力の保障を追求する一方で，各学校や各州にカリキュラム編成の裁量の余地を残すことで，独自の教育活動を展開することも可能にしていた。オーストラリアではこうした取り組みを通して，子ども一人ひとりの学力保障の実現をめざした制度設計がなされていることが指摘できる。

　学校現場の実態に目を向けてみると，NAPLANの調査結果に見られる先住民と非先住民の子どもたちとの間の学力格差の存在[18]，「私の学校ウェブサイト」でのNAPLANの結果の公表による学校選択への影響，予算面での支援だけではない複合的な支援策の必要性に対する現場の声の存在など，課題も少なくはない。今後，オーストラリアにおける学校現場での具体的な取り組みの様相とも照らし合わせながら，すべての子どもたちの学力保障と多様な学習活動の展開を実現するための教育評価のあり方を検討していきたい。

1) オーストラリアン・カリキュラムの開発は2008年より順次進められてきたが，導入時期については各州・直轄区の政府の方針によるため違いがある。オーストラリアのナショナル・カリキュラム開発の歴史的展開とその特徴については，拙稿「カリキュラム」（佐藤博志編著『オーストラリアの教育改革――21世紀型教育立国への挑戦』学文社，2011年，79-103頁）を参照。
2) 汎用的能力の概要説明のページより。
http://www.australiancurriculum.edu.au/generalcapabilities/overview/general-capabilities-in-the-australian-curriculum（2016年1月25日確認）
3) 7つの汎用的能力それぞれについて，同上ホームページ上に示されているリンク先で，より具体的な構成要素も示されている。
4) その詳細な資料は，下記のリンク先から入手可能である。
http://www.australiancurriculum.edu.au/crosscurriculumpriorities/overview/introduction（2016年1月25日確認）
5) 後期中等教育段階のカリキュラムの概要説明のページより。
http://www.australiancurriculum.edu.au/seniorsecondary/overview（2016年1月25

日確認)
6) NAPの概要や具体的な取り組みについては，NAPのホームページを参照。
http://www.nap.edu.au/ (2016年1月25日確認)
7) 2012年9月から11月にかけて行われたパイロット調査を皮切りに，ACARA，連邦政府と州・直轄区政府，エデュケーション・サービス・オーストラリア (Education Services Australia) が共同で，NAPLAN onlineと呼ばれるコンピュータを用いたNAPLAN調査の開発も進めている。そこでは，子ども一人ひとりの到達レベルによってテストを調整する「テイラード・テスト設計 (tailored test design)」と呼ばれる手法を用いることによって，子ども一人ひとりの能力に応じてテストを調整することや，学校や子ども，保護者へのフィードバックにかかる時間を大幅に減らすことなどがねらわれている (NAPのホームページ内にあるオンライン評価に関するQ&Aのページより)。
http://www.nap.edu.au/online-assessment/naplan-online/managing-the-change/managing-the-change---faqs.html (2016年1月25日確認)
8) 基本的には調査対象となる学年のレベルに合わせて異なる問題が出されるが，ライティングについては他の3つの内容とは異なり，全対象学年の子どもたちが同一の調査問題に取り組む(ただし，学年により評価基準のレベルが異なる)。なお，NAPのホームページ上には問題例に関する評価基準も示されている。
9) 「私の学校ウェブサイト」http://www.myschool.edu.au/ (2016年1月25日確認)
10) 2015年3月5日に筆者がオーストラリアにおいて行った学校の教師へのインタビューより。
11) 就学前から第10学年までのカリキュラムの概要説明のページより。
http://www.australiancurriculum.edu.au/curriculum/overview (2016年1月25日確認)
12) http://www.acara.edu.au/curriculum/worksamples/Year_10_English_Portfolio_Satisfactory.pdf (p. 3) (2016年1月25日確認)
13) 同上資料 (p. 1)
14) なお，ヴィクトリア州の取り組みについては，青木麻衣子「オーストラリア」(勝野頼彦[研究代表者]『教育課程の編成に関する基礎的研究 報告書4 諸外国における教育課程の基準——近年の動向を踏まえて』国立教育政策研究所，2013年，121-129頁)を，西オーストラリア州の取り組みについては，鈴木秀幸『スタンダード準拠評価——「思考力・判断力」の発達に基づく評価基準』(図書文化，2013年)を参照。
15) SACEのホームページ https://www.sace.sa.edu.au/home (2016年1月25日確認)
16) SACE Board of SA, *English Studies 2014 Subject Outline Stage 2*, Australia, 2010, pp. 16-18.
17) *Ibid.*, p. 15.
18) たとえば，下記を参照。
ACARA, *NAPLAN Achievement in Reading, Persuasive Writing, Language Conventions and Numeracy: National Report for 2012*, Sydney: ACARA, Australia, 2012, pp. 4, 68, 132, 196.

第4節
教育課程評価としての
イタリアのINVALSIテスト

徳永俊太

0 はじめに

　学年度末が近い2008年6月17日，イタリアにおいて全国規模の学力テストが公立の第一中等学校第3学年（13〜14歳）を対象として行われた。国家機関であるINVALSI（指導と形成の教育システムに対する評価のための全国機関：Istituto nazionale per la valutazione del sistema educativo di istruzione e di formazione)[1]によって実施されたこの学力テスト（以下，INVALSIテスト）は，イタリア語（Italiano）と数学（Matematica）の2教科で行われ，国際学力調査を除けば同一問題を使用してイタリア全土で行われたという点で，教育政策の転機となるテストであった。その後，INVALSIテストは対象学年を広げつつ，2013-2014年度まで毎年継続して実施されている。2008年のリーマンショック以降，イタリアでは教育予算が削減される傾向にあることを考えれば，大規模に実施されるINVALSIテストは教育政策において重要な位置を占める。

　本稿では，このINVALSIテストの特徴を考察するために，まずINVALSIの報告書を中心にして検討することで，INVALSIテストの概要を明らかにする。そして，イタリアの公教育の歴史を概観し，INVALSIテストがどのような意味をもっているのかを明らかにする。

1 学校に自己評価を促すテスト

（1）INVALSIによるテストの実施

　INVALSIテストは，テストを中心にイタリアの学校システムを評価する事業であるSNV（国家評価事業：Sistema Nazionale di Valutazione）の一環として，

毎年6月から7月にかけて実施されている。2007-2008年度に実施された際は，全国学力テスト（Esame di Stato）という名称が使われていた。現在は学力測定（La rilevazione degli apprendimenti）という名称が使われており，一般的にはINVALSIテストと呼称されることが多い。

　INVALSIテストの問題作成から採点，分析にいたるまでのすべての作業をINVALSIが担っている。INVALSIは前述したSNVの中核を担う組織であり，教育・大学・研究省の省令によりその役割が定義されている。2004年の第286号省令には「国際的な評価の文脈を正しく位置づけながら，学校の効率と効果を測定する」というINVALSIの役割が示されている。「国際的な評価の文脈」とあるように，INVALSIはもともとOECDによるPISAやIEAによるTIMSSの実施や分析を行っており，そこで得られた知見をテストの作成やテストが測定する学力の定義などに反映させてきた。

　INVALSIはテストの実施後に，「システムの概略（Il quadro di sistema）」と「技術レポート（Il rapporto tecnico）」，やや遅れて「総括（Sintesi）」という3つの報告書を作成し，ホームページ上で公開している。ここでは2012-2013年度「システムの概略」を中心にINVALSIテストの実施概要について整理し，過去のレポートからテストがどのように変遷してきたのかを補足する。なお2015年2月現在，2013-2014年度分は「結果レポート（Rapporto Risultati）」のみが公開になっており，「技術レポート」と「総括」は作業中となっている。

　はじめに，実施学年と対象となる人数（表1-4-1）を示す。併せて，現在のイタリアの学校段階（表1-4-2）を示す。進学系と職業系に大きく分かれる学校段階は第二中等学校と総称されている。2007-2008年度に第一中等学校第3学年を対象として実施されたINVALSIテストはその後対象を拡大し，2012-2013年度は計5学年を対象とするようになった。さらに任意参加だったものが2009-2010年度からは2009年の第86号省令によって強制参加となり，対象学年に在籍するすべての子どもがINVALSIテストを受けることとなった。結果，INVALSIテストは250万人以上の児童・生徒を対象とする大規模なものとなったのである。子どもが共通の教育課程で学習する義務教育期間は第二中等学校第2学年までであるので，義務教育修了時の学力実態も把握される。さまざまな校種が存在する第二中等学校では1970年代から学校種間の学力格差が指摘

表 1-4-1　2012-2013年度INVALSIテスト実施学年と対象人数

レベル	クラス合計	クラスサンプル	生徒数
初等第2学年	29,391	1,679	560,140
初等第5学年	29,796	1,662	557,995
第一中等学校第1学年	27,082	1,711	590,728
第一中等学校第3学年	29,385	1,420	593,407
第二中等学校第2学年	26,200	2,575	560,487

出典：2012-2013年度の「システムの概略」8頁の表を筆者訳出（2016年1月25日確認）。
http://www.invalsi.it/snvpn2013/rapporti/Rapporto_SNV_PN_2013_DEF_11_07_2013.pdf

表 1-4-2　イタリアの学校段階

教育	就学前教育	初等教育	中等教育			高等教育	
学校	幼稚園	初等学校	第一中等学校	高校（5年）職業教育専門学校（3-5年）		大学	高等職業教育専門学校
年齢	2~4	4~5	5~6	6~7	7~8	8~9	9~10	10~11	11~12	12~13	13~14	14~15	15~16	16~17	17~18	18~19	19~20	20~21	21~22	22~23	23~24
				義務教育期間																	

2015年2月現在。網掛けは義務教育期間
出典：教育・大学・研究省のホームページを参照して筆者作成（2016年1月25日確認）。
http://hubmiur.pubblica.istruzione.it/web/istruzione/famiglie/ordinamenti

されており，第二中等学校第2学年のテストのみ他の学年のテストと異なった学校種間の学力格差という分析視点をもっている。

　テストは悉皆調査として実施され，採点と返却はすべての学校に対して行うものの，INVALSIによる分析は表1-4-1に示した数のサンプルのみによって行われる。サンプル対象外となった学校では自己評価（auto-valutazione）の材料としてテスト結果を活用することが推奨されている。報告書にも，学校に対する評価をINVALSIテストが行っているわけではないことが強調されている[2]。ここから，INVALSIテストが全国の学力実態を把握する役割と各学校の自己評価を促す役割をもっていることがわかる。

　このように最初の実施から拡大を続けてきたINVALSIテストも，2013-2014年度から第一中等学校第1学年の試験が中止されたことにより，初めて縮小に転じた。試験対象学年が多すぎることと，PISAやTIMSSなどの国際学力調査によって実態把握ができることが理由として挙げられている。この変更により，INVALSIテストは教育サイクルの各出口に焦点を当てたテストになったとい

えよう。出口に着目したことにより，各児童・生徒に結果をフィードバックし，学校として彼らの学力を向上させていくという使い方は初等教育第2学年を除いて難しくなった。テスト実施の時期が学年度末である6月ごろであることも，そういった利用を難しくしている。つまり，INVALSIテストは学校の教育課程の改善を促す役割をより強くもつようになったのである。

（2）INVALSIテストが測定するもの

ではINVALSIテストは何を測定しようとしているのか。INVALSIテストはコンピテンシー（competenze）という言葉でそれを説明している。

イタリアでは公教育の学習を規定する学習プログラム（programmi）において，子どもが身につけるものが定義されてこなかった。ただ，人格形成（formazione）が教育の目的であるという点が合意されていたのみである。2000年代に入って，教育・大学・研究省は公教育において身につけられるものを定義するようになった。学習プログラムから名前を変えた2004年の「全国指標」（Indicazione Nazionale）に示されたのは知識（conoscenza）と能力（abilità）という2項目であった。2008年版の「全国指標」からは，知識と能力を統合した概念と考えられるコンピテンシーという言葉が全面的に採用され，現在はこの言葉に統一された感がある。法律やINVALSIの報告書でたびたび言及されているように，INVALSIテストはコンピテンシーを測定するためのテストであり，測定するコンピテンシーを明確にした上で作成されている。

コンピテンシーやINVALSIテストに関する研究を行っているカストーディ（Castodi, Mario）によっても指摘されているとおり[3]，INVALSIの報告書はたびたびPISAに言及するものの，コンピテンシーという言葉の捉え方はPISAのものとは異なっている。そもそもPISAにならうのであれば，テストにおいて測定されるものにはリテラシー（literacy）が使われるべき概念である。DeSeCoによるコンピテンシー概念はリテラシーを含んだより広範な能力を示す概念であるのに対して，イタリア語にリテラシーにあたる言葉が存在しないという事情はあるものの，INVALSIテストはリテラシーという言葉をコンピテンシーという言葉に置き換え，コンピテンシーを広範な能力かつテストによって測定可能なものとして捉えている。

表 1-4-3　PIRLS，PISA，INVALSI テストのイタリア語において評価される読解の理解の側面

	理解の側面
IEA-PIRLS	― テキストの中に明示された情報を見つける ― 直接的な推論を行う ― 概念と情報を解釈・統合する ― 内容，言語，テキストの要素を分析・評価する
OECD-PISA	― テキストへアクセスし，情報を取り出す ― 意味を構築するために，テキストの情報を統合・解釈する ― テキストの内容と（もしくは）形式について熟考・評価する
INVALSI	― 単語と表現の文字通りと比喩的な意味を認識・理解し，単語の関係を認識する ― テキストに明示的に示されている情報を特定する ― テキストに示されている1つないしは複数の情報と（もしくは）個人の知識体系から引き出された1つないしは複数の情報から暗に含まれた情報を抽出しながら，直接的推論を行う ― テキストの結束性と一貫性との関係をつかむ ― いくつかの情報と概念を統合し，さらに複雑な推論を表明しながら，テキストのさまざまな広さにある部分的な意味を再構成する ― いくつかの情報と概念を統合し，さらに複雑な推論を表明しながら，テキストの全体的な意味を再構成する ― テキストの内容と（もしくは）形態から出発し，文学的な理解に至りながら，テキストの解釈を発展させる ― テキストの内容と（もしくは）形態を個人の知識と経験に基づいて評価する（情報のもっともらしさ，論の妥当性，伝わりやすい表現などについて熟考しながら）

出典：2012-2013 年度「技術レポート」2 頁の表 1.1 を筆者訳出（2016 年 1 月 25 日確認）。
http://www.invalsi.it/snvpn2013/rapporti/Rapporto_tecnico_SNV2013_12.pdf

　結果，測定されるものの定義も PISA とは異なっている。イタリア語の場合，理解の側面を表 1-4-3 のように定義し，他の国際学力調査との違いを強調している。テストの問題は，この「理解の側面」と「物語文」「説明文」「文法」といった内容（contenuti）の 2 つから定義される。2012-2013 年度の「技術レポート」によれば，「テキストの結束性と一貫性との関係をつかむ」と「単語と表現の文字通りと比喩的な意味を認識・理解し，単語の関係を認識する」の部分が独自に設定された項目であり，その他が国際学力調査から流用されたものである。
　数学の場合は，認知プロセス（processi cognitivi）として TIMSS や PISA との違いが整理され，「数」「空間と図形」「データと予測」「関係と関数」の 4 つの内容領域（Ambito di contenuti）と掛け合わせて問題が定義される。認知プロセ

表1-4-4　TIMSS, PISA, INVALSIテストの数学において評価される認知プロセス

	プロセス
IEA-TIMSS	― 知る ― 適用する ― 論述する
OECD-PISA	― 表現する ― 利用する ― 解釈・適用・評価する
INVALSI	― 数学固有の内容を知り，使いこなす ― アルゴリズムと手続きを知り，利用する ― 表現のさまざまな形態を知り，あるものと他のものをつなげる ― さまざまな分野（数，幾何，代数）の方略を利用しながら，問題を解く ― 対象と現象の測定可能な特徴を異なった文脈で認識し，測定の道具を利用し，サイズを計測し，サイズの計測を見積もる ― 数学的思考の典型的な形態を漸次獲得する ― 科学，技術，経済，社会の分野における情報の量的な取り扱いの際に，道具，モデル，表現を利用する ― 空間における形態を認識し，それらを幾何学的な解決もしくはモデリングの解決のために利用する

出典：2012-2013年度「技術レポート」4頁の表1.3を筆者訳出（2016年1月25日確認）。
http://www.invalsi.it/snvpn2013/rapporti/Rapporto_tecnico_SNV2013_12.pdf

スと内容を掛け合わせて問題を捉えるという発想はPISAにも見られるものである（表1-4-4）。

　2007年に最初のINVALSIテストが実施されたときは，公教育の目標を定めた「全国指標」とは関係ないものとして作成された。2000年代のイタリアは政権が不安定であったこともあり，教育改革の実施と改訂が頻繁に繰り返されたことも原因であろう。その後，テストと「全国指標」との整合性が図られるようになってきた。報告書にも「全国指標」との対応が明記されるようになる。

　以上見てきたとおり，INVALSIテストと「全国指標」は国際学力調査で示された能力概念をそのまま取り込んでいるのではなく，そこに独自の項目が付け加えられている。それが問題にどのように現れてくるのかを次に見ていく。

（3）コンピテンシーを測定する問題

　PISAと似た傾向をもつ問題が多く見られるのは数学である。たとえば，2008-2009年度のINVALSIテストでは，使わなくてもよい情報を含んだ資料

資料1-4-1　第一中等学校第3学年の問題例

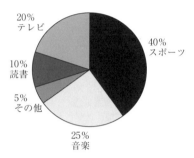

D20. 自由な時間における活動について調査し，700人の学校で200人の生徒のサンプルが得られ，結果が以下のグラフのように表されます。

サンプルの生徒から1人を選び，自由な時間を読書に当てる生徒が該当する確率はいくつでしょうか。
A. 1/220　B. 1/10　C. 1/5　D. 1/70

出典：2008-2009年度のINVALSIテスト問題冊子（12頁）より筆者訳出（2016年1月25日確認）。
http://www.invalsi.it/download/rapporto/Rapporto_PN_ver_11.5.pdf

1-4-1のような問題が出された。

　この問題は一見資料の読み取りと計算を組み合わせた問題に見える。しかし，解答のために特別な計算をする必要はなく，10％が1/10という数字でも表されることを知っていればよい。700人や200人，自由時間を読書以外に当てる生徒の割合は余分な情報なのである。これまでなかったタイプの問題であったからだろうか，Aが13.6％，正解のBが65.0％，Cが7.1％，Dが12.5％となった。百分率に関する知識のみを問うている問題としてはやや低い数字である。

　数学では単純な四則計算を問うのではなく，上述したような文章に組み込む形で問題が出題される。一方でイタリア語の試験はこれまでのPISAの読解リテラシーでは出題されないような問題，すなわち従来の試験にあった問題も見られる。たとえば，2011-2012年度の問題解説に「理解の側面」の例として示された以下の問題である。これは上述した「単語と表現の文字通りと比喩的な意味を認識・理解し，単語の関係を認識する」という側面を測定する問題である。

資料 1-4-2　初等学校の問題例（出題は 2010-2011 年度の INVALSI テスト）

> A 4. 入口が「封鎖されてしまっていた」(6 行目) が意味するのは
>   A.□狭かった　B.□巨大だった　C.□隠されていた　D.□閉められていた

出典：2011-2012 年度『イタリア語の試験概要』13 頁より筆者訳出（2016 年 1 月 25 日確認）。
http://www.invalsi.it/snv2012/documenti/QDR/QdR/Italiano.pdf

　日本のテストにも見られるように，ある文章中の単語の意味，この場合は「封鎖されている（ostruito）」という単語の意味を問う問題である。このほかにも時制の変化を問う問題など，学校で学習するような単純な読み書きを問う問題が出題されている。これらの問題を見ても，INVALSI テストが国際学力調査の知見を取り込みつつも，イタリア独自の項目を付け加えたテストであることがわかる。

　2 教科の試験に併せて，初等学校第 5 学年，第一中等学校第 1 学年，第二中等学校第 5 学年には質問紙調査も実施されている。質問紙調査に関する報告書は 2010-2011 年度から更新されていないのでそちらを見てみると，「生徒の個人情報」「父の情報」「母の情報」という項目でくくられたいくつかの質問が「一般的な情報」として共通で，初等教育では保育園または幼稚園の通学歴と両親の学位・職業が，中等教育ではイタリア語と数学の週あたりの授業コマが追加の質問として設定されている。さらに「自己認識，動機づけ，学習への熱意」「学校における幸福と不安」「生徒の活動記録」「個人情報」「家族関係」という項目でくくられたいくつかの質問が設定され，学年が上がるにつれて質問が増加していく。こうした質問紙によって移民子弟の学力実態などが把握されている。

　以上，テストの概略から考察すると，INVALSI テストは「全国指標」という国の教育課程と対応し，ともに変化してきたテストである。そして試験の結果から各学校に自己評価を促す役割から，学校の教育課程を評価するテストでもあるといえる。

2　格差指標としてのテスト

（1）学校への適応に見られる教育格差

　ではこのような INVALSI テストはどのようにして生まれてきたのであろうか。イタリアの公教育の歴史をふまえながら明らかにしていきたい。イタリア

の公教育の歴史は，大胆に言ってしまえば教育格差の歴史である。

　1960年代に奇跡と呼ばれた経済発展を受けて，新中間層の教育熱が高まり，進学系と職業系に分かれていた第一中等学校の統一が果たされ，義務教育の期間が8年に延長された。義務教育年限延長に関する議論は以降も続けられ，現在では表1-4-2に示したとおり，10年に延長されている。第二中等学校における複線型の学校体系は維持されたものの，カリキュラム内容の共通部分は増加した。

　しかし，この当時の義務教育学校は半日制であり，留年や落第も存在した。学生運動や労働運動が盛んになった1960年代から1970年代においては学校が十分に機能せず，社会階層の再生産の道具であることを指摘した実践記録などが生まれた。そして教育格差は留年率や進学率，退学率，青少年の就労率などによって把握されている。当時の学生運動・労働運動のバイブルとなった1967年の実践記録 Lettera a una professoressa（『イタリアの学校変革論　落第生から女教師への手紙』）では，退学に関する作文「ジャンニは数百万」[4]が載せられている。

　　「ジャンニは数百万」
　　　学校の問題はただ1つです。それは，学校が失う子どもたちです。
　　　あなた方の「義務学校」は1年に46万2000人の子どもたちを途中で失います。この点で唯一の教育の不適任者は，彼らを失って探しに戻らないあなた方です。それは田畑や工場に彼らを見つけて，身近に彼らを知っている僕らではありません。（後略）

　同書では，半日制の学校を全日制の学校に変えて教育時間の格差を埋めていくことや多様な子どもに対応する教育課程を編成することで教育格差を克服することを主張している。「もしあなた方が全日制の学校を作ればなおさらです。貧乏人の子どもたちがあなた方や教育内容を新しくするでしょう」[5]という一節にその方向性が表れている。

　こうした思想や運動に行政側も対応し，さまざまな政策が実行された。学校と保護者の同意によって学校を全日制に変換できる制度や放課後学習を実施す

る制度が取り入れられた。また，1977年8月4日公布の第517号法も大きな転機として挙げられる。この法律によって，学校による教育課程の自主編成が認められるようになった。評価のあり方も変換し，従来行われていた1回だけのテストによる評価ではなく，学習の過程や日常生活も加味した評価が複数の教師によって行われるようになった。このときに，初等教育からのドロップアウトや留年の原因となっていた第2学年から第3学年への進級試験も廃止されている。

こうした政策は学校からの締め出しをなくし，子どもたちにそれぞれに適した教育課程と学習機会を保障していくことで教育格差を是正しようとするものである。では，その政策の結果はどのように把握されるのか。そもそもイタリアには，学習の結果を測定する共通の尺度が存在しなかった。高校卒業認定試験（maturità）も第二中等学校の中の進学系の学校に在籍する生徒を対象としたものであり，口述試験というその性格ゆえ，評価基準は曖昧である。そうした中で，イタリアの教育格差の1つとして学力格差が存在することを明確に示したのが国際学力調査なのである。

（2）国際学力調査とINVALSIテストが示した学力格差

抽出調査であるとはいえ，TIMSSやPISAなどの国際学力調査はイタリア全土の子どもが同じテストを行ったという点において，これまでにない性格を有していた。調査に関する分析が出版されはじめたのはPISA2000からである。分析は国際的な順位などにはあまり目を向けず，イタリア国内に存在するとされていた学力格差に目を向けた。ナルディ（Nardi, Emma）の著作[6]から，その数字と分析を抜き出してみる。

まず地域間格差から見てみよう。PISA2000の読解リテラシーの場合，点数が最も高い北東部（527点）と点数が最も低い離島部（446点）では実に81点もの差がついている。このような得点の傾向はTIMSSでもINVALSIテストにおいても変わらない。次に学校種間の格差と在籍学年による格差について見ていく。イタリアでは第二中等学校第1学年を対象としてPISAを実施したため，第二中等学校の学校種間の差を調べることができた。PISA2000の読解リテラシーの点数は，大学に進む生徒が多い文科・理科・教員養成系が544点，芸術

系が429点，職業訓練系が478点，留年等により第一中等学校に在籍する生徒の点数は297点と大きな差がある。第二中等学校への進学は本人の希望であるという建前が崩れ，学力別の選抜になっていることが明らかになったのである。在籍学年による比較では，留年者の点数が低く，留年という措置が学力の回復に寄与していないことが指摘されている。

　全体的な点数に対するナルディの考察では，義務教育期間が短いイタリアの子どもがテストに対してやや不利であるとしつつも，点数の低さは見逃せない問題であり，低位層を引き上げるために，生涯学習の視点からも対策を行う必要があるとしている[7]。

　国際学力調査の意義は，これまで感覚的に理解されてきた学力格差を実証的な数字で示したことであろう。INVALSIテストはこうした学力実態が明らかになった後のテストであるから，ある程度の学力格差を前提とした上で構築されている。質問紙調査に個人の特性が事細かに記されていることからもわかるように，INVALSIテストにも格差を捉えようとする意図を見ることができる。地域や学校種といった比較項目に加えて，EUの統合によって増えつつあるイタリア語非ネイティブ話者とネイティブ話者の比較，男子生徒と女子生徒の比較も分析項目として加えられている。

　イタリア全土という視点で見れば，国際学力調査によって示された地域間の学力格差はINVALSIテストによっても同様に明らかになった。それらに加えて，多くの学年を対象とした調査を実施したことで，新たな格差も指摘されている。たとえば2009-2010年度の「総括」には，南部では得点の分散が大きいこと，学校段階が進むと南北の差が広がること，イタリア語では第一世代の移民子弟と第二世代の移民子弟では差があることなどが挙げられている[8]。

　以上の歴史的な流れを見るとわかるように，INVALSIテストはイタリア国内の教育格差の1つである学力格差を捉えるための最新の指標として位置づけられる。そのために，格差の指標となる分析項目が組み込まれている。

3　おわりに

　本稿では，イタリアのINVALSIテストの特徴をその概要と歴史的な位置づ

けから明らかにしてきた。概要からは，INVALSIテストが国の教育課程である「全国指標」と相互に対応するテストであり，その結果から各学校に教育課程の改善を促すテストであることが明らかになった。イタリア公教育の歴史においてINVALSIテストを見ると，学力格差を前提としてその分析をより精密に行えるテストであるといえる。これらの特徴から，国内の学力格差を是正するために国と学校の教育課程を改善する際の指標としての役割が，INVALSIテストにとって非常に重要なものであるといえるだろう。

　もちろん教育格差はテストという単一の指標のみで捉えられるものではない。1970年代には留年率や退学率の差が指標として教育格差は把握され，その是正は，学習機会の保障と教育課程の自主編成という形でめざされてきた。INVALSIテストによる教育課程の改善が過去の是正の方向性と整合性をもつものなのかが問われなければならない。また格差の是正が学校教育のみで行われるべきなのかという問題もある。ナルディが指摘していたように，子どもが社会に出た後の状態を想定し，生涯学習という視点からも格差是正がめざされる必要がある。

1) http://www.invalsi.it/（2016年1月25日確認）。報告書は，ホームページにすべてアップロードされている。
2) 2013-2014年度「結果レポート」2頁。
http://www.invalsi.it/areaprove/rapporti/Rapporto_SNV_PN_2014_10.pdf
3) Mario Castodi, *Capire le prove INVALSI*, Carocci Editore Roma, 2014, p. 51.
4) バルビアナ学校（田辺敬子訳）『イタリアの学校変革論　落第生から女教師への手紙』明治図書，1979年，30頁。
5) 同上書，79頁。
6) Emma Nardi, *Come leggono i quindicenni—Riflessioni sulla ricerca OCSE-PISA—*, Franco Angeli, Milano, 2002.
7) *Ibid.*, pp. 125-128.
8) http://www.invalsi.it/esamidistato1011/documenti/prove_invalsi_2011_prime_valutazioni_sintesi.pdf（2016年1月25日確認）

第5節
スウェーデンにおける全国学力テストをめぐる議論

本所　恵

0　はじめに

　現在ヨーロッパでは，ほぼすべての国が何らかの形で全国の子どもたちの学力を評価するナショナル・テスト（以下，全国学力テスト）を実施している。しかしながらその多くは1990年代に導入されたものであり，70年代以前のヨーロッパにおいて全国学力テストを行っていた国は少数派だった[1]。そしてそのほとんどはストリーミングや進路決定という役割を担っていた。しかしその中でスウェーデンは，進路決定とは異なる目的での全国学力テストを行っていた。本稿では，古くから特徴的な全国学力テストを実施していながら，今もなおその役割や形態の見直しを続けているスウェーデンでの議論に注目する。

　スウェーデンは1960年代，初等・前期中等教育の総合制化を他国に先駆けて行い，国際的に注目されていた。そこで誕生した9年間の義務教育を行う基礎学校において，教師が学級の生徒の到達度を全国的な水準に照らして把握できるように，全国規模での「標準テスト」（standardprov）が導入された。この全国学力テストによって，全国の同学年生徒を母集団として相対評価で数段階評定の成績がつけられた。そしてこのテスト成績に準じて，学校で毎学期各教科につけられる評定成績が決定された。つまり全国学力テストは，全国すべての学校の成績が比較可能であり，すなわち等しい質の教育が行われていることを保障する役割を担っていた。1990年代にこのテストの形態や機能は変化し，ナショナル・テスト（Nationella prov）という名称になった。それでもなお，公教育の質を調整するという大きな目的に変化はない。

　もうひとつ，スウェーデンの全国学力テストが古くからもっている特徴としてあげられるのは，テストの採点が，その生徒に普段授業をしている教師によっ

て行われるということである。日本を含め多くの国では，全国学力テストの解答は回収され，テスト運営側が一括で（実際に採点するのは私企業の場合もあれば教師の場合もあるが）採点している。しかしスウェーデンではそうではなく，テストを実施した学校で採点が行われるのである。これは，同国での全国学力テストが各学級担任教師の教育活動に資するために始まったという歴史を鑑みれば不思議なことではない。現在スウェーデンでは教育実践上の具体的な事柄について教師の裁量が大きく，教師による採点には，教師が各生徒の学習状況を把握して授業を調整するという意味合いも読み取れる。ただし一方で，教師間に評価基準のずれがないとは言い切れず，採点の信頼性は保障し難い。評価が単純ではない記述式の問題などが増加してその問題は大きくなってきており，OECDもこの点が喫緊の課題であると指摘している[2]。

こうした問題点への対応として，2000年代に教師による採点に代わってテスト運営側で一括採点を行うことが提案され，国会でも議論された。しかしながら最終的には一括採点は否定され，教師による採点が継続されることになった。信頼性の問題を抱えながらも教師による採点が支持されたのはなぜなのだろうか。本稿では，提案の背景と，提案に対して交わされた議論を明らかにする。その議論においては，全国学力テストの役割，教室での評価との関連，そして教育の質におよぶ論点が話し合われていた。この議論の検討を通して，全国学力テストがもつ意味を改めて考えてみることができるだろう。

1 スウェーデンの教育評価システム

全国学力テストの議論に入る前に，まず，スウェーデンの教育評価システム全体の特徴を整理しておこう。

(1) 学校での成績と全国学力テスト

全国学力テストが全国規模での相対評価を行うという役割は，1994年の学習指導要領 (läroplan) 改訂に伴ってなくなった。この改訂に伴って，学校での評価方法が相対評価ではなくなり，目標に準拠した評価が行われるようになったためである。94年には，生涯学習社会を念頭において初等教育と中等教育（成

人対象の同段階の教育も含む）の学習指導要領が同時に改訂され，評価についても教育段階を超えて同じシステムが導入された。すなわち，学校の成績は基礎学校8年生から，全国共通に，学習指導要領に示された目標に照らして，MVG（とても優れた合格）かVG（優れた合格）かG（合格）の3段階，後期中等教育では，これにIG（不合格）が加わって4段階でつけることになった。この評定成績をつけるために，各教科について，全国共通の目標と評価基準が提示された。

　この変更に伴って，相対評価を行う全国学力テストは必要なくなった。しかしながら全国規模のテストは廃止されず，目標と評価基準に沿った評価課題を提示するという新たな役割を担うテストとして生まれ変わった。新しい全国学力テストは，網羅こそしないものの各教科の学習指導要領の多くの学習内容を含み，各教科のそれぞれの評価基準でめざすべき到達度を示す役割を担った。つまり，テストの設問や評価方法そのものが，教師と生徒にとって重要なものになったのである。

　テストの採点は全国共通の評価基準に照らして各教科の担当教師が実施し，学校での成績同様，各教科MVG／VG／G／IGのいずれかでの評定成績がつけられる。そしてその結果は，教師が学校での各教科の評定成績をつける際の参考資料として用いられる。つまり，全国学力テストのみが重要なわけではないが，学校の成績に反映されるという点で少なからず影響力をもつ。そして学校での各教科の成績は，スウェーデンでは進学や就職の際に資料として用いられる。スウェーデンでは，日本で行われているような高校や大学の入学試験は基本的には存在しない。また，幾つかの国に見られるような修了認定試験もない。入学や修了の認定には，学校の各教科の成績が直接用いられる。つまり，学校の成績がもつ意味合いが重いといえる。

　もっとも，進学については入学定員を柔軟に変動させることで大半の生徒の希望が満たされている。それでも選抜せざるを得ないときに，学校での評定成績を点数化した上位の者から入学が許可される。また，学校の成績は一度与えられたら取り返しがつかないわけではない。生涯学習の制度が整っているスウェーデンでは，成人教育機関においても初等・中等教育で開講されている科目の多くが開講されており，学び直す可能性が残されている。

（2）多様なテスト開発の進展

　現在，各教科の全国学力テストは，課題の性格が異なる複数のパートから構成され，結果の単純な点数化や序列化ができないことを如実に示している。そのテスト課題には，現実の文脈を反映した課題や，生徒の経験を問う自由記述解答の課題，口頭で答える課題，さらにはグループ課題も含まれており，教育目標に沿った良質な課題であるとOECDからも評価されている[3]。

　こうしたテストの質は，各教科のテストを担当する大学の教科教育研究室の努力によって向上してきた。歴史的には，学校教育改革における関心が量的側面から質的側面へと移行した1970年代，全国学力テストについても，テスト内容が授業に強く影響するという点からその質に対する批判が強まった。ここでの批判を受けて80年代から，テストの開発・作成は，スウェーデン語はウプサラ大学，英語はヨーテボリ大学といったように，大学の各教科教育の研究室が担うことになった。各研究室は，テストを実施した全国の学校教師へアンケート調査を行ったり，学校現場の教師と協働したりして，テスト開発を進めることになった[4]。こうした質的向上の末，全国学力テストの実施は9割以上の教師から支持を得るまでになった[5]。

　このようにテスト開発は大学の研究室が行っているが，実施・管轄は初等・中等教育を管轄する中央当局である学校庁（Skolverket）である。2014年には，基礎学校3年生のスウェーデン語と数学，6・9年生ではそれに加えて英語，理科，社会，そして高校のスウェーデン語，数学，英語の基礎科目の履修者に対して，悉皆での全国学力テストが行われている。ただし，対象学年・教科は近年変化が大きく，たとえば6年生の理科・社会は2015年4月の試験から校長の裁量で任意に実施することになった。これら全国学力テストの対象学年・科目は，1990年代と比べると大幅に増加している。かつては，スウェーデン語と数学と英語の3教科であり，悉皆テストは9年生のみ，その他は5年生に任意のテストがあったのみだった。2000年代に全国学力テストが拡大したのである。それは，全国学力テストに限らず，学校庁による多様な評価ツールの開発と並行した動きだった。

　学校庁は，全国学力テストのない学年や教科でも使用できる診断テストを大

学の研究室に依頼して作成し，誰もが利用できるようにウェブ上で公開している。2000年代にその教科や評価課題の数は増え，現在では，高校の職業系科目や，音楽などの実技教科についても評価課題が開発されている。ペーパーテストのみでなく，ハンズ・オンの評価課題や，動画などの活用が積極的に進められている。また評価方法についても，数段階での評定成績以外の多様なものが取り入れられている。成績のつかない初等教育段階では記述語での評価が行われ，教師・生徒・保護者の3者で行われる成長懇談会が重視されている。近年では，個人成長記録（IUP）の作成や，インフォーマル・ノンフォーマルな教育も含めた学習成果の認定も積極的に行われている。このように，教育評価は多様に開発が進められている。

(3) 全国学力テスト結果の利用

全国学力テストの成績は教師から学校庁に報告され，まとめられて，学校・学科ごとの成績がウェブ上で検索できる形で公表される[6]。テスト結果に限らず，スウェーデンでは公的機関に登録された情報は住所などの個人情報も含めて基本的にはオープンにされるため，この結果公表についても当然のこととして行われている。ただし，結果の分析については，両親の学歴，性別，社会的背景などを考慮して各学校の学習成果を比較する「SALSAモデル」など，単純な点数比較ではない分析ツールの構築がめざされている[7]。テスト結果は，こうした全国的な統計に利用されるほか，テスト作成研究室による課題の分析・開発に用いられ，毎年報告書が作られる。その他，各地方自治体によって教育環境の改善に用いられたり，最近では都心部で実施されている学校選択の資料として利用されたりしている。

2　教育評価の強調の背景

2000年代に全国学力テストの拡大や評価課題の開発が進んだ背景には，1990年代の改革の副作用ともいえる2つの大きな課題があった。

（1）成績のインフレ

その1つは、成績のインフレである。前述したように1994年の改革によって、全国共通の評価基準に準拠して評定成績がつけられることになった。しかしながら現実には、各教師の解釈や判断には多かれ少なかれ差異がある。そして、生徒は希望進路への選抜資料になるため高い成績を望み、学校は学校評価の資料になるため高い成績を望む。とくに90年代以降増加した私立学校にとって、学校評価は重要だった。こうした事情から、全国共通の評価基準が存在はしているものの、甘く評価する担任教師が存在することは否めず、2000年代には学校での成績のインフレがしばしば話題になった。

成績のインフレを防ぐために、学校庁は、目標を明確にし、評価基準の記述を詳細にしたが決め手にはならなかった。都心部で実施された学校選択制は、生徒獲得のための学校間の競争を煽り成績インフレにさらに拍車をかけた。

成績インフレの根拠の1つとして、全国学力テストでの成績と学校での成績との乖離が一部の学校のみで拡大していることが指摘された。全国学力テストは学校の成績をつける際の参考でしかないとはいえ、学校間でその乖離度合いが異なるのは、学校間で成績のつけ方が不平等な証拠だと批判されたのである。ここでは、全国学力テストの結果を基準にして学校での教師による成績づけが甘いか厳しいかが問われている。しかしながらこうした教師による評価に対する懐疑は、次第に、学校の成績のみではなく、全国学力テストの採点自体を疑問視する声につながった。とくに、ルーブリックを用いて採点する口頭で解答する課題や、記述問題や、グループ課題において、評価が甘くなっているのではないかと指摘されたのだった。

（2）学校監査の強化

改革によって生じたもう1つの課題は、教育の質に関する学校間格差だった。1990年代の改革によって、学校現場の裁量が拡大した。たとえば、以前は厳密に定められていた予算の使用用途が、各学校長の采配で柔軟に決められるようになった。高校では、以前は学習指導要領が、いつ、何を、どのように教えるかを詳細に規定していたが、94年の改訂によって、大まかな各科目の目標

と評価基準の規定のみになり，学校や教師の裁量が広がった。

学校現場の裁量が拡大したことによって，教師や学校間で教育の質の差異も広がった。大きすぎる差は解消されるべきものと考えられた。そこでまず行われたのはすべての学校での教育の質を向上させることであり，これを行う独自の部局として，2003年に学校庁から学校開発庁（myndigheten för skolutveckling）が独立した。

しかしながら，他国と比較すれば小さくはあったものの，学校間の格差は拡大した。2006年に中道右派連立政権が誕生すると教育の統制を強化する論調が強まり，2008年に学校開発庁は学校庁に統合されて，代わりに公教育の質を監督する学校監査庁（Skolinspektionen）が設置され，各学校の定期的な監査が実施されることになった。この学校監査庁の導入にむけて，監査の内容と方法を議論する審議会の中で，全国学力テストの採点が検討課題になった。担任教師による採点の質を組織的に統制する必要性が提起されたのである。

3　担任教師による採点をめぐる議論

審議会では，テスト運営側が一括で採点すること（以下，一括採点）について，諸外国の例を引き合いに出しながら現実的な実現可能性が検討された。スウェーデンでは担任教師が採点を行うために，テスト関連の支出が毎年約5000万クローナにとどまるのに比べて，一括採点をしているスコットランドは毎年約6億5000万クローナ，ノルウェーでは毎年約3億クローナにのぼる。こうした数値から，一括採点に要するコストの問題が懸案事項とされた[8]。コスト面の懸念を残しながらも，まずは採点自体を評価して，その評価をもとにその後の方針を決定することとされた。

（1）一括での採点に対する関連団体の意見

スウェーデンでは，政治的合意形成の仕組みとして，改革に向けて設置される審議会の報告書に対して，利害関係のある団体や行政機関などが公的に意見を述べるレミス（remiss）と呼ばれる制度がある。上記の審議会の提案に対しては，レミスの段階で次のような意見が見られた。

中等教育段階の教師中心の教員組合である教員全国組合（Lärarnas Riksförbund）は，公立学校と私立学校との間の差が広まることを懸念して，一括採点に賛成した。政党では，穏健党をはじめとする右派政党が賛成していた。しかしその他の関連団体からは，採点の問題点には同意しつつも一括採点には必ずしも好意的ではない意見が寄せられた。

　たとえば，英語の全国学力テスト作成を担当するヨーテボリ大学は，採点の信頼性低下や評価の甘さの原因が教師に帰されていることを問題視した。それは，教師の評価能力の問題と捉えられているが，本当は各学校にかかる生徒募集の圧力のせいだという意見であった。そのため，採点の「正しさ」は各学校の監査項目に入れるべきものではないと主張した。また，採点の信頼性を求めるあまりテストが測定しやすい課題に限定されれば，授業に悪い影響を与えると警告した。そして一括採点の代替案として，教師が学校を超えた共同チームで採点することを提案した。複数の教師で採点するシステムを構築するという提案は，初等・中等教育段階の教員が中心の教員組合（Lärarförbundet）や，学校庁にも共通していた。

　学校庁は，先行研究や歴史的検討を根拠に一括採点に反対した。スウェーデンでは19世紀半ばに始まった後期中等教育修了認定試験（studentexamen）から担任教師による採点が続いており，1937年に筆記試験部分を一括採点する提案が行われたが，大反対にあい実現しなかった。これ以降，全国学力テストに関しても同様に，一括採点は現実的な提案にはなってはいないという。担任教師による採点は他の北欧諸国にもみられないスウェーデンの特徴であるが，教師が自分の授業と評価を見直すきっかけになり，専門性向上に寄与するとして肯定的に位置づけられてきたという[9]。

　異なる視点からは，高等教育庁（högskoleverket）が，全国学力テストの結果を学校監査に含むならば，各学校に対して全国学力テストの結果をどう用いるのかを明確にする必要があると警告した。全国学力テストは成績づけの参考とするために作られており，決して標準化のためではない。これをふまえると，そもそも全国学力テストと学校の成績との乖離を問題として取り上げること自体が適切ではないという批判であった。テストは学習指導要領のすべての目標を網羅してはおらず，テスト結果を参考にしながらも教室での他の評価結果と

合わせて各教師が全面的な評価を行う必要があることを鑑みれば，テスト成績と学校の成績との差は当然存在する。もしもテスト結果と成績を連動させて検討するのであれば，現在とは異なる形での学力テストが必要だという意見だった。

（2）採点の抽出調査

批判的見解が多く見られる中，ひとまず2009-2010年度から3年間，学校監査の一部として，全国学力テストの採点済み答案が抽出回収されてテスト運営側で再び採点された。その結果，予想されていたことではあったが，教師の採点と再採点には大きな差があることが明らかにされた[10]。多くの学校で，とくに9年生や高校のスウェーデン語，英語の長文記述問題において，担任教師の採点成績が高かった。一方，基礎学校3, 5年生や，短答問題は差が少なかった。

この間，採点について独自の方策をとる地方自治体も現れた。たとえばストックホルムでは，学校内で，当該生徒の授業を直接担当していない教師が採点することになった。全国的には，中道右派連立政権のイニシアチブによって，全国学力テストの実施学年・教科の拡大や，評価基準の厳密化，評定の段階区分の増加がすすめられた。これらは，2010年の選挙公約として掲げられたことの実現であり，テストや成績の強調を通して，子どもたちの学力向上や学校教育の質向上を主張するものだった。

このような政治主導の改革に対して，研究者からは，実践における教師の裁量や学習の質を重視する視点から批判が行われた。ストックホルム大学の教育評価研究者であるルンダール（Lundahl, Christian）は，テストや成績の拡大傾向に対して，本当はそれで成績が上がるわけではないのだが，人々がテストに向けた学習を行うようになるのでそう見えるにすぎないと指摘した。しかしながらそこで向上する能力はテストで測られる能力のみで，採点の厳密性を求めればテストは知識やスキルの確認が中心になってしまい，結局は学習を歪めてしまうと警告した[11]。そのため，教育を統制するためのテストではなく，日々の学習活動に生かす評価を開発するべきだという主張だった[12]。

マルメ大学のイェンソン（Jönsson, Anders）は，政治的議論では平等を目的に掲げて成績やテストの強化が行われているが，実際に平等に評価するために

は，1つのテストに頼るのではなく教師の日常の評価が重要だと主張した[13]。

こうした研究者の主張と方向性を同じくして，学校庁も抽出調査への批判と教育の質向上への取り組みを主張した[14]。学校監査庁が行った再採点は方法が公開されておらず，その正当性が確認できないという批判であった。さらに，国際的な調査によって，採点の4～7割は誤差が出ることが確認されており，再採点で得られた，最大で62%の誤差という結果は必ずしも有意な値ではないのに学校監査庁は誇張していると批判した。その上で学校庁は対案として，複数教員による共同採点をあらためて主張した[15]。とくに，学校を超えて共同で採点することで学校間競争による成績インフレが防げると考えた。採点を監督するとしても，全国学力テストの採点の監督を行う特別な機関を設置し，隔年などで実施することとし，学校監査では全国学力テストの実施を学校視察などでチェックするにとどめることを提案した。同時に，全国学力テスト以外の評価や，教室での評価に関するさらなる研究の必要性を強調した。

このような反対を受けながら，学校監査庁は『差異は大きすぎる』と題した報告書[16]をまとめ，この報告書を根拠に2013年国会で中央での統一採点が提案された。しかし結局，予算的に不可能という理由で却下された。2014年9月の選挙では教育が最大の争点となり，右派政党は学校外部の機関による採点とともに，評定成績の開始を4年生に引き下げる案を打ち出したが，選挙では左派政党が勝利し，これらの案は実現されない見通しとなった[17]。

4　おわりに

全国学力テストの採点をめぐる議論をみてきた。最終的には一括採点は導入されなかったが，現在でも，学校監査庁による監査の一部として2年に1回採点済み答案の一部の再採点は実施されている。しかしこうした現実の制度の変化以上に，その議論から私たちは重要な示唆を読み取ることができる。

そもそも，中央での一括採点が問題視されることが，スウェーデンのユニークな特徴といえる。一括採点が行われている多くの国では，テストの採点自体は重視されていない。しかしながらスウェーデンの例からは，テスト課題の質と結果の利用方法によっては採点が単純な事務作業ではなく，教師としての専

門性を必要とし，学習者をよりよく理解するための作業であることがわかる。実際にこうした合意があるからこそ，スウェーデンでは教師による採点が継続されてきた。もちろん教師にとってテストの採点にはかなりの時間と配慮を要し，その仕事時間の保障が重要な検討事項になってもいる。それでも全国学力テストの実施は教師の専門的な知見を必要とし，また，専門性を高めるとも考えられている。このことは，私たちがもっている全国学力テストのイメージを問い直し，その役割やあり方を考え直す機会を与えてくれるだろう。

　もっとも，中央での採点をめぐる議論の発端や帰結は，教育現場の議論であるよりは政治的な議論だった。監督・統制することで教育の質を向上させようとする右派政党の主張であり，現実に実現をみなかったのもコスト面の理由であった。こうして始められた議論ではあるが，学校現場に近い関係各者によって，教授－学習への影響や，評価システム全体や学校教育全体を考える視点から議論された。そこでは，学校庁や大学のみならず教員組合も一括での採点に反対し，信頼性を高めるための方策として教師が共同で採点することを提案していた。教師にとっては手間が増える方法が当事者からも支持されたのは，テストを通した教育実践のコントロールが強まることへの危惧と反対であると同時に，それだけ学力評価に教師の専門性が必要とされ，教師にも評価力量向上の必要性があると考えられており，それに全国学力テストが寄与でき，実際に寄与していると考えられているからであろう。そしてそれは，全国学力テストの形成的評価としての位置づけを保持しようとする主張だった。教育活動としての評価の重要性が再確認されたことは，一連の議論の重要な1つの成果だったといえる。

　これらは全国学力テストの役割を，総括的なものに限定するのか形成的なものを含むのかという目的に関わる議論であり，それをどう実現するかという方法に関わる議論だった。評価への関心が高まっている中，それは決して決着したのではなく，これからも常々問われていくだろう。その議論が多様な立場の関係者によってつくられ，合意を重視して妥協点がさぐられていくところはスウェーデンの特徴といえる。ただし政治主導の改革論議は急ぎ足で進みがちであり，その傾向が近年強まっている。レミス制度によって教師をはじめ関係者の意見が交わされる機会はあるが，それらも含めて，改革の議論に当事者の声

や教育研究の成果をどう結びつけ，どのように反映して現実の制度に具体化していくかが，この国でも課題となっている。

1) Eurydice/EACEA, *National Testing of Pupils in Europe: Objectives, Organisation and Use of Results*, 2009, p. 14.
2) OECD, *OECD Reviews of Evaluation and Assessment in Education: SWEDEN*, Paris: OECD, 2011.
3) 学力テストの具体的な内容については，本所恵「スウェーデンの高校における必修科目の教育目標——数学の全国学力テストの検討を中心に」『教育方法学研究』第34巻，2008年，13-24頁。本所恵「スウェーデンの場合——数学のグループ・ディスカッションを評価する」松下佳代編著『〈新しい能力〉は教育を変えるか——学力・リテラシー・コンピテンシー』ミネルヴァ書房，2010年，228-249頁参照。
4) 本所恵「スウェーデンにおける全国学力テスト支持の背景」『北ヨーロッパ研究』8, 2011年，63-72頁。
5) Skolverket, *Det Nationella provsystemet: Vad, varför och varthän?* Stockholm: Skolverket, 2003, s. 130.
6) SIRIS (Skolverkets Internetbaserade Resultat- och kvalitetsInformationsSystem：学校庁によるインターネットでの成果と質の情報開示システム) http://siris.skolverket.se/siris/f?p=Siris:1:0 （2016年1月25日確認）
7) SALSA (Skolverkets Arbetsverktyg ö Lokala SambandsAnalyser：学校庁による現場の状況を加味した分析のためのツール) http://salsa.artisan.se/ （2016年1月25日確認）
8) Utbildningsinspektionsutredningen, *Tydlig och Öppen: Förslag till en stärkt skolinspektion* (SOU2007:101), Stockholm: Fritzes, 2007, s. 176.
9) Skolverket, *Central rättning av Nationella prov* (Dnr 64-2008:258), Stockholm: Skolverket, 2008, s. 5.
10) "MVG blev IG vid omrättning," *Lärarnas Nyheter*, 2011/11/14.
11) Lundahl, C., "Ekonomers bristande förståelse för tidigare forskning," i *Skola och Samhälle*, 2011/05/10. http://www.skolaochsamhalle.se/flode/skola/christian-lundahl-ekonomers-bristande-forstaelse-for-tidigare-forskning/ （2016年1月25日確認）
12) Lundahl, C., *Bedömning för lärande*, Stockholm: Norstedts, 2011.
13) Jönsson, A., "Likvärdig bedömning och nationella prov," i *Skola och Samhälle*, 2011/09/26. http://www.skolaochsamhalle.se/flode/lararutbildning/anders-jonsson-likvardig-bedomning-och-nationella-prov/ （2016年1月25日確認）
14) "Skolverket sågar omrättning av nationella proven," *Lärarnas tidning*, 2012/11/06.
15) Skolverket, *Sambedömning i skolan*, Stockholm: Skolverket, 2012.
16) Skolinspektionen, *Olikheterna är för stora: Omrättning av nationella prov i grundskolan och gymnasieskolan*, Stockholm: Skolinspektion, 2013.
17) "Vi vill ha betyg från fyran och externt rättade prov," *Dagens Nyheter*, 2014/03/24.

小 括
学力テスト政策の課題と展望

石井英真

0　各国の教育評価改革の共通性と多様性

　第1章では，上海，アメリカ，オーストラリア，イタリア，スウェーデンの教育改革の中での評価や学力テストの位置づけについて紹介してきた。そこからは，各国共通に，「21世紀型学習」「総合型学力」「コンピテンシー」など，21世紀の社会で求められる高次かつ汎用的な学力観が示され，それを系統的に育てるべくカリキュラムと評価の改革がセットで進行しているのがわかる。

　評価改革については，上海のように指導要録的な学習の記録簿の改革に主眼がある場合もあるが，アメリカやオーストラリアのように，全国規模の学力テストのレベルで，パフォーマンス評価などの新しい評価方法を積極的に活用していこうとする傾向を見て取ることができる。そして，そこでは，学習過程に密着した「教室での評価（classroom assessment）」を重視していこうとする動きとともに，ICTを活用した双方向的な新たなテスト技術を採用していこうとする動きも見られる。

　一方で，学力テストの活用の仕方については，さまざまな形があることに気づく。アメリカのように，テスト結果による制裁が規定されていて，結果に基づいて教師や学校が厳しく値踏みされる国もあれば，オーストラリアのように，結果は公表しても支援的な介入を重視している国，イタリアのように，悉皆調査を行いつつ全国的な学力水準を確認するためにサンプルを抽出・分析し，あとは学校の自己評価に役立てさせる国，あるいは，スウェーデンのように，学校間の評価の質の調整や学力観の共有に役立て，教師の自主的な活用を尊重している国もある。学力テストを実施・活用する方法は，教育管理・学力競争（制裁）と教育改善・学力保障（支援），そして，大規模一斉テスト中心（画一化・集

権化志向）と学校・教室での評価中心（多様化・分権化志向），そのどちらに軸足を置くかでさまざまな形（客観テストかパフォーマンス評価か，評価の項目や方法の決定に学区や学校の裁量の余地があるか，悉皆調査か抽出調査か，一括採点か教師採点か，結果公表か自己評価か等）が考えられるのである。

1　現代日本の教育改革における学力テストの位置

　では，日本の教育改革において学力テストはどのような役割を担っているのか。全国学力テストが実施され，都道府県別の結果が公表されたことによって，日本の「学力地図」が明らかになり都道府県レベルでの競争は過熱している[1]。また，全国学力テスト実施前から，地方自治体レベルでも多くの悉皆の学力テストがなされてきた。しかし，一部の自治体を除けば，保護者や地域住民などへの市町村別，学校別の学力テストの結果の公表は限定的である。また，学力テストの結果が，学校への予算配分や教職員への賞罰と直接的に結びつけられることも基本的にはない。結果の公表が認められる中，そして，大阪府が全国学力テストの結果を高校入試での内申点決定の目安にすることを打ち出すなど，競争主義や成果主義を強化する方向で学力テストの利用が広まることには注意が必要である。ただ，現時点で日本の学力テストは，個々の学校や教師にとって，英米ほどにはハイ・ステイクスなものではない。

　むしろ日本において，全国学力テストは，実質的には，2008（平成20）年版学習指導要領の「確かな学力」観の趣旨を直接的に伝達・徹底する機能を果たしている。その結果，テスト準備教育といっても，知識・技能の習得のみならず，知識・技能を活用する力にも強調点が置かれている。それは，活動的で協働的な授業を促す一方で，思考力・判断力・表現力の育成が，「活用」という型をなぞる学習に矮小化され，形式化される危険性もはらんでいる[2]。また，学力向上の手立てが授業改善に一元化されることで，学校行事等の教科外活動の縮小が進んでいる点にも注意が必要である。

　さらに，実施された学力テストについて，自治体や学校は，結果の分析とそれに基づく改善というアクションを取ることが求められる。こうして，「PDCAサイクル」という言葉と形式は，学校経営はもちろん，授業づくりのレベルに

まで浸透している。以上のように，日本において学力テストは，英米ほどには，教育の結果を厳格に管理・統制するものとはなっていない一方で，教育の目標・内容，および，教育実践の方法を，特定のあり方へとより直接的に枠づけるものとして機能している。

2 学力テスト政策に伴う目標と評価の議論の仕方の変容

　近年の学力テスト政策が生み出している問題状況を考える上で，目標と評価を問う自由が教育関係者から奪われつつある事態にも着目しておく必要がある。戦後日本においては，時代の転換点で繰り返し学力論争が起こってきた。それは「学力低下」や「低学力」などの学力実態に関する議論から出発しながらも，教育学者や教師たちによる望ましい学力像（学校教育の目的・目標）に関する議論として展開されてきた。

　学力テスト政策が展開していく 2000 年前後にも，学力低下論争が起こった。だが，その火付け役は，従来のように教育学者ではなく，経済学系や理数系の大学教員，受験評論家，財界関係のグループ，あるいは，教育社会学者であった。そして，総合雑誌などの一般ジャーナリズムにおいて，わかりやすい言葉で直接に国民に学力低下問題を訴えるものであった。またそこでは，学力低下の事実の有無，および，その政策的対応が主な争点となった。一方で，学力の中身に関する議論は欠落し，また，学力問題の当事者である教師や子どもの声が置き去りにされる傾向が見られた。

　学校や教育関係者への不信も背景となり，学校教育の目的・目標（学力像）を問うたり，教育の成果を解釈し判断したりする舞台から，学校や教師が締め出されつつある状況が，2000 年代の学力論争からは見えてくる。得点や順位などの数字は，教育の結果を一般市民にわかりやすく示してくれるが，結果に至る過程や結果に影響する要因に市民が関心を向けることはない。こうして教育関係者による「翻訳」の余地がなくなることで，学力や教育実践の中身に関する議論は当事者の声を欠き空洞化していく。さらに，教育の商品化と教育万能論の下で，「教科の授業で○○をすれば学力は向上する」といった，一見合理的・効率的に見える直線的で単純な目的-手段関係で教育の方法が語られる

ようになり，それが空洞化した部分を埋めていく。そして，教育専門職の「脱専門職化（de-professionalization）」が進行していく。

これまで日本において，受験学力などの文脈で，競争主義や結果至上主義が問題になる場合は，学習者におけるそれであった。これに対して，2000年代以降進む学力テスト政策がもたらしているのは，学校や教師を対象とした競争主義と成果主義の浸透である。英米のように学力テストの結果を個々の学校や教職員への処遇と直接的に結びつけるものではないが，学力向上のための授業改善やPDCAサイクルによる学校経営などの取り組み（アクション）の有無や中身は，教員評価や学校評価で点検される。

こうして，教師の仕事は，外側で決められた目標の達成や特定の手続きを主体的に遂行していく作業に矮小化されがちとなる。目の前の子どもたちへの応答責任を欠いた実践は，目標達成の自己目的化を招き，教育実践の萎縮や偽装を生みだす。そうした教育実践の空洞化は，教師たちが自生的に生みだしてきた教育文化を掘り崩すとともに，人が育つために必要な緩やかな時間や熟考・学び直しの機会を奪い，子どもたちの学力・学習の形式化を進めていく。

学力テスト政策の展開は，目標と評価のあり方を議論・決定する権限の縮小による，教育の専門性・自律性の危機と密接に関連しているのである。

3　教育目標と評価の新たな形に向けて

以上の論述から，教育改革における学力テストや評価制度の位置づけに関して，より高次の学力を評価できるよう評価方法を工夫することにも，また評価結果を教育改善に生かすという目的を掲げることにも解消されない，目標と評価の主体に関する問いの重要性が見えてくる。学力テスト政策に対しては，知識・技能の有無などのテストしやすい部分にカリキュラムや授業が矮小化されること，また，十分な支援がない状態で競争的環境で現場に自助努力を強いることなどが批判される。こうした批判に対して，より高次の価値ある学力の質を評価できるように評価方法を工夫すること，また評価結果を示して終わりではなく，そこから教育改善に向けた示唆を導き出すことを重視することは必要である。しかし，教育現場から離れた政府や民間の機関が目標と評価を設定す

る主体となっている状況にメスを入れないと，外側で設定された目標に教育現場が主体的に従属する関係性は問い直されず，そうした状況下では，目標と評価が教育実践をまるごと対象化しようとすればするほど，教育活動や学習活動のプロセスへの規制が強まりかねない。

　この点に関わって，スウェーデンで教師による採点の是非が問われたのは，目標と評価の主体が誰かという問いにつながるものといえる。また，アメリカの事例にも表れているように，標準テストに代えてパフォーマンス評価を重視していく際に，学習過程に密着した教室での評価を重視していこうとする動きとともに，ICTを活用した双方向的な新たなテスト技術を採用していこうとする動きがあるという点も，目標と評価の主体に関する問いをふまえて考えていく必要がある。

　その成立過程において「真正の評価」論は，教室で発揮される子どもたちの本物の学力を評価できるのは教室の教師であるという，教室からの評価改革を提起する意味をもっていた。そうした方向性からすると，プロジェクト型の学習を展開し，学習の過程や作品をベースに教師が質的に判断していく「教室での評価」が重視されるだろう。一方で，ICTを活用した双方向的な新たなテスト技術を採用する傾向は，PISAなど大規模学力調査の文脈において顕著であり，それは客観テストとは異なる新たな形での「標準化」（教育の画一化・規格化）と結びつく可能性も否定しきれない。

　「スタンダードに基づく教育改革」は，競争原理と結果至上主義の文脈に置かれるとき，「テスト（結果の出やすいもの・評価しやすいもの）のための教育」に矮小化される。そうした状態を「スタンダードに基づく教育改革」のひとつの形とみて，別の形を構想するというアプローチも模索されている。たとえばアメリカでは，第2節で紹介したニューヨーク・パフォーマンス・スタンダード・コンソーシアム，「教室での評価」を軸にマクロな評価システムを構築したネブラスカ州の取り組みなど，民主的で教育的なアカウンタビリティ・システムを模索し，「スタンダードに基づく教育改革」を再定義しようとする営みも展開してきた[3]。

　すなわち，子どもたちの教室での学習経験と学力の表現（パフォーマンス）を評価する「真正の評価」を中心に据える。これにより，断片的な知識・技能の

有無に関する点数や評定値ではなく，より包括的な学習と学力の質に関する子どもの事実と教師の専門的判断・解釈を家庭や地域に提示する。さらには，ポートフォリオを基にした「学習発表会（exhibition）」や学校運営協議会などへの保護者や地域住民の参加を促す。いわば，説明責任（教育活動の透明性）の要求に，教育過程の抽象化・簡略化・科学化によってではなく，当事者にとっての学びの意味や成果の納得可能性の追求によって応えていくわけである[4]。こうして地域・学校共同体に根差したローカルな意思決定を尊重する一方で，教育行政は改革指針の提示，条件整備，指導助言などを通して支援的介入を行う。子どもの学びの事実をめぐって，教師，保護者，地域住民，教育行政担当者が，それぞれに固有の役割と責任を分有しながら，学力保障と持続的な学校改善をめざした対話と実践を進めていくというわけである（相補的アカウンタビリティ：reciprocal accountability）。

「スタンダードに基づく教育改革」や昨今の学力テスト政策やPDCAサイクルの強調に対しては，スタンダード（共通教育目標）を設定すること自体，評価すること，学力テストを実施すること自体，さらには学力形成を志向すること自体を否定する論調も見られる。しかし，目標と評価のあり方について議論・決定する権限の縮小という問題状況をふまえるなら，目標と評価に関する議論を避けるのではなく，教育の条理に即した原理的・実践的検討を充実させていくこと，そして，それを教育の外側の世界に発信し，公論を組織していくこと（開かれた学力論争）が追求されるべきだろう。

1) 志水宏吉・高田一宏編著『学力政策の比較社会学・国内編：全国学力テストは都道府県に何をもたらしたか』明石書店，2012年を参照。
2) 石井英真『今求められる学力と学びとは——コンピテンシー・ベースのカリキュラムの光と影』日本標準，2015年を参照。
3) 石井英真『現代アメリカにおける学力形成論の展開』東信堂，2011年の補論などを参照。
4) 石井英真「教育実践の論理から『エビデンスに基づく教育』を問い直す——教育の標準化・市場化の中で」『教育学研究』第82巻第2号，2015年。今井康雄の言葉を借りれば，近代科学的なエビデンス（証拠・論拠）と説明責任のラインと，生活世界的なエビデンス（明証性）と応答責任のラインとの関係性を，後者を基軸として問い直していくことといえるだろう（今井康雄『教育にとってエビデンスとは何か——エビデンス批判をこえて』同上）。

第2章

学力・能力観を
めぐる議論

序論
学力・能力観をめぐる議論の高まりとどう向き合うか

樋口太郎

0　学力・能力観をめぐる語りの状況

　学力・能力観をめぐる議論が活発となっている。「育成すべき資質・能力を踏まえた教育目標・内容と評価の在り方に関する検討会」（2014年3月）では，育成すべき「資質・能力」として，「主体性・自律性に関わる力」「対人関係能力」「課題解決力」「学びに向かう力」「情報活用能力」「グローバル化に対応する力」「持続可能な社会づくりに関わる実践力」などが示されている。知識の更新が加速する時代の変化に対応して，「何を知っているか」から「何ができるか」へ，「知識」から「能力」への転換が強調されているのである。また，新聞紙上でも，一般書籍に数多く登場する「〇〇力」に焦点をあて，その氾濫は生き方，働き方の「定番」が揺らぐがゆえのものと説明される[1]。

　教育・社会の変化に応じて学力・能力観をめぐる定義が不安定化し，その不安定化がさらにその語りを増幅させる。「再帰的メリトクラシー」とも呼べる事態に私たちはいま直面しているといえよう[2]。

1　学力研究の成果に学ぶ

　私たちは，こうした事態といかに向き合えばよいのだろうか。そこで，学力に対する学問的探究が取り組んできた次の2つの課題を道標としてみたい。
　第1の課題は，学力論争に照準を合わせて，学力をめぐる言説の「内的構造」を描き出すことである[3]。以下，学力論争の歴史をごく簡単に追ってみよう。
　そもそも，「学力」という言葉が学問的探究の対象として自覚されたのは戦後から，すなわち戦後新教育期における学力低下問題がその発端であった。「生

活の理解力」と「生活態度」の向上こそ重要と説く新教育推進派（青木誠四郎）と，「基礎学力」である「読み・書き・算」を「人類文化の宝庫をひらくようなすばらしい鍵」と位置づける新教育批判派（国分一太郎）の対立に代表される「基礎学力論争」はそうした時代の産物である。ここにおいて，現代を生きるために必要な教育内容を問う「客体的・実体的」な側面と，教育内容が子どもたちの生きて働く力に転化するプロセスを問う「主体的・機能的」な側面とによって構成される，教育目標としての学力という認識の登場を確認できる。

この学力の客体的側面と主体的側面という視座は，広岡亮蔵において，「知識層」と「態度層」の二重層として学力構造を捉える学力モデル研究へと昇華する。ここに，「学力（わかる力）」と「人格（生きる力）」を相互に関連づけて捉えることが可能となった。しかし，態度を学力モデルに位置づけることは，たんなる心構えを学習者に押しつけるような「態度主義」を招き入れるという批判も生み出した。そうした批判の一翼を担った勝田守一は，学力を「成果が計測可能なように組織された教育内容を学習して到達した能力」と定義し，学力モデルにおいて「認識の能力」の重要性を唱えた。この「計測可能」学力の提起は，計測できない部分こそ大切だといった安易な教育論議を戒め，教育目標の構造化・系統化を意図したものであった。さらに，「計測可能」という言葉が示すように，その教育目標がいかに達成されたかを評価するという，学力と評価の関連づけを志向するものでもあった。しかし，広岡が先駆的に取り組んだ学力と人格の関係を正面から問うという課題は残された。

その課題に取り組んだのが中内敏夫の「段階説」である。中内は「態度」に代えて「習熟」という概念を導入し，基礎として「習得」した教育内容が主体によって十分にこなされた状態を学力モデルの発展部分に位置づけた。これに対し，稲葉宏雄の「並行説」は，「態度」をより明示的に学力モデルとして位置づけ，「認知」と「情意」が並行的に発達するさまを描き出そうとした。ここにおいて，「態度」「情意」「人格」といった要素が，勝田の「計測可能」を超えて，「評価可能」なものに拡張されていく道が拓かれたのである。

以上の整理から，学力言説の「内的構造」として，学力と人格の関係，学力と評価の関係という2本の柱を見いだすことができた。そして，この学力モデルの探究は，教育内容の定着した構造の解明から，教育内容を獲得するプロセ

ス，すなわち学習モデルへとさらに射程を伸ばしていくことになるのである。

さて，第2の課題は，学力の実態を適切に把握することである。学力実態を分析する視点として，学力水準，学力格差，学力構造，学習意欲の4つがあげられる[4]。「学力水準」とは，狭義の「計測可能」学力を対象として，学力調査によって当該集団の平均値を算出したものである。この視点から，日本の子どもたちの学力水準が国際的に見て高いことは間違いなかろう。しかし，学力水準は高くてもあくまで平均値であり，全員が高いわけではない。むしろ，その高さが「学力格差」を見過ごす要因となってきたことに注意を向ける必要がある。これに対し，学力格差の視点が主に低学力の子どもたちを対象としたものとすれば，「学力構造」は一般に高学力とされる子どもたちの問題を扱う。暗記を中心とした，いわゆる受験学力の問題がこれに相当する。こうして学力格差や学力構造という視点から見いだされた問題に迫っていけば，学力において「学習意欲」の問題を問うことが不可欠となろう。学力を問うことは，数値化されにくい人格の問題と切り離すことができないのである。

以上，学力研究の成果を，学力の言説と実態という2つの視点から整理した。

2　学力・能力観をめぐる議論の新たな局面

とくに2000年代に入って，学力・能力観をめぐる議論は新たな局面を迎えているのではないだろうか。経済学・社会学など他の社会科学分野からの教育への発言は勢いを増している。また，PISAの登場とその存在感の高まりも「新たな」に数えられよう。この「新たな」の正体とは何か。

たとえば，PISAで示される学力・能力観を「今の社会が学校に何を求めているかを率直に表明したもの」であると捉え，そこに何らかの「教育的」なものを感じて積極的に取り入れることは，「学力をめぐる議論が完全に外部からの成果要求に順応したことを象徴的に示している」とする見解がある[5]。これに従えば，学力をめぐる議論が「外的環境」を否応なく意識させられるようになっていると考えられる。教育システムは，その外部との相互作用においていかなる道を進むべきなのか。第2章の各節で展開される議論は，この問いのもと緩やかなまとまりを見せているはずである。

さて，個別の議論に進む準備は整ったわけだが，以後の各節で登場する「コンピテンシー」という概念について予備的説明を加えておきたい[6]。コンピテンシーとは，アメリカ国務省における外交官の選考方法見直しのためのテスト開発に端を発する概念である。そこには，知識やスキルを問う従来型の筆記試験と職務上の成功との間に相関が低いという背景があった。そこで，知識やスキルといった可視的な部分に加えて，自己概念，動機といった潜在的な部分が評価の対象とされ，コンピテンシーとして明示化されたのである。そしてこれが，企業→高等教育・職業教育→初等・中等教育へと拡大していき，各節で見るようにさまざまな場面で影響をもたらすようになっているのである。

3　国際機関および各国の議論に学ぶ

　第2章で以下取り組むのは，グローバルな視野からの議論の相対化である。
　第1に，国際的な機関における議論を取り上げる（第1・2節）。OECDを参照軸としながら，ユネスコとEUの能力観の違いが描き出されよう。
　第2に，各国における議論を見ていく。第3・4節では，フランスとドイツ語圏を事例に，教養概念とコンピテンシー概念との対立構図が読み解かれる。第5節では，中国を事例に，暗記中心，実生活からの乖離などの問題を批判して提起された「素質教育」の内実を探り，「素質」概念の有する射程が描かれる。
　最後に，小括では，教育とその外的環境との相互作用という観点から議論を整理し，日本の状況を理解するうえでの示唆を得ることとしたい。

1)「あふれる『○○力』　牧野智和さんが選ぶ本」『朝日新聞』2013年1月27日付朝刊。
2) 中村高康『大衆化とメリトクラシー』東京大学出版会，2011年。
3) 田中耕治『教育評価』岩波書店，2008年，95-120頁。
4) 田中耕治『学力と評価の"今"を読みとく』日本標準，2004年，11-18頁。
5) 今井康雄「『学力』をどうとらえるか」田中智志編著『グローバルな学びへ』東信堂，2008年，129頁。
6) 松下佳代「〈新しい能力〉概念と教育――その背景と系譜」松下佳代編著『〈新しい能力〉は教育を変えるか――学力・リテラシー・コンピテンシー』ミネルヴァ書房，2010年，11-22頁。

第1節
国際比較調査PISAをめぐるOECDとユネスコの動向

樋口とみ子

0 はじめに

　国際比較調査PISAの特徴は何か。2000年から3年ごとに実施されるたび，PISAは社会的な注目を集めてきた。

　調査実施を担うOECDによれば，PISAは，これからの社会を「生きるための知識と技能（Knowledge and Skills for Life）」に焦点をあてるものである[1]。15歳の子どもたちを対象に，それらがどのように身についているかについての国際比較が試みられている。

　調査にあたりPISAで重視されるのが「リテラシー（literacy）」という言葉である。具体的には，「読解リテラシー（reading literacy）」「数学的リテラシー（mathematical literacy）」「科学的リテラシー（scientific literacy）」などの調査分野が設定されている。

　もともとリテラシーとは，文字の読み書き能力を意味する言葉であった。19世紀末に公教育が普及する中，制度としての学校教育において共通に教える初歩的な読み書きのスキルを意味して登場した経緯がある[2]。

　このリテラシーという言葉をあえて用いて，現代における独自の意味づけを打ち出したのがPISAである。いま求められるリテラシーとは，初歩的なスキルを超えるものであり，「市民（citizen）」として営む社会生活の広がりを視野に入れて再定義した上で，その実態を国際比較によって明らかにする必要があるとPISAでは考えられた。

　ただし，国際比較調査はPISA以前にも実施されてきた。1960年代に始まったIEA（国際教育到達度評価学会：International Association for the Evaluation of Educational Achievement）による調査はその一例である。IEAは，算数・数学

と理科を具体的な調査分野とし，各国の学校カリキュラムとの関連において子どもたちの到達度を測ろうとしてきた。1995年以降の調査はTIMSS (Trends in International Mathematics and Science Study) と呼ばれている。このIEAの調査などにより，日本では従来「日本型高学力」の実態が指摘されていた[3]。知識中心・記憶中心で，学ぶ喜びを伴わないという課題が浮き彫りになる一方，国際的に見て平均値が高く分散が小さいという点に光があたっていたのである。

IEAの調査での高得点と比較してみると，新しい調査PISAでは，日本の子どもたちの国際的な順位の低迷が話題となった。とくに，2003～2006年にかけては読解リテラシー分野の順位低下がマスコミで大きく報道された。なぜ日本の子どもたちの成績は芳しくないのか，従来のIEAによる国際比較調査と異なるPISAはいったい何を測っているのか，社会的な関心が集まったわけである。

PISAは，学校のカリキュラムとは別に，「これからの社会」に参加する「市民」として求められるリテラシーに光をあてている。その背景には，OECDのプロジェクトDeSeCoの影響がある。DeSeCoは，「人生の成功」と「正常に機能する社会」のために必要なコンピテンシー（能力）を明らかにする取り組みである。「個人が職場や日常生活の中で直面する複雑な需要や挑戦」に応えることができるよう，コンピテンシーへの「需要志向アプローチ」「機能的アプローチ」をとっているという[4]。実際の「社会」で求められる，生きて働く機能的な能力とは何かという発想がOECDには色濃くみられる。

本稿では，PISAリテラシーの特徴をより鮮明にするため，OECDがどのような「社会」を展望しているかに焦点をあてる。

1　PISAリテラシーをめぐる議論の展開——日本での議論

日本でのPISAをめぐる議論を整理してみると，まず，リテラシーを具現化した調査問題の新しさに関心が集まったといえる。初歩的な知識やスキルの再現にとどまらず，日常生活に近い「真正な (authentic)」文脈の中で，「関連付け」たり「熟考・評価」したりすることを求めるPISAの設問は，「応用力」「活用力」

を測るものとして高く評価された。たとえば，読解リテラシーでは，物語文を読んだ後の場面を想定し，異なる意見それぞれの根拠を探ったり，物語の結末部分に対する自分なりの考えを主張する「批判力」を求めたりするという点で[5]，いわゆる基礎的なドリル型テストとの違いが強調された。

ただし，岩川直樹によれば，PISAは，「基礎」と「応用」を段階論的に捉えるのではなく，むしろ学習の出発点において「文脈的・包括的・参加的」であることを求める点で「基礎こそ深い」という「発想の転換」を有する[6]。従来の日本の学力調査に見られる「脱文脈的・記号操作的・認知主義的な学力観」を乗り越え，まさに「構築的・関与的・反省的市民」を展望するOECDならではの調査であるとされたのである。

また，PISAの背景には，DeSeCoのコンピテンシー概念との関連があることも日本では注目された。先述のように「社会」で求められる能力を重視するDeSeCoは，「キー・コンピテンシー」の具体的な中身として「道具を相互作用的に用いる」「社会的に異質な人々からなる集団で互いに関わり合う」「自律的に行動する」という3つのカテゴリーを設けるとともに，それらを横断する核心として「反省性（省みて考える力）」を位置づけた。OECDのコンピテンシー論は，認知的な知識・スキルのみならず，動機づけや倫理，感情，行動などの非認知面も含む包括的な特徴をもつとされた[7]。

ただし，PISAとDeSeCoの間には「裂け目」があるとの見方もある。松下佳代によれば，PISAよりもDeSeCoの方が多様性に配慮しており，相互作用的でより包括的な発想をもつ[8]。「民主的プロセス」「連帯と社会的結合」「人権と平和」「公平，平等，差別のなさ」「生態学的な持続可能性」などのキーワードがDeSeCoではとくに尊重されているという。

だが次第に，OECDそのものに対する疑問も提出されるようになった。とくにOECDの社会観に関しては，政治・文化よりも経済面への傾斜が指摘される。「OECDの能力論がもっている制約」について，梅原利夫は，「もともとOECDは，人間を経済活動のための『人的資源』ととらえ，それをいかに開発するかという立場をとっている。その観点から経済活動の国際化に伴って国際的に標準化され比較可能な指標の開発が求められてきた」と述べている[9]。

加えて，OECDの勢力拡大に伴う危惧も指摘されている。すなわち，PISA

が「国際的な権威をもち，グローバルスタンダード化することになれば，それぞれの国や地域，民族が持っている人間理解や文化の多様性を圧迫する恐れもある」ことが懸念される。あくまで「ヨーロッパを中心とした先進国の価値観がベースとなっている点は否定できない」というわけである[10]。PISAの設問が理念とする「真正な」文脈についても，一方的に与えられたものであり，実際の具体的な子ども一人ひとりが抱える状況や文脈との関係をほとんど「捨象」していることが指摘されている[11]。

　OECDの想定する「市民」とは誰のことなのか。いったい，どのような「社会」が展望されているのか。「現代世界におけるOECDの位置そのもの」を検討する必要性が叫ばれるところである[12]。

2　OECDの社会観

（1）最近の取り組み──国際比較調査PIAAC

　PISAの影響力が増す中，OECDが新たに実施した調査の1つにPIAAC (Programme for the International Assessment of Adult Competencies) がある。社会参加する「市民」を展望するOECDが，まさに成人（16〜65歳）を対象とするコンピテンシーの計測に踏み切ったのがPIAACである。調査は2011年から2012年にかけて実施され，2013年に結果が公表された。主な調査分野は，①リテラシー，②数的思考力 (numeracy)，③ITを活用した問題解決能力 (problem-solving in technology-rich environments) である。

　PIAACが測ろうとするコンピテンシーの特徴として，第1に浮かび上がるのは，「情報時代のリテラシー」への焦点化である[13]。PIAACでは，「デジタル環境の中でリテラシーの意味を『拡大』」したことが強調される[14]。リテラシー分野の定義は，「社会に参加し，自らの目標を達成し，自らの知識と可能性を発展させるために，書かれたテキストを理解し，評価し，利用し，これに取り組む能力」となっており，PISAの読解リテラシーと大きな違いはない。だが詳細にみると，PISAでは2012年までデジタル・テキストをオプションにとどめてきたのに対し，PIAACはそれを多用するという相違がある。また，情報時代のIT活用に特化した問題解決能力も見ようとしている。

PIAACの第2の特徴は，認知面以外の情意面も包括的に捉えようとする点にある。たとえば，「個人内コンピテンシー／人間関係コンピテンシー」として，「人間関係」「自律」「管理」「創造性／起業精神」などを視野に入れている[15]。さらに，認知的コンピテンシーの内部においても，リテラシーに関する「取り組み (engagement)」の計測を志向している。

　実はすでにPISAでも，2009年から読解リテラシーの定義に「取り組み」が加わっていた。ここでいう「取り組み」とは，「モチベーション（動機付け）があり，読書に対する興味・関心があり，読書を楽しみと感じており，読む内容を精査したり，読書の社会的な側面にかかわったり，読書を多面的にまた頻繁に行っている」などの「情緒的，行動的特性」を指す[16]。同じようにPIAACでも積極的に関わろうとする「取り組み」状況を質問紙調査で明らかにしようとしている。こうしたところから，「個人の活動的な役割」を重視するとされるOECDの特徴を見て取ることができる[17]。

（2）社会の経済成長度──「知識経済」の時代

　PIAACの特徴はPISAの動向にも関連している。2015年に実施予定のPISAでは，「協同的問題解決能力 (collaborative problem solving)」が取り入れられる予定である[18]。デジタル・テキストとしてパソコンを用い，架空の他者とやりとりをしながら，協同的に問題解決を行うことを求めるという。

　このようにOECDが情報時代において非認知面を含む包括的な人物像を描く背景には，どんな社会観があるのだろうか。この問いに迫るとき，産業構造の変化をOECDが視野に入れている点を見逃すわけにはいかない。

　OECDによれば，「経済活動の知識集約度」が高まっているという。モノの生産によって利益を生み出していた時代から，情報サービス産業やソフトウェア産業などの台頭に顕著に見られるように，「知識経営 (knowledge management)」によって利益を生み出す「知識経済 (knowledge economy)」の時代へと移行しているというのがOECDの見解である[19]。

　なかでも，「生産性」向上のために，コミュニケーション・ネットワーク技術はとりわけ重要とされる。近年，進展の著しいICT (Information and Communication Technology) は，認知的スキルの習得を労働者に求めるにとどまらない。

ICTの技術革新は,直線的な決まりきった手続きに基づくわけではないという点で非線形性(non-linearity)を有し,循環的(recursive)で,相互作用的な特徴をもつ[20]。そのため,これまでのOECDの分析によれば,「IT投資が新たな戦略,新たな経営プロセスとその手法および新たな組織構造のようなその他の組織変革と組み合わされるとき,ITによって最も大きな利益が実現される」ことが明らかになっているという[21]。労働者には,従来の認知的スキルのみならず「柔軟性」や「チーム作業能力」なども求められるとOECDは考えている。

ICTを生かして新しい知識を生み出し,経済的な利益を上げる「企業や国家の競争優位」のためには,新たな「人的資本(human capital)」概念が必要になる。つまり,非認知的なスキルや特性,たとえば「個人内スキル(動機／忍耐力)」「個人間スキル(チームワーク,リーダーシップ)」「その他のスキルや特性(情報通信技術,暗黙知,問題解決力など)」も,「知識経済」において「競争優位」であるために要求されるのである[22]。OECD設立時の認知面のみを対象にした人的資本論が人間を「機械的な存在」にしたのではないかという批判を乗り越え,OECDが新たに人間の内面も含む人的資本への「包括的アプローチ」を打ち出す背景には,上述の「知識経済」への展望が関係している。

そのため,PISAの文書では「もはや……すべての人々が『知識労働者』になることを可能にする教育を提供することが目的となる」と記述され[23],PIAACにおいても「進んだ経済」における「社会的経済的生活に効果的にうまく参加するための基礎となる」ことが展望されている[24]。

3 国際比較の意味──ユネスコとの違い

OECDは「国連開発の10年」が叫ばれた1960年代に,経済発展の進んだ国々を主な参加国として発足した国際機関である。一方,いわゆる発展途上国を含む多様な国々を対象に教育活動を続けてきた国際機関にユネスコがある。ユネスコは1946年に設立されて以来,長年,成人の非識字者を主な対象とするリテラシー教育に関わってきた。OECDとユネスコは共同で事業展開をする場合があるものの,両者の間には立場の相違も見られる。ここで,OECDの社会観を対象化するためにもユネスコの動向に光をあててみたい。

ユネスコは，2003年から始まった「国連リテラシーの10年」において，主導的役割を果たし，国際調査の計画立案，実施を担ってきた。新しく独自に開発した調査はLAMP (Literacy Assessment and Monitoring Programme) と名づけられている。従来，識字率 (literacy rate) の統計においては，自己申告や学校教育を受けた年数などによって，読み書きができるかできないかを二分する傾向にあった。だが，それではリテラシーの実態について具体的な情報がほとんど得られないため，LAMPでは，人々が日常生活の中でどのように読み書きを行っているのかに関する情報を得て，リテラシー教育のプログラム改善に生かすことをめざしている。実際には，エルサルバドルやケニア，モンゴル，モロッコ，ニジェール，パレスチナ自治区などで実施されている。

　ユネスコは，これまでにOECDの関わった成人対象の国際比較調査（たとえば，IALS〈国際成人リテラシー調査〉やALL〈成人のリテラシーとライフスキル調査〉）との相違点を次のように捉えている[25]。第1に，OECDは経済における競争とスキル開発に主眼があるのに対し，ユネスコは「経済的利益を超えるものとして教育やリテラシーを捉えている」。もちろん，経済的側面やスキル開発を軽視するわけではない。けれども，それ以外の私的・文化的生活などにおける幅広い参加と自律も視野に入れ，「すべての人に保障すべき権利」として，さらには「自由の行使」と結びついたものとして，リテラシーを捉えたいという発想がユネスコにはある。

　というのも，長くリテラシー教育に携わってきたユネスコは，1960年代の人的資本論隆盛の中で経済的な生産性の向上を一義的に重視する機能的リテラシー (functional literacy) の概念を導入した経験があり，それが非人間的なものに陥ったことを自覚しているからである。そこで，70年代後半には，ブラジルの教育学者フレイレ (Freire, Paulo) の主張に学び，読み書きと批判的意識の獲得とをつなぐ批判的リテラシー (critical literacy) の概念を導入した。さらに，90年代には個人の技術的なものではなく，社会的な関係性の中にあるものとして，日常生活の全体を視野に入れる「基礎的な学習ニーズ (basic learning needs)」の一部としてリテラシーを捉えるようになり，2000年代には「自由としてのリテラシー (literacy as freedom)」という概念を提起するに至る[26]。

　「自由としてのリテラシー」とは，さまざまな社会的文脈に埋め込まれてい

るものとして読み書きを捉える際に「複数形のリテラシーズ(multiple literacies)」を重視する概念である。あるべき唯一の普遍的なリテラシーをすべての人に押しつけるのではなく，ともすれば従属的な位置に置かれてきた人々が既存社会に対する問いを立て，自らの言葉で意味を作り出しながら，表現し，コミュニケーションの独自の形態をつくり出していく。その社会的文脈の複数性を視野に入れ，人々の「自由」の拡大につながるものとしてリテラシーを捉えるのである。

「自由としてのリテラシー」の背景には，インドの経済学者セン(Sen, Amartya)の提唱する「自由としての社会発展(development as freedom)」という思想が関係している。センによれば，「GNP(国民総生産)を基準に発展のプロセスを理解するのではなく，人間の自由と『潜在能力(ケイパビリティ)』を全般的に高めることに焦点を絞るべきだ」とされる[27]。ここでセンのいう「潜在能力(capabilities)」とは，「ある人が価値あると考える生活を選ぶ真の自由」を意味しており[28]，「生き方の幅」と訳される場合もある[29]。たとえ同じ所得であるにしても「人間の多様性」を考慮すれば，その有効性を単純には判断できない。たとえば，「年齢，性，特別の才能，障害，病気にかかりやすいこと，その他における差異」は，人間の「生活の質」に「非常に違った機会をもたらす」。それゆえ，センは，GNPよりも，むしろ人々の「生き方の幅」の拡大を支援するものであるかどうかによって社会的制度を吟味しようとする。リテラシーを学ぶ機会も，「人々が公開の討論に参加できる能力と可能性」を発展させるという点で重要だと位置づけられるのである[30]。「自由としての社会発展」という言葉によって，センは「世界の本質を，その多様性と豊かさを含めて認識すること」の必要性を私たちに問いかけているように思われる[31]。ユネスコは，このセンの発想を参照してリテラシーの定義とその調査を試みようとしてきた。

これに関連して，第2に，OECDの調査がともすればヨーロッパ中心的な発想をもつのに対し，ユネスコは言語的・文化的な複数性(plurality)を視野に入れるという傾向の違いもあるという。通常，国際比較調査は標準化されたレベルの設定から始まることが多い。だが，ユネスコは，それのみでなく，実際の生活場面で読み書きがどのように用いられているのかという実践から始めることを尊重するエスノグラフィーにも配慮し，量的な調査と質的な調査を組み合

わせていくことが必要だと考えている[32]。

　第3に，OECDは国際的な順位を一覧表で序列化することなどによって結果を報告しているものの，ユネスコでは，ランキングづくりは行わず，あくまで各国・地域の調査実施の力量を高めることをめざすという。そのため，調査に対する各国・地域の所有権（ownership）の向上が重要とみている。調査実施にあたっては，各国・地域が計画を立て，フィールドワークを通して新しい設問を開発し，結果を生涯学習の機会や保健衛生などの社会的プログラムに生かしていくという，一連のプロセスを担うことができるよう，ユネスコは支援している。

　これらの理念を有するユネスコのLAMPでは，実際には15歳以上を対象に，①文章（prose）リテラシー，②図表（document）リテラシー，③計算に関する能力（numeracy）をペーパーテストで調査する。図表リテラシーの具体的な設問としては，薬の説明書を読み，1日あたりの最大摂取量を答えたり，医師に相談すべき症状を挙げたりすることが求められている。

　なお，読み書きに困難を有すると判断された場合には，文字や単語の認識を細かく要素に分けて問う「読解力の構成要素（reading components）」のテストを受けることになる。従来のOECDが関わってきた調査と比較すると，LAMPは「最低レベルを示したスキルをより細かく弁別」するという点で，「低スキルの個人」を対象にした調査への示唆を指摘する声もある[33]。実際，LAMPにおけるレベル分けは表2-1-1に示したとおりであり，レベル3がOECD諸国の最低レベルと類似するとされている。

　このようにLAMPの調査の実態を紐解いていくと，理念との齟齬も浮き彫りになる。リテラシーの複数性を理念として掲げつつも，結局のところ，大規模調査において普遍的なレベルを設定し，各レベルに何割の人々が位置づくかを把握しようとする際，脱文脈化したスキルを測るにとどまるのではないかという葛藤も提出されている[34]。ユネスコ自身，先述のように，数字では把握しにくいものをエスノグラフィー等から取り入れようとしているものの，その試みは十分には反映されていない。エスノグラフィーを積み重ねて複数のリテラシー実践の深さと広がりを捉えることと，普遍的なレベル分けとの関係をどう捉えるかという課題がここから浮かび上がる。

表2-1-1　ユネスコの国際調査LAMPにおけるリテラシーの5つのレベル

レベル1	ほとんどスキルをもたない人物を指す。たとえば，薬のパッケージに書かれた情報をもとに，正確な量の薬を子どもに与えることができないなど。
レベル2	簡単で明確に配置された，それほど複雑ではない素材にのみ応えることができる。スキルは不十分なレベルではあるものの，レベル1よりは深い部分がある。読むことはできるが，判断することはあまりできない。日常生活の要求には何とか応えることのできるスキルを発達させているものの，新しい仕事のスキルを学ぶなどの新奇の要求に応えることには困難を抱えるレベルである。
レベル3	複雑で進んだ社会において日常生活や職場の要求に対処するには適当な最低限のレベル。中等教育の修了と大学入学に求められるレベルとほぼ同じである。より高いレベルと同じように，さまざまな情報源を統合し，より複雑な問題解決を図る能力を要求する。OECD諸国では，複雑で「進んだ」経済における日常生活と職場の要求に応えるための最低限のものとしてこのレベルが見なされる。
レベル4・5	より高次の情報プロセススキルを自在に使いこなすことができる。

出典：UNESCO Institute for Statistics, *The Next Generation of Literacy Statistic*, Montreal: UIS, 2009, p. 18をもとに筆者訳出。

さらに，個人のスキルをレベル分けすることと，社会的文脈や関係性の中に埋め込まれた実践の具体を把握することとの関係もユネスコは課題として自覚している[35]。社会的な関係性の中で人々が協同で生み出していくダイナミズムを現時点のLAMPは必ずしも捉えきれていないという。

リテラシーを調査することにより，そもそもリテラシーとは何なのかについて，問い直し，より深い理解を得ていくことが求められる。

4　おわりに

リテラシーやコンピテンシーの国際比較はこれからも継続するだろう。OECDのPISA2015では協同的（collaborative）問題解決という新しい調査分野も登場した。認知面のみならず，動機や意欲，行動などを含む情意面も視野に入れて人間の能力を捉えようとする動きはますます勢いを増していくようにも見受けられる。複数の企業等の連携によって提起され注目を浴びはじめている「21世紀型スキル（21st Century Skills）」もその一例である[36]。

だが一方で，PISA中止を求める書簡も公開されはじめている[37]。1つの調

査で人間のすべての能力や機能を測ることは現時点ではできない。また，1つの指標に基づく序列化によって生み出される世界の構造に拘泥すべきでもない。

　重要なのは，一つ一つの調査が何を測っているのかに自覚的であり続けるとともに，調査から浮き彫りとなる結果を人々に還元し，「生き方の幅」を広げることができるような社会づくりへとつなぐことではないか。

1) 国立教育政策研究所編『生きるための知識と技能』ぎょうせい，2002年を参照。
2) 佐藤学「リテラシーの概念とその再定義」『教育学研究』第70巻第3号，2003年を参照。
3) 須藤敏昭「『日本型高学力』をどうみるか」教育科学研究会編『現代社会と教育4「知と学び」』大月書店，1993年を参照。
4) ドミニク S. ライチェン，ローラ H. サルガニク編著（立田慶裕監訳）『キー・コンピテンシー——国際標準の学力をめざして』明石書店，2006年（原著2003年）を参照。
5) 国立教育政策研究所編，前掲書，234頁。
6) 岩川直樹「誤読／誤用されるPISA報告」『世界』第56巻第10号，2005年，126-127頁。
7) 松下佳代「〈新しい能力〉概念と教育——その背景と系譜」松下佳代編著『〈新しい能力〉は教育を変えるか——学力・リテラシー・コンピテンシー』ミネルヴァ書房，2010年，21頁。ライチェン，サルガニク，前掲書。PISAは，このうち，とくに「道具を相互作用的に用いる」能力に関連するものとして紹介された。
8) 松下佳代「〈新しい能力〉による教育の変容」『日本労働研究雑誌』第614号，2011年を参照。
9) 梅原利夫「学力の『新展開』に内在する論理の不整合」『教育』第58巻第3号，2008年，16頁。
10) 田中昌弥「学力とは何か」『季論21』第3号，2009年，141頁。
11) 久田敏彦「ポスト『PISAショック』の教育」久田敏彦監修・ドイツ教授学研究会編『PISA後の教育をどうとらえるか——ドイツをとおしてみる』八千代出版，2013年，23頁。
12) 田中孝彦「学習指導要領改訂の方向とその問題」『教育』第58巻第3号，2008年，11頁。
13) Schleicher, A., "PIAAC," *Education Journal*, Issue 114, 2009.
14) OECD, *Literacy, Numeracy and Problem Solving in Technology-rich Environments*, Paris: OECD, 2012, p. 11.
15) 国立教育政策研究所編『成人スキルの国際比較』明石書店，2013年，49頁。
16) 国立教育政策研究所編『生きるための知識と技能4』明石書店，2010年，17頁。
17) 立田慶裕「読解力」国立教育政策研究所内国際成人力研究会編『成人力とは何か』明石書店，2012年，99頁。
18) OECD, *PISA 2015 Draft Collaborative Problem Solving Framework*, Paris: OECD, 2013を参照。
19) OECD教育研究革新センター編（立田慶裕監訳）『知識の創造・普及・活用』明石書店，2012年（原著2000年）を参照。
20) OECD, *op. cit.*, 2012, p. 11.

21) OECD（春名章二訳）『経済成長論』中央経済社，2005年，92頁（原著2004年）．
22) OECD（日本経済調査協議会訳）『国の福利』日本経済調査協議会，2002年，19-22頁（原著2001年）をもとに筆者訳．
23) 経済協力開発機構（OECD）編著（渡辺良監訳）『PISAから見る，できる国・頑張る国2』明石書店，2012年，24頁（原著2012年）．
24) OECD, *op. cit.*, 2012, p. 10.
25) UNESCO Institute for Statistics, *The Next Generation of Literacy Statistic*, Montreal: UIS, 2009, pp. 21-24を参照．詳細は，樋口とみ子「ユネスコによる国際比較調査LAMPの開発」『京都教育大学紀要』第126号，2015年を参照．本論文は拙稿（2015年）をもとに大幅に加筆修正を行った．
26) UNESCO, *Literacy as Freedom*, Paris: UNESCO, 2003. 樋口とみ子「ユネスコにおけるリテラシー概念の展開」『カリキュラム研究』第21号，2012年を参照．
27) A. セン（東郷えりか訳）『人間の安全保障』集英社，2006年，25頁（原著2000-2004年）．
28) A. セン（石塚雅彦訳）『自由と経済開発』日本経済新聞社，2000年，83頁（原著1999年）．
29) 川本隆史『現代倫理学の冒険』創文社，1995年，88頁．
30) セン，前掲書，2000年，77, 276頁．
31) セン，前掲書，2006年，19頁．
32) UNESCO, *Aspects of Literacy Assessment*, Paris: UNESCO, 2005, pp. 31-32.
33) 深町珠由・中島由佳『OECD国際成人技能調査（PIAAC）に関する報告』JILPT資料シリーズNo. 37, 2008年，28, 58頁．
34) UNESCO, *op. cit.*, 2005, p. 26.
35) UNESCO Institute for Statistics, *Literacy Assessment and Monitoring Programme* (*LAMP*), Montreal: UIS, 2009, p. 20.
36) P. グリフィンほか（三宅なほみ監訳）『21世紀型スキル』北大路書房，2014年．
37) 詳細については，『人間と教育』第83号，2014年に詳しい．八木英二「PISAと全国学力テスト」『人間と教育』第84号，2014年，22-29頁も参考になる．

第2節
EUにおけるキー・コンピテンシーの策定と教育評価改革

本所 恵

0 はじめに

　OECDのPISAが各国の教育政策に影響を与え，その背後にある能力観としてDeSeCoによって提起されたキー・コンピテンシーが注目された。そしてこの頃から，多くの国で，あるいはATC21Sのように国を越えた取り組みとして，さまざまに重要な能力の提案が行われ，教育改革を方向づけてきている。ヨーロッパに目を向けると，DeSeCoのキー・コンピテンシーより直接的に各国の教育改革に影響を与えている「キー・コンピテンシー」がある。それは，EUが2006年に勧告した「生涯学習のためのキー・コンピテンシー」である。

　ヨーロッパ諸国の教育政策への影響の強さとは裏腹に，日本では，直接的な影響を受けないこともあってこれについての紹介は少数にとどまる[1]。しかしながら，この2つのキー・コンピテンシーを比較検討すると，各国に強い影響を与えるメカニズムの違いが浮かび上がる。そしてそうした違いを知ることは，国際的な機構による方向づけに対して冷静に対処する助けになる。そのため本稿では，DeSeCoのキー・コンピテンシーと比較してEUのキー・コンピテンシーを取り上げ，それが提示された背景や，各国の教育政策とくに教育評価改革に与えている影響を検討したい。なお，キー・コンピテンシーについて厳密には，DeSeCoはコンピテンシー（Competency）の複数形を用いてKey Competenciesと表示するが，EUはコンピテンス（Competence）の複数形でKey Competencesとしている。本稿では単複含めていずれも「コンピテンシー」で統一する。

1 DeSeCoのキー・コンピテンシーとEUのキー・コンピテンシー

(1) DeSeCoのキー・コンピテンシー

　キー・コンピテンシーに世界中が注目するようになったのは，OECDによるDeSeCoの所産であるといえよう。1998年から5年間かけて行われ，2003年に最終報告が刊行されたこのプロジェクトは，スイス統計局が主導しアメリカ教育省やカナダ統計局の支援を得て進められた。その過程では2回の国際シンポジウムが開かれ，哲学者や心理学者をはじめとする多彩な学術的研究の知見をふまえ，多分野の政策関係者からの意見を取り入れ，12か国の重要なコンピテンシーに関するレビューを受けて協議が行われた。経済大国中心ながら，多くの国の多様な視点からの合意が含まれているといえる[2]。

　DeSeCoでは，コンピテンシーは「ある特定の文脈における複雑な要求に対し，心理社会的な前提条件（認知的側面・非認知的側面の両方を含む）の結集を通じてうまく対応する能力」[3]と定義される。そのようなコンピテンシーの中で，個人的にも社会的にも価値が高く，幅広い文脈で有用で，すべての人にとって重要であるという3つの基準からキー・コンピテンシーが選択された。具体的には，「道具を相互作用的に用いる」「社会的に異質な人々からなる集団で互いに関わり合う」「自律的に行動する」という3カテゴリーからなり，それぞれの下位に3つのコンピテンシーが位置づく。これらは，「反省性」を中心として，つねに組み合わさってホリスティックに，文脈に依存して機能すると説明された。

　こうしたキー・コンピテンシーが策定された背景として，OECDは1980年代より教育条件のさまざまな指標についての国際比較調査を継続しており，『図表で見る教育』や『教育政策分析』などの書籍を定期刊行してデータを公表し，蓄積してきた。この教育成果に関する指標を開発・拡充するにあたって，総合的な理論的基盤の必要性が認識され，1997年末にDeSeCoプロジェクトが開始された。つまり，キー・コンピテンシーを設定する主要な目的は，教育統計指標開発の土台を提供し，分析の共通枠組みを決定することだった。

（2）EUのキー・コンピテンシー

　EUでは，2001年にワーキング・グループが作られ，30か国13の国際機関が参加し40名近い専門家の議論を通して，2006年にキー・コンピテンシーが提言された。正式名は「生涯学習のためのキー・コンピテンシーに関する欧州参照枠組み」である。この名称からは，知識社会における生涯学習の推進を強く意識していることが読み取れる。そのために，すべての人にとって必要なコンピテンシーを提示しているのである。

　コンピテンシーは「文脈に応じた，知識，スキル，態度が組み合わさったもの」と定義され，その中でも，個人的な成功や成長，アクティブ・シティズンシップ，社会的包括，そして雇用のために，すべての人に必要なものがキー・コンピテンシーとして選択された。具体的には次の8つである[4]。

　①母語でのコミュニケーション
　②外国語でのコミュニケーション
　③数学的コンピテンシーと科学技術の基礎的なコンピテンシー
　④デジタル・コンピテンシー
　⑤学ぶことの学習
　⑥社会的・市民的コンピテンシー
　⑦イニシアチブと起業家精神
　⑧文化的な認識と表現

　これらのコンピテンシーは，すべて等しく重要であり，相互に重なって内的関連をもつと付記されている。また，これらすべてを貫いて，批判的思考，創造性，イニシアチブ，問題解決，リスクアセスメント，判断，感情の構成的マネジメントといったテーマが重要な役割を果たすことが強調されている。さらには，これらのコンピテンシーはあくまでも現在における重要なコンピテンシーの合意であり，ほかの基礎的な資質や属性も存在すると注記されている。たとえば，本質の認識，重要でないものの認識，優先順位をつけること，予定時刻や締め切りを守ること，自らの限界や無知を知ること，将来展望をもつことなどである[5]。

　各コンピテンシーは，知識，スキル，態度の組み合わせによって定義される。

たとえば、「学ぶことの学習（Learning to Learn）」は、まず全体的に「時間と情報とを効果的に管理することも含んで、個人でも集団でも、自らの学習を計画し、学習を行って、なし遂げる能力である。このコンピテンシーは、学習をうまく進めるために、自らの学習プロセスやニーズを自覚し、利用できる機会を特定し、障害を乗り越える能力を含む」と定義される。これに続いて、必須の知識（特定の仕事やキャリアで求められるコンピテンシー、知識・スキル・資格についての知識、自らが好む学習ストラテジーや自分のスキルと資格の強みと弱みについての知識、利用できる指導・支援や、教育と訓練の機会を調べられることなど）、スキル（基礎的なスキル、学習を続けて一定期間集中し、学習の目的・目標を批判的に省みる能力、異質な他者からなる集団から利を得たり、自分の学習を共有したりすることなど）、態度（生涯にわたって学習を行い続けていく動機と自信、問題解決の態度、多様な生活の文脈で学習したり学習を応用したりする機会を探し求める好奇心など）が述べられる。

知識、スキル、態度が区分されて説明されているが、これらは決して別個の要素として確認・育成されるのではなく、つねに文脈に応じて組み合わさって働くものと捉えられる。逆に言えば、これらは一体として育成していくことが求められているといえる。なお、「学ぶことの学習」は、定義からも読み取れるように、伝統的な学校の教科の枠組みに対応するものではなく、すべての教科に通底する学びの目的に関わるコンピテンシーといえる。人が自発的に学び続けるために不可欠であり、生涯学習の土台として注目されている。

（3）比較から見えるEUのキー・コンピテンシーの特徴

①実践的枠組み

DeSeCoのキー・コンピテンシーに比べて、EUのそれは各項目の関連や構造が見えにくく、学校教育で多かれ少なかれ扱われてきた重要な要素を列記したように見える。この特徴は、DeSeCoが理論的基盤を提供することを目的としていたのに対して、EUのキー・コンピテンシーが明確に教育改革の推進力となることを想定して提示されたことを物語っている。たとえば、①～③のコンピテンシーは多くの国の教育課程にすでにそのまま含まれている。残り5つのコンピテンシーについては、昨今その重要性が認識されてきたものである。

実際に，8つのコンピテンシーは前者3つと後者5つに区分され，伝統的なカリキュラムに位置づいてこなかった後者5つのコンピテンシーの扱いが，多くの国において学校教育の課題になっている。すなわち，一つ一つのコンピテンシーが学校のカリキュラム改革を意識しながら設定されているといえる。

②社会統合の意識

EUでのキー・コンピテンシー策定に先だって行われていたDeSeCoには，スイスをはじめヨーロッパ各国が積極的に参加していた。そこでの議論をふまえて，EUの議論では，次の2点にとくに注意が払われた[6]。

第1は，社会統合である。DeSeCoのキー・コンピテンシーは職業・雇用・経済的側面に偏っているという指摘があった。EUでは経済成長や低失業率の維持とともに，社会統合を強調する。これは，多様な文化を大切にし相互に認め合う「文化的な認識と表現」のコンピテンシーや，社会的活動や政治への参加を含む「社会的・市民的コンピテンシー」が，すべての人に必要なコンピテンシーとして示されたことに端的に表れている。またたとえば，難民や移民として国を渡る人々にも，母語や外国語でコミュニケーションするコンピテンシーを保障しようという態度の表明でもある。

第2には，コンピテンシーの有無によって人を分類しないことである。キー・コンピテンシー策定の議論の中で，それらのコンピテンシーを身につけているかどうかが，社会の分断，収入格差，社会排除につながる可能性が危惧されていた。キー・コンピテンシーは，一部の卓越性や人材の選抜を意図するものではなく，あくまでも，学校教育においてすべての人に保障すべきコンピテンシーとして位置づけられているのである。

2　EUによるキー・コンピテンシー策定の背景

以上のようなEUのキー・コンピテンシーがもつ特徴を理解するためには，その背景にあるEUの教育政策の動向を見ておく必要がある。

現在28か国が加盟するEUは，長らく領土と境界線をめぐる紛争を繰り返してきたヨーロッパ諸国が，平和をめざして経済・法・政治分野を中心に連携を進め，拡大してきた地域連合体である。国ごとの文化や歴史の違いに配慮し

て，その政策は，各国の行動のみでは目的を十分に達成できず，EUとして行動した方がよりよく目標が達成できる場合にのみEUの権限を行使する「補完性の原理」を原則としている。教育分野でもこの原理に基づいて，各国の学校制度や教育内容には大きな違いがみられる。

教育分野の事業としては，1970年代に職業教育・高等教育の協力に関する議論が始まり，1992年のマーストリヒト条約で普通教育も含めて実質的に動き出し，留学など人的交流の促進を中心とした各種の助成プログラムが発展してきた。それはヨーロッパ統合の深化・拡大に大きく貢献したといわれている[7]。

人的交流中心の教育政策のアプローチが変化したのは，2000年の欧州理事会で採択された「リスボン戦略」だった。リスボン戦略は，教育を含む，経済・社会全般に関わる長期的で広範な改革戦略である。EUを「世界で最も経済的競争力の高いダイナミックな知識基盤型経済」にすることをめざし，生涯学習の普及によって人材開発と就労支援への投資を拡充する方針が打ち出された。そのために，知識基盤社会での競争力強化，雇用拡大と教育の質保証・向上，知識基盤型社会への適応力（ICT，外国語運用力，移動能力など）育成，社会の結束性，環境保護の推進を求める具体的な改革プログラムがつくられ，2010年までに達成をめざす数値目標が列挙された。

教育分野の主要指標は次の5項目だった[8]。

①18～24歳の学校早期中退者の割合を，EU平均，同世代人口の10%以下にする。

②15歳生徒の読解リテラシー調査（PISA）における低習熟度生徒の比率を2000年と比べて20%低下させる。

③22歳人口の85%が少なくとも後期中等教育（ISCED3）を修了する。

④数学・科学・技術分野の大学院生の総数を現在よりも最低15%増加する。同時に，女子の割合を高め，ジェンダー格差を縮小する。

⑤生産年齢人口（25～64歳）の生涯学習への参加率を12.5%以上にする。

中退減少や低習熟度生徒の底上げなど，社会的疎外を回避し社会統合を強調する意図がうかがえる。生涯学習の推進も挙げられており，キー・コンピテンシーが共通の方向性をもつものであることがわかる。

これらの目標実現のために，各国は独自の政策を実施する。定期的に情報交換をして先進的な事例に学び合い，グッドプラクティスを普及させる，裁量的政策調整（Open Method of Coordination: OMC）と呼ばれる手法を通して，EU共通の目的に向けて各国の教育政策の方向づけが行われる。さらに途中経過については，ベンチマークごとに最良国のデータおよび各国の人口規模を考慮したEUの加重平均値が示される。数値目標の達成度合いが単純に各国比較でき，法的な拘束力はないものの影響は強い。

　キー・コンピテンシー策定のワーキング・グループは，このリスボン戦略が開始された翌2001年につくられた。つまりそれは，リスボン戦略の方向性に沿う教育改革を推進する取り組みの一環だった。2005年のリスボン戦略中間報告を受けた，2006年の欧州理事会において，前項に挙げた8つの「生涯学習のためのキー・コンピテンシー」が勧告された。

3　キー・コンピテンシーの育成をめざす教育評価改革

（1）国家戦略への位置づけ

　EUのキー・コンピテンシーは各国に具体的な改革を指示してはおらず，法的な強制力ももたない。あくまでも，これを参照して各国が独自の教育政策を実施することが前提とされている。ただしEUとしては，キー・コンピテンシーの積極的な育成をめざし，そのために教育課程，教育評価，教育方法のすべてにわたる具体的な変革が必要であり，それらを実施する教師教育の改革が必要であるというスタンスで，前述したOMCによって各国の改革状況の比較と先進的な取り組み事例の積極的な紹介を行って各国の改革を推進している。

　欧州教育情報ネットワーク（Eurydice）によれば，2012年に，ヨーロッパのすべての国でいずれかのコンピテンシーが国レベルの戦略に位置づけられており，ほぼすべての国で3つ以上のコンピテンシーが位置づけられている[9]。とくにデジタル・コンピテンシーを国レベルの戦略に含む国が多い。また，母語（読解）や科学などについては，戦略として位置づいてはいなくても，大規模な推進事業が進められている国が多い。

　より具体的に見ると，各国の取り組みは，カリキュラム，教授法，教育評価，

そして教師教育と多岐にわたっている。以下では、評価を中心にその動向を見ておきたい。ヨーロッパでは、評価方法が学習の内容と方法に深く関わる、つまり、評価がカリキュラムや教授法と結びついているという共通合意があった[10]。そのため、キー・コンピテンシーに関しても、各コンピテンシー、とくに、既存の教科内で行われてこなかった、教科横断的といえる後半5つのコンピテンシーの評価が大きな課題になった。それらを、どのように、いつ、誰が評価するのかという問題である。

(2) ナショナル・テスト

現在ヨーロッパではほとんどの国でナショナル・テストが行われているが、実施科目は多くの場合、母語と数学、多くても外国語である。しかしキー・コンピテンシーの策定を受けて、それに沿ったテスト開発が進んでいる[11]。たとえば、「社会的・市民的コンピテンシー」のテストは、2008年には4か国でしか行われていなかったが、2012年には11か国に増加した。またたとえばポーランドでは、基礎教育修了時に、さまざまな情報源を活用する能力など教科横断的なスキルを評価するテストを行っている。

とはいえ、「学ぶことの学習」「イニシアチブと起業家精神」「文化的な認識と表現」といったコンピテンシーについてナショナル・テストを行っている国はない。これは、大規模な標準テストの限界と捉えることもできるが、ヨーロッパではむしろ、今後開発が進められる領域と捉えられている。テストのための教育は批判されてはいるものの、一方で、それに向けて授業を行うにふさわしいテストを開発する必要性も強調されつつある。つまり、キー・コンピテンシーを重視するからこそ、それを評価するためのテストを開発しようという姿勢がみられるのである[12]。

(3) 教科横断的なコンピテンシーの評価

教科横断的なコンピテンシーや関連能力の評価については、キー・コンピテンシーとして注目される以前から積極的に評価の開発が行われていた。たとえばデジタル・コンピテンシーに関しては、1994年に設置された未来技術研究所 (Institute of Prospective Technological Studies: IPTS) が、ICT、デジタルな

文化，創造性，イノベーションのコンピテンシー評価の研究を行ってきた。また，2005年に設置された生涯学習研究センター (Centre for Research on Education and Lifelong Learning: CRELL) は，市民的コンピテンシー，学ぶことの学習，創造性などに関する評価指標を開発してきた。

キー・コンピテンシーは，こうした研究の基盤の上に策定された。研究の成果を各国に発信し，それをふまえて取り組まれた各国の事例を積み上げ交流することで，各コンピテンシーの評価開発が進められている。現在では実際に，ICTの発展を土台にして，リアルな現実世界の文脈をもち，さまざまなコンピテンシーを複合的に用い，多様な解決方法があるような課題をもつテストが，現実になりつつある。

（4）教科が並置されるカリキュラムとの関連づけ

これら5つの教科横断的なコンピテンシーの評価に関して，各国のアプローチは4つに整理される[13]。

第1は，教科ベースでカリキュラムは編成されているが，それとは別に，教科横断的なコンピテンシーが重要な位置づけを与えられ，評価されるアプローチである。たとえばフランスでは，カリキュラムは教科ごとに編成されているが，義務教育段階で重視する7つのコンピテンシーが設定され，評価されている（第2章第3節参照）。この7つのコンピテンシーの大部分はEUのキー・コンピテンシーと重複する。

第2には，カリキュラムは教科ベースで編成され，その教科内あるいは複数の教科にまたがる目標やテーマとして，コンピテンシーを評価するアプローチである。たとえばフィンランドでは，教科内および教科横断的なテーマの両方に，知識，スキル，態度が埋め込まれている。テーマとしてはたとえば，人としての成長，文化的アイデンティティとインターナショナリズム，メディアとコミュニケーション，参加的シティズンシップと起業家精神，環境に対する責任，よい生活と持続可能な未来，安全性と輸送といったものが含まれる。今までのところ，これらのテーマには評価はなかったが，評価の導入は検討されているという。

第3のアプローチは，横断的なテーマよりも教科の枠を重視しながら，教科

内においては，知識にとどまらずスキルや態度を含んだコンピテンシーを評価する国々である。そして第4には，既存の教科を維持し，コンピテンシーよりもそれぞれの教科内容の知識が重視され，評価されている国々である。

この整理を行ったゴードン(Gordon, Jean)は，知識を重視する第4のアプローチで育成される能力よりも，第3や第2，そして第1のアプローチが最も広くて包括的に能力を育成することになると述べる。そしてこの分析が行われてから数年の内に，第4や第3のアプローチをとる国々が，第1や第2のアプローチへ移行しようとしていることが指摘された[14]。明らかに，教科横断的なコンピテンシーへの注目度が高まっているのである。

4　おわりに

DeSeCoとEUのキー・コンピテンシーを比較すると，内容の違いもさることながら，その策定された文脈や利用される方法の違いが際立った。

EUのキー・コンピテンシーは，OECDのPISAなどのように影響力のある学力調査と結びついてはおらず，法的な強制力を伴うものでもなかった。ただし，リスボン戦略による改革推進の一環として，改革の進捗状況が国別比較によって明示され，取り組み事例を学び合うことでヨーロッパ諸国は相互に強く影響を受けていた。キー・コンピテンシーは，EUがめざす「多様性の中の統一」をベースに，国際競争力の強化のために生涯学習を推進するツールとして提案されていた。そこでは，個人の能力モデルよりもむしろ，それを通して構築したい新しい社会像が明瞭に提示されていたといえよう。その社会像は，現在のヨーロッパという時代と地域の限定の下でつくられた，きわめて具体的なものだった。数値目標の達成に向けて各国は相互に比較しながら努力するとはいえ，それは一部の人々の卓越性を求める競争であるよりは底上げと全体の水準の向上をめざすような目標であった。そしてこうした目標設定や方向性は，すでに現実に進められつつあるカリキュラムや評価に関する研究成果の蓄積の上に，その成果の活用やさらなる発展を見込んだものであった。

このように2つの「キー・コンピテンシー」を並べてみると，国を越えて影響を与えるプロジェクトについては，内容に加えて目的や方向性，めざす社会

像，念頭においている地域や時代の検討が必要であることが強調される。日本ではPISAの結果によって大きなインパクトをもって受けとめられたDeSeCoのキー・コンピテンシーであるが，その能力を育成することでどのような社会を構築しようとするのかをもう一度冷静に考える必要があるだろう。

1) 平塚眞樹「能力観の転換と自立像をめぐる変容」『唯物論研究年誌』第12号，2007年。澤野由紀子「欧州連合(EU)世界でもっとも競争力のある知識社会をめざして」佐藤学・澤野由紀子・北村友人編『未来への学力と日本の教育10 揺れる世界の学力マップ』明石書店，2009年。小柳和喜雄「ヨーロッパ・キー・コンピテンシーの評価方法に関する調査報告」『奈良教育大学 教育実践開発研究センター研究紀要』第23号, 2014年。
2) 立田慶裕「生涯学習のためのキー・コンピテンシー――理論的枠組みから実践的展開へ」『生涯学習・社会教育研究ジャーナル』第1号，2007年。
3) 松下佳代「〈新しい能力〉概念と教育――その背景と系譜」松下佳代編著『〈新しい能力〉は教育を変えるか――学力・リテラシー・コンピテンシー』ミネルヴァ書房，2010年，20頁。原著はRychen, D. S. & Salganik, L. H.（eds.）, *Key Competencies: For a successful life and a well-functioning society,* Hogrefe & Huber, 2003, p. 43.
4) European Commission, *Key Competences for lifelong learning: European Reference framework,* Luxemburg: Office for Official Publications of the European Communities, 2007, p. 3.
5) Gábor, H. & Alain, M., "Key Competences in Europe: interpretation, policy formulation and implementation," *European Journal of Education,* 46（3），2011, p. 291.
6) Eurydice, *Key competencies: A developing concept in general compulsory education,* Brussels: Eurydice, 2002, p. 11.
7) EUの教育政策については，澤野，前掲論文。杉谷眞佐子「教育政策」『EU情報事典』大修館書店，2009年，303-313頁参照。
8) 澤野，前掲論文。中山あおい「シティズンシップ教育をめぐるヨーロッパの動向――リスボン戦略とEUの取り組みについて」『大阪教育大学紀要（第Ⅳ部門）』第58巻第2号，2010年。SEC, *Communication from commission: A coherent framework of indicators and benchmarks for monitoring progress towards the Lisbon objectives in education and training,* 2008, p. 9.
9) European Commission/EACEA/Eurydice, *Developing Key Competences at School in Europe: Challenges and Opportunities for Policy,* Eurydice Report. Luxembourg: Pulications Office of the European Union, 2012. 国レベルの戦略については小柳，前掲論文に詳しい。
10) Eurydice, *op. cit.*, p. 19.
11) European Commission/EACEA/Eurydice, *op. cit.*, p. 29.
12) Pepper, D., *KeyCoNet 2013 Literature Review: Assessment for key competences,* 2013, p. 11.
13) Gordon, J., Halasz, G., Krawczyk, M., Leney, T., Michel, A., Pepper, D., Putkiewicz, E. & Wisniewski, J., *Key Competences in Europe: Opening doors for lifelong learners*

across the school curriculum and teacher education., Warsaw: Center for Social and Economic Research, 2009, pp. 124-131.
14) Pepper, D., "Assessing Key Competences across the Curriculum: and Europe," *European Journal of Education,* 46 (3) , 2011, p. 350.

第3節
フランスの中等教育における
コンピテンシーと教養の相克

細尾萌子

0　はじめに

　日本では，2016（平成28）年度予定の学習指導要領改訂について，コンピテンシーに基づく教育改革の世界的潮流をふまえた検討が行われている[1]。フランスでも，コンピテンシー（compétence）に基づいた教育が，義務教育全体で推進されている。その一番の契機は，2005年の教育基本法において，義務教育段階で生徒全員に保障すべき「知識とコンピテンシーの共通基礎（socle commun de connaissances et de compétences）」（以下，共通基礎）が規定されたことにある。これは，政府が初めて定めた義務教育における基礎学力の定義である。
　そして2006年7月11日の政令で，共通基礎の具体的な内容が制定された。共通基礎は，次の7つのコンピテンシーで組織されている。①フランス語の習得，②1つ以上の現代外国語の実用，③数学の基本原理および科学的技術的教養，④情報通信に関する日常的な技術の習得，⑤人文的教養，⑥社会的公民的コンピテンシー，⑦自律性および自発性。各コンピテンシーは，「知識」と，知識を活用する「能力（capacité）」，「態度」の組み合わせとして構想されている。
　フランスの学校は，5年制の小学校（6歳で就学），4年制のコレージュ（中学校），3年制のリセ（高等学校）という構成である。義務教育は6〜16歳の10年間であるが，小学校から落第があるため，義務教育はコレージュまでを意味することも多い。16歳まで1度も落第しなかった生徒は62％にすぎない[2]。
　近年，共通基礎のコンピテンシーに基づく制度が，小学校とコレージュで構築された。共通基礎の習得度が評価され，未習得者には補充学習が与えられる。
　まず，1989年創設の全国学力テストは診断的評価として実施されていたものの，2009年からは，共通基礎の習得状況を確認する総括的評価として行わ

れるようになった。フランス語と数学のテストが，小学校1・2年生と3〜5年生という各学習期の最終学年である小学校2年生と5年生で実施されている。

2010年度からは，共通基礎の習得状況を記録・認証する「コンピテンシー個人簿（livret personnel de compétences: LPC）」が，小学校とコレージュで導入されてきた（年度は9月始まり）。共通基礎は多くの領域・項目に細分化されている（コレージュでは26の領域，97の項目）。LPCは，生徒一人ひとりについて，共通基礎の各項目の習得を担任教員が日常的に評価し，習得状況を記載する文書である。日本の指導要録を細かくしたものに近い[3]。

さらに，全国学力テストとLPCで特定された，共通基礎の習得が不十分な生徒には，「教育成功個別プログラム（programmes personnalisés de réussite éducative: PPRE）」が提供されている。PPREは，未習得の共通基礎を対象とした，少人数グループでの短期間の学習支援である。

共通基礎制定を契機とするコンピテンシーに基づく教育制度は，教養を伝達することで市民を育成するというフランスの中等教育の伝統を揺るがしているのだろうか。本稿では，フランスの中等教育におけるコンピテンシーと教養の相克を通して，コンピテンシーに基づく教育の意義と課題を指摘したい。

1　コンピテンシー概念の内実

(1) コンピテンシーの定義

コンピテンシーというと日本ではOECDのキー・コンピテンシーを思い浮かべるが，コンピテンシー（compétence）というフランス語はもっと以前から使われてきた。コンピテンシーは，16世紀末から①（裁判所などの）権限・管轄という意味で使われ始め，17世紀末には②（専門的）能力，20世紀には③専門家という意味が加わった[4]。

1960年代以降，コンピテンシーという語は，知識や能力，態度を活用して特定の状況で行動する力という意味でも使われるようになった。この概念は，企業の経営分野で80年代から広く使われ始め，90年代には普通教育にも普及した[5]。

なぜこのコンピテンシーの新しい意味が広がったのだろうか。ドイツと異な

り，PISAが直接の要因ではない。フランスでは，次の2つが要因であった。1つめの要因は，学校が社会の変化に対応する必要性である。フランスの学校は，革命の精神である平等を実現すべく，知識を国民に広く伝達することを重視してきた。しかし，国際競争が激しくなる1980年代になると，産業界が，コンピテンシーを育成して人的資源を生み出すことをも学校に期待するようになった。2つめの要因は，EUのキー・コンピテンシーの影響である。EUは加盟国に対し，キー・コンピテンシーを誰もが育めるように教育制度を調整するように勧告したのである[6]。

フランス語圏のコンピテンシーの定義としては，教育学者のメイリュー（Meirieu, Philippe）と，経営学者のル・ボテフ（Le Boterf, Guy），カリキュラム論者のペルヌー（Perrenoud, Philippe）のものが代表的である[7]。ル・ボテフとペルヌーの研究は，OECDのコンピテンシー概念の基盤ともなった[8]。

なお，英語と違ってフランス語では，総称的・理論的な概念であっても，個別・具体的な概念であっても，compétenceという同じ語が用いられる。そのため，意味によって「コンピテンス」「コンピテンシー」と訳し分けられない。また，近年のフランスのcompétence論は，キー・コンピテンシーと邦訳されることの多いOECDやEUのkey competency/key competenceの影響を受けている。そのため本稿では，OECD・EU・フランスのコンピテンシー概念の類似性に注目する観点から，compétenceを「コンピテンシー」と訳す。

(2) 中等教育の伝統的な教養・エスプリ

フランスの中等教育には，教養（culture）やエスプリ（esprit）の陶冶を重視する伝統がある。教養とは断片的な知識の集積ではなく，体系的な学習で会得される知識の構造である。それゆえ教養は，物事を判断し，行動するよりどころになる。この教養を身につけることで，精神・知性としてのエスプリが陶冶されていくというのが伝統的な学力観であった。1808年創設の大学入学資格試験であるバカロレア試験に代表されるように，組織だった知識を活用して思考を表現する論述試験や口述試験が評価方法の中心であるのは，その表れである[9]。

ところが，教養やエスプリを育む場である中等教育では，教科内容（知識）

の伝達が重視されてきた。社会学者のデュルケーム (Durkheim, Emile) は，1938年に，教科内容はエスプリを形成するための手段にすぎないものの，教科内容の伝達を目的視する中等教員が多いと論じている[10]。

　知識を活用して問題解決する基盤としての教養やエスプリを育むために，なぜ中等教育では知識を活用して組織化する学習ではなく，知識の伝達が行われるのだろうか。知識を教授するだけでは，生徒の頭の中で知識が互いに結びついたり，知性として人格化したりすることは期待できないのではないだろうか。

　ピカルディー大学行政学・政治学研究センターの教育社会学者のクレマン (Clément, Pierre) は，次のように説明する[11]。論述の導入部の作り方といった知識の活用方法は小学校で学ぶものであり，社会の指導者層を育てる場である中等教育でそれを教えると，教育の品位が下がり，「小学校化」してしまう。それゆえ，知識の活用法が中等教育で指導されることはあまりないが，評価は知識の活用を求めるものであるため，それを家庭で学べない社会階層の生徒の多くが学業に失敗する。こうして，読書や演劇などに関する家庭の文化的慣習や性向の差から，階層間の格差が生まれている。

　そこでブルデュー (Bourdieu, Pierre) とパスロン (Passeron, Jean-Claude) は，教育の民主化を達成すべく，「合理的教育学 (pédagogie rationnelle)」を提示した。合理的教育学は，従来家庭での形成にゆだねられてきた知識を活用して思考・表現する力を，学習可能な技能として体系化し，どの社会階層の生徒にも学校で教授することを謳う教育論である[12]。ところが合理的教育学は広まらず，中等教員は教科内容の伝達に固執したままだとクレマンは述べる。

(3) 教養・エスプリとコンピテンシーの違い

　さらに，教養・エスプリとコンピテンシーの違いについて，クレマンは次のように説明する[13]。コンピテンシーを知識などの個別的な要素に細分化し，それを一つ一つ身につけていくことで，最終的にコンピテンシーが身につくという能力の分割・総合の考え方は，教養やエスプリを育む伝統的な教育にはないという。

　また，パリ西ナンテール大学の社会学者のラヴァル (Laval, Christian) は，次のように説明する[14]。中等教育では伝統的に，特定の職業への準備教育を行う

のではなく，一貫した知の体系に基づいて教養を伝授し，教養によって自己実現する市民を育成することがめざされてきた。一方，コンピテンシーは具体的な問題を解決する力である。社会・経済生活のさまざまな問題一つ一つが特定のコンピテンシーに対応している。それゆえ，コンピテンシーは問題ごとにリスト化され，無制限に細分化して述べられる。生活の要請に応じてコンピテンシーをバラバラに身につけるのがコンピテンシーに基づいた教育であり，知の断片化を伴うという。

　このラヴァルの説明は，次のように解釈できる。伝統的な中等教育は，三原色と黒・白の絵具を与えて描画の原則を教え，後はその5色の絵具を使って各自が描きたいものを描かせるものといえよう。教養を体系だって学んだら，以後はその教養を組み替えて人生のさまざまな課題に対応できるはず，という考え方に基づいた教育である。対して，コンピテンシーに基づいた教育では，人生で起こり得る無限の課題ごとの対応力を育成する。子どもが将来描きたいであろう物の数ごとの無数の色の絵具を与え，物ごとの描き方を教えるといった教育がめざされているのだ。

　以上のように，古典的な中等教育は，各教科の知識を系統立てて教授し，教養を体得させることを重視してきた。生徒は，知識を活用して表現する能力を主に家庭で養うことで，教養，さらにはそれが人格化したエスプリを駆使し，人生において臨機応変に自己実現できる市民になると考えられてきたからである。他方，コンピテンシーに基づいた教育は，人生で想定される無数の課題ごとのコンピテンシーをリスト化し，各コンピテンシーを構成するさまざまな教科領域の知識や能力，態度を一つ一つ獲得させ，それらを当該の課題に向けて総合する力を高めることで，労働者を育成しようとするものである。ゆえに，特定の状況の具体的な課題を解決するためにさまざまな教科領域の知識を総合するという通教科的な力を身につけることが教育の中心となる。

　教養やエスプリを発揮する際に必要となる知識を活用して表現する能力は，これまで家庭での形成にゆだねられてきた。コンピテンシーの論理は，この能力を学校で明示的に伝達しようとするものであり，社会的不平等の縮小につながる契機をもつと評価できる。

　また，エスプリは知識を活用する状況に縛りがなく汎用性に富んでいるのに

対して，コンピテンシーは学習した特定の状況でしか知識を活用できない力であるという違いもある。コンピテンシーに基づいた教育は，教科の知識の伝達に偏向した従来の教育を乗り越えるべく，知識の活用力の育成を掲げているが，原理原則の習得抜きにパッケージ化された活用問題の解き方だけ学んでも，臨機応変に活用する力は身につかないという自己矛盾に陥っている。

ただし，理論レベルでは，コンピテンシーの転移可能性を一部認める論者もいる。たとえば，先述したペルヌーは，どんな状況にも適用できるコンピテンシーは存在しないが，学習した状況と似た状況にはコンピテンシーは転移すると説明している[15]。LPCなどの制度や実践に具体化される過程で，コンピテンシーは，学習した状況にしか活用できない力に矮小化されてしまったのである。

（4）フランスとEU，OECDのコンピテンシーの共通点と相違点

このようなフランスのコンピテンシーの捉え方は，EUやOECDのコンピテンシー概念と似通っている。2006年の政令に，共通基礎は，欧州議会と欧州連合理事会の2006年の勧告「生涯学習のためのキー・コンピテンシーに関する欧州参照枠組み」とOECDのPISAを参考に作成されたと述べられている[16]。EUのコンピテンシーは，「状況にうまく適応するために，知識やスキル（aptitude），態度を組み合わせる」力を意味している[17]。OECDのコンピテンシーは，特定の文脈における複雑な要求にうまく対応するために，知識やスキル，態度，価値観などを統合する能力とされ，あるコンピテンシーは特定の文脈でしか発揮されないと定義されている。キー・コンピテンシーはすべての個人にとって幅広い文脈で有用な一般性をもつ能力であるが，コンピテンシーは文脈依存的な能力なのである[18]。

以上から，フランスとEU，OECDのコンピテンシーの共通点として，次の3つが指摘できる。①認知的側面だけでなく情意など非認知的側面にも及ぶこと，②課題解決に必要な個人の内的属性を選択し，組み合わせるという総合力であること，③特定の状況で行使される文脈依存的な概念であること，である。

だが，コンピテンシーを獲得するアプローチは異なっている。松下佳代によると，OECDの発想では，コンピテンシーの素材となる内的属性の個々が直接評価されることはない。また，生活の複雑な要求に直面する反省的実践を行わ

せる中で，自己の内的属性を結集して特定の要求に応答する力を全体として高めるという，統合的アプローチが提案されている[19]。他方，フランスでは，ラヴァルが指摘しているように，要素主義的なアプローチがとられている。共通基礎を100ほどの項目に分割して評価するLPCに象徴されているように，コンピテンシーを多数の知識や能力，態度に細分化し，一つ一つ獲得させることで，それらが統合されてコンピテンシーが身につくと考えられている。

2 「知識とコンピテンシーの共通基礎」に対する教員の反応

(1) 反対派教員の意見

上述したコンピテンシーの発想に基づく共通基礎に対して，中等教員組合の「全国中等教員組合（SNES）」（国内最大の中等教員組合）や「全国リセ・コレージュ教員組合（SNALC）」が強く反対した。彼らは，伝達する教科の知識が減少して「文化的貧弱化」が起こり，中等教育のレベルが下がると批判した。

政府の諮問機関である教育高等審議会が，批判の背景を3つ指摘している。

1つめは，中等教員は教科の専門家を自認しており，教科内容の伝達に執着していることである[20]。

2つめは，共通基礎の改革が，小学校の読み・書き・計算・推論といった基礎基本への回帰と混同されていることである。共通基礎は外国語や科学的技術的教養など7つのコンピテンシーで構成されているが，フランス語と数学のコンピテンシーだけに矮小化して理解される場合が多い。そのため，基礎基本の学習を重視するあまり，上位層の生徒の学力向上が疎かになると懸念されている。

3つめは，共通基礎がしばしばLPCと同一視されていることである。LPCを厳密に遂行すべく，共通基礎を分割した非常に細かい項目ごとに学習し，評価することで，知識の細分化，つまり断片的な知識を身につける機械的な学習になってしまうと危惧されている[21]。

1つめの教科への執着は，教員の養成方法や地位によって生み出されたと考えられる。教員志望者には，学士課程で教科の専門性を高めることが期待され

ている。2006年の調査によると，中等教員の8割は担当教科の学位を取得している。教員養成課程が始まるのは大学院レベルからであるが，そこでも教科の学習が重視されている[22]。その上，中等教育機関には，生徒指導や保護者対応を行う「生徒指導専門員（CPE）」が配置されており，教員の仕事は担当教科の知識の伝達に特化されている。さまざまな教科の知識を統合する通教科的なコンピテンシーの育成を強化することで，教科内容の伝達が弱くなると懸念されたのであろう。

2つめの背景について，国民教育省は，共通基礎の基礎（socle）という意味合いをふまえ，初歩的な基礎基本として共通基礎を周知した。その上，共通基礎の改革は，多くの教師に，LPCや全国学力テスト（フランス語と数学），PPRE（フランス語と数学，外国語・地域語）の実施として受け止められた[23]。この過程において，「共通基礎＝基本教科であるフランス語と数学の基礎基本」と誤解され，共通基礎を重視すると教育のレベルが下がると捉えられたのであろう。

3つめの背景は，前述のラヴァルの批判と重なる。2012年の中央視学官報告書によると，LPCに対してコレージュでは，評価項目が細かすぎて生徒の状況把握に使いにくい，評価の労働負担が重い，評価基準が曖昧で公正性を担保できないといった教員の不満が多く見られた[24]。そこで国民教育省通達により，2012年度からLPCは簡略化された。大きな学習困難を抱えていない生徒についてはコンピテンシーごとの評価でよく，領域・項目ごとの評価は不要となった[25]。それでも，LPC批判は根強い。SNESがパリを含むクレテイユ大学区で2012年10月に行った調査によると，教員の94％がLPC廃止に賛成であった[26]。

（2）賛成派教員の意見

このように共通基礎に反対する教員がいる一方，賛成する教員もいる。クレマンによると，それは，新教育運動団体と，保守的教育の信奉者，ニュー・パブリック・マネジメント（new public management: NPM）の信奉者である[27]。

まず，新教育運動団体（フレネ教育団体など）は，古典的な中等教育を，抽象的な教科内容を伝達して上位の生徒を伸ばすことを重視するエリート主義の教

育だと批判してきた。彼らは，子どもの表現活動や自発性，協同性を中心にすえた新教育で育んできた問題解決力と共通基礎は重なると考え，共通基礎をどの生徒にも獲得させることで，教育の民主化を達成できると期待した。複数の教科の知識を総合して生活・社会の具体的な問題を解決する力という，共通基礎のコンピテンシーの通教科的な特徴が支持されたといえよう。

次に，新教育反対の立場である保守主義者も，共通基礎の賛同者である。文学の中等教員組合の「文学を救え (Sauver les lettres)」や，数学の中等教員組合の「数学を救え (Sauver les maths)」といった保守主義者は，活動を通して学ぶ子ども中心主義の新教育は学力の低下を招くと批判し，知識伝達を重んじる伝統的な教育方法へと回帰する「基礎に戻れ (*back to basics*, 原文英語)」を主張した。そのような彼らが共通基礎を支持したのは，共通基礎は，彼らが重視する読み・書き・計算といった基礎基本の力を意味すると解釈したからである。

そして，初等・中等教員組合の「教員組合・独立組合全国連合 (SE-UNSA)」など，NPMの支持者は，学校を合理的に管理する手段として共通基礎を受け止めた。NPMは，経営資源の使用の裁量を広げる代わりに成果による統制を行うことで，経営の効率化を図る理論である。各機関が目標を定め，目標の達成度を評価し，その結果に応じた報酬を受ける[28]。共通基礎を生徒に習得させる方法は，学校や教師の自律性にゆだねられている。とはいえ，学校や教師は，全国学力テストやLPCによって学習成果の継続的な評価を受けるため，共通基礎を確実に習得させられる教育方法をとらざるを得ない。共通基礎は，評価によって教師や学校に圧力を与え，学習成果を向上させる梃子になると考えられた。

このように異なる理由で共通基礎が支持されたのは，共通基礎の概念が曖昧であったことによるという。新教育運動者はコンピテンシーの通教科的な性質に目を向け，保守主義者は共通基礎における基礎重視の側面に着目し，NPM論者はコンピテンシーの経営的ツールという側面を重視したのである。クレマンもいうように，支持者たちは，共通基礎の中に自分たちの見たい概念を見取ったのであった。

結局，実施された共通基礎は，新教育の理念とは異なるものになった。共通基礎は，基礎学習を重視し，全国学力テストやLPCなど評価の圧力によって

効率向上を図る教育として体現された。保守主義者とNPM論者の勝利である。

3　おわりに

　フランスの共通基礎の改革は，学校では教科の知識の体系（教養）を伝達し，教養を活用して思考・表現する力を高めることは家庭にゆだねるが，教養を活用するエスプリが学校では評価されるという，中等教育の伝統の打破を図るものであった。教師の意図的な教授活動によって子どもが学び得た力（学力）だけではなく，学校の明示的な働きかけ以外の影響も含む生活全体の中で子どもが学び得た力（実力）を評価する従来の教養教育は，階層の再生産につながりかねないものであったからである[29]。そこで，社会で求められる知識の活用力（コンピテンシー）を，学校で習得させ，評価することがめざされた。コンピテンシーを教授可能な単位にまで細分化し，どの生徒にも学校で獲得させるという改革の方向性には，教育の民主化につながり得る意義があったと評価できる。

　しかしながら，新教育の立場の教員が期待していた，この民主化の可能性は，現在のところ成就していない。共通基礎の改革は，どの生徒にも学力を保障する教育の民主化には直結せず，基礎基本の学習と評価による学校経営の効率化を重視し，有能な労働者を育成する教育に落ち着いた。共通基礎に対して，保守主義的・新自由主義的政策の観点から都合のよい解釈がなされたためである。

　そして，コンピテンシーに基づく教育については，活用力育成を謳っているにもかかわらず，さまざまな状況で知識を活用する力は身につかないという課題を指摘できる。コンピテンシーの要素となる知識などを一つ一つ習得させて個別に評価するという要素主義的な学習アプローチにより，教養教育で重視されてきた学習の体系性が失われつつある。どんな状況にも適用し得る原理原則を系統だって学ぶことなしに，特定の状況に対応するための知識やその活用法を断片的に学んだとしても，まったく未知の状況の課題には太刀打ちできないのである。

　この要素主義的なアプローチがとられた一因は，共通基礎の改革の代名詞となった評価簿のLPCが，コンピテンシーを要素化した非常に細かい項目を一つ一つ評価する「目標つぶし」であったことにあるだろう。そのために，教育

現場では，各項目の習得を評価すべく，項目ごとの機械的な学習が行われるようになった。要素主義的な評価方法が学習をアトム化しているのである。教育評価は本来，教育実践の成果を見取るために行われるものであるが，評価が教育実践を一方的に規定する，「評価の逆流現象」が起きている。

フランスについて注目すべき点は，こうしたコンピテンシー概念を体現した共通基礎やLPCに対して，実践の改善につながらないと中等教員が反対運動を起こし，制度を動かしていることである。2013年の新教育基本法で共通基礎は「知識・コンピテンシー・教養の共通基礎」に改められ，共通基礎の再定義が進められている。また，LPCの使用は事実上中断され，新しい評価方法への改訂が検討されている。これらの動きは教養教育への揺り戻しとも受け取れる。

フランスでは歴史的に文化・教養が国の根幹を成し，教養教育の伝統が守られてきた。ドイツのようなPISAショックは起きていない上，リテラシーという言葉もあまり用いられない。そのフランスでさえ，学校現場では，コンピテンシー育成と教養教育のせめぎ合いが起きている。そこからは，コンピテンシーに基づいた教育を日本で進める際に留意すべき点が学び取れるといえよう。

1）研究代表者：勝野頼彦『社会の変化に対応する資質や能力を育成する教育課程編成の基本原理（教育課程の編成に関する基礎的研究報告書5）』国立教育政策研究所，2013年，13頁参照。
2）Ministère de l'Éducation nationale, *Repères et références statistiques*, 2008, p. 140参照。
3）細尾萌子「フランスの新しい学力観——compétenceは技能や能力とどのように異なるか」『フランス教育学会紀要』第24号，2012年，29-38頁参照。
4）«Compétence» in Imbs, P. (dir.) ,*Trésor de la langue française : dictionnaire de la langue du XIXe et du XXe siècle (1789-1960)* , Éditions du Centre national de la recherche scientifique, 1971-1994, 16 vol., t. 5, p. 1169 参照。
5）Ropé, F. et Tanguy, L., *Savoirs et compétences. De l'usage de ces notions dans l'école et l'entreprise*, L'Harmattan, 1994, pp. 14-20 参照。
6）Guimard, P., *L'évaluation des compétences scolaires*, Presses Universitaires de Rennes, 2010, pp. 7-8, pp. 13-15, pp. 60-62 参照。
7）Inspection Générale de l'Éducation Nationale, *Les livrets de compétences. Nouveaux outils pour l'évaluation des acquis*, Ministère de l'Éducation nationale, juin 2007, p. 10 参照。
8）ドミニクS.ライチェン，ローラH.サルガニク編著（立田慶裕監訳）『キー・コンピテンシー——国際標準の学力をめざして』明石書店，2006年，67-115頁参照（原著2003

年)。

9) Piobetta, J.-B., *Le baccalauréat*, J.-B. Baillière et Fils, 1937, p. 67 参照。
10) E. デュルケーム(小関藤一郎訳)『フランス教育思想史』行路社, 1981 年, 27-28 頁参照(原著 1938 年)。
11) クレマン氏の自宅で行った, 筆者によるクレマン氏へのインタビュー(2013 年 9 月 3 日)。
12) ピエール・ブルデュー, ジャン=クロード・パスロン(石井洋二郎監訳)『遺産相続者たち——学生と文化』藤原書店, 1997 年, 133 頁参照(原著 1964 年)。
13) クレマン氏の自宅で行った, 筆者によるクレマン氏へのインタビュー(2013 年 9 月 3 日)。
14) パリ西ナンテール大学で行った, 筆者によるラヴァル氏へのインタビュー(2013 年 9 月 4 日)。
15) Perrenoud, P., *Construire des compétences dès l'école*, ESF, 1997, pp. 35-37 参照。
16) Décret du 11 juillet 2006, *B. O.*, No. 29, du 20 juillet 2006 参照。
17) «Recommandation du parlement européen et du conseil du 18 décembre 2006 sur les compétences clés pour l'éducation et la formation tout au long de la vie», *Journal Officiel de l'Union Européenne*, L394, du 30 décembre 2006 参照。
18) ライチェン, サルガニク, 前掲書, 65-75 頁, 86-89 頁参照。
19) 松下佳代「〈新しい能力〉概念と教育——その背景と系譜」松下佳代編著『〈新しい能力〉は教育を変えるか——学力・リテラシー・コンピテンシー』ミネルヴァ書房, 2010 年, 1-42 頁参照。
20) Haut Conseil de l'Éducation, *Le collège. Bilan des résultats de l'École*, 2010, p. 32 参照。
21) Haut Conseil de l'Éducation, *Mise en œuvre du socle commun. Bilan des résultats de l'École*, 2011, pp. 17-18 参照。Haut Conseil de l'Éducation, *Rapport 2012*, 2012, p. 3 参照。
22) 園山大祐「フランス」研究代表者:吉岡真佐樹『教師教育の質的向上策とその評価に関する国際比較研究』(平成 16 年度~平成 18 年度科学研究費補助金(基盤研究〈B〉)研究成果報告書) 2007 年, 111-112 頁参照。
23) Clément, P., *Réformer les programmes pour changer l'école? Une sociologie historique du champ du pouvoir scolaire*, Thèse présentée à l'Université de Picardie Jules Verne, 2013, p. 652 参照。
24) Inspection Générale de l'Éducation Nationale, *La mise en œuvre du livret personnel de compétences au collège*, No. 2012-094, août 2012 参照。
25) Note de service, No. 2012-154, *B. O.*, No. 35, du 27 septembre 2012 参照。
26) Mallaval, C., «École: un livret de compétences qui perd des cases», *Libération*, du 30 octobre 2012 参照。
27) Clément, *op. cit.*, pp. 649-650 参照。
28) Laval, C., Vergne, F., Clément, P. et Dreux, G., *La nouvelle école capitaliste*, La Découverte, 2011, pp. 28-30 参照。
29) 学力と実力に関する日本での学力論議に関しては, 中内敏夫『「教室」をひらく——新・教育原論(著作集Ⅰ)』藤原書店, 1998 年, 103-106 頁参照。

第4節
ドイツ語圏の教育改革における Bildung(ビルドゥング)とコンピテンシー

伊藤実歩子

0 はじめに

　PISAが各国の教育政策に大きな影響を与えるようになって15年が経過した。本稿では，PISAのインパクトが日本以上に強くあらわれ，かつこの間に急速に教育改革を行っている地域としてドイツ語圏（ドイツ・オーストリア・スイス）に着目し，その教育の変容について論じる。

　ドイツではPISA2000，オーストリアではPISA2003において，OECD平均を下回るという結果が，センセーショナルに社会問題化した[1]。この「PISAショック」は，たんにランキングの低さが引き起こしたのではなく，学校種間の学力格差や移民の子どもたちの低学力および教育機関の不平等など，ドイツ語圏が抱える社会問題あるいは教育制度の根本的な問題をあらわにするものでもあった。

　そこで学力向上政策として導入されたのが，コンピテンシー（Kompetenz）に基づいた「教育スタンダード（Bildungsstandard）」である。教育スタンダードの対象学年は，国によって異なるが，初等教育段階，前期中等教育のそれぞれ修了年度あるいは修了前年度にまず導入され，のちに後期中等教育にも追加された。対象教科は，導入当初はドイツ語（第1言語）・第1外国語（英語）・数学であったが，のちに自然科学分野がどの国においても追加されている。またこれに対応するように，PISA以降，全国規模の調査や州単位の学力テストが次々と導入され，統一的・競争的なテストの文化が急速に拡大した[2]。これらは，教育実践への半強制力をもつ形で展開されており，これまでのドイツ語圏では決して考えられなかった事態だといえる。

　このようにして，ドイツ語圏では，全国一律に教育の成果の基準を定め，そ

れをテストによって測定するという文化が急速に浸透した。教育の地方分権を最大の特徴としてきたドイツ語圏は，PISAによって「教育パラダイムの転換」を経験したのである[3]。このような教育の変化は，日本には見られなかったといっていいだろう。

　本稿の第1の目的は，ドイツ語圏の教育改革について，「教育パラダイムの転換」以降の動向を概観し，PISAがもたらした教育改革の功罪を明らかにすることである。PISAが開始された直後とその後一連の改革サイクルが定着した現在とでは，各国のPISAに対する反応も変容してきている。

　本稿の第2の目的は，このような教育改革が，長い歴史をもつドイツ語圏の教育学においてどのように受け止められているかを検討することである。とりわけ，ドイツ語圏の教育を貫く「Bildung(ビルドゥング)」という概念・態度・文化が，コンピテンシーという新たな概念に対してどのような反応を見せたのか，ということを明らかにしたい。ただし，周知のとおり，Bildungという概念は，訳語ひとつにしても多様であり，ここで論じるには筆者の手に余る。そこで，本稿では，コンピテンシーとの関係，教育スタンダードとの関係から，Bildungがどのように語られているかに限定して分析する[4]。

1　ドイツ語圏の教育の変容——2010年代

（1）PISA2009以降の明暗——ドイツ・オーストリアの事例

　本項では，ドイツ語圏の「教育パラダイムの転換」以降，すなわち教育スタンダードやスタンダードテストがある程度定着した2010年前後からの傾向を検討する。PISA2009からは，読解力・数学的リテラシー・科学的リテラシー（および問題解決能力）の重点項目の3年ごとの調査も，2巡目に入った。その結果，PISAの結果に対する分析に，PISA導入以降の教育改革そのものに対する評価という視点が強調されるようになってきた。このことは，ドイツとオーストリアの明暗を分けた結果に対する以下のような反応からも明らかになる。

　ドイツは過去2回の調査で，緩やかな回復傾向を見せている。PISA2009では，読解力がOECD平均まで回復し，PISA2012では，PISA2003から比較すると

数学的リテラシーが顕著な改善を示した。PISA2009 の結果に先立ってアメリカで作成された報告書でも，ドイツは，実施間もない改革の影響は限定的だとしながらも「ドイツの生徒は，その大半が改革の影響を受けるので，今後にわたって成績の押し上げが続くと予想される」という見通しが示され[5]，PISA2012 では実際におよそそのとおりになった。

　一方，相変わらず低調ぶりが目立つのがオーストリアである。PISA2009 では読解力・科学的リテラシーでOECD平均以下，数学的リテラシーは平均程度にとどまった結果に，新聞は「PISAの負け組オーストリア」と断じた。PISA2012 でもそれは変わらず，「PISAで2000年と同じ地点に着陸しただけ」，「これは停滞だ」[6] と，一向に改善されない教育の現状が批判された。加えて，この間に飛躍的に上昇しているスイスやポーランドなど，同じような教育制度をもつ国々もオーストリアにとっては脅威になってきている[7]。

　ドイツとオーストリアの学力向上政策は非常に似通っており，加えて教育文化も非常に似たものである。にもかかわらず，なぜ両国の明暗が分かれたのかは，少なくとも，教育スタンダード政策からは明らかではない。もっとも，ヴィガー（Wigger, Lothar）が指摘するように，「PISAのような調査はたしかに不平等の問題に光をあてるが，しかしその原因を明らかにすることはできず，不平等の再生産を生む制度的メカニズムを解明することもできない」[8]。つまり，PISAが測定するのは，その国の教育の成果の限定的なある部分なのである。そのような認識は徐々に生まれつつあるものの，依然PISAは各国の教育政策に強い影響力をもっている。その事例を次で検討する。

（2）PISAを中心とした教育改革サイクルの定着──スイスの事例

　スイスでは，教育制度やカリキュラムなどの領域を包括的に改革するプロジェクト「HarmoS」が進行中である。その目的は「（これまでバラバラだった）学校の目的を調和すること（Harmonisierung）」である。カリキュラムに関しては，「レーアプラン21（Lehrplan21）」というスタンダード型の統一ナショナルカリキュラム（Bildungsziele）が作成された。このスイスのナショナルカリキュラムとしての教育スタンダードは，各州（あるいはオーストリア）の学習指導要領が教育スタンダードとは別に存在するドイツ・オーストリアとは位置づけが

Grafik 1: Evaluation der Grundkompetenzen: Zeitplan, Klassenstufen und Fächer

この図は，ナショナルカリキュラム評価の年度および教科を，PISAの実施年（上部矢印）とクロスさせてあらわしたものである。カリキュラム評価の対象学年は，縦列にあるとおり第4，8，11学年である（なお，この学年カウントは「HarmoS」の改革の一環で義務教育が5歳から11年間に変更された新教育制度のものである。以前の制度では7歳から9年間であった）。2016年には第11学年（義務教育段階最終学年）で数学（Mathematik）を，2017年には第8学年（初等教育段階最終学年）で学校言語（Schulsprache, ドイツ語）と第一外国語（1. Fremdsprache）の評価が行われる。実施時期は，いずれも4月から5月である。2019年度以降は未定とされているが，継続的に調査される予定である（図内斜め矢印）。また，PISA調査が実施される年度には，カリキュラム評価の調査は行われない。

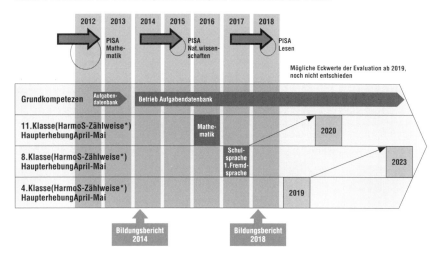

出典：EDK-Newsletter Juni 2013より抜粋（図の上部の矢印は筆者による）。

図 2-4-1　ナショナルカリキュラム評価の予定表

異なる。新しいカリキュラムは2011年秋から26の州・地域で開始され，2014年から2017年の間にスタンダードテストが行われる計画である（図2-4-1参照）[9]。

しかし，このナショナルカリキュラムには現在大きな問題が指摘されている。フォルクスシューレ（初等教育段階）修了時までに，400ものコンピテンシーが，子どもたちが必ず習得すべき「最低限のスタンダード」としてリストアップされたのである。当然これに対して多くの批判があり，検討された結果，コンピテンシーを20％程度削減し，その数を363にしたという[10]。いうまでもなく，

この程度の削減が，何に，どの程度効果的であるかは不明である。

　スイスの事例でもう1点指摘しておきたい。図2-4-1はナショナルカリキュラム評価の計画である。ここには，スタンダードテストの実施年とPISAの実施年（図の上部の矢印）がともに記されている。この意味するところは，PISAのサイクルを中心に（あるいは少なくとも意識して），教育改革が構想されているということである。2000年代前半に教育スタンダード改革を先行したドイツ・オーストリアではここまではっきりとPISAと教育スタンダードの関係性を明らかにはしてこなかった。このことは，松下佳代が，PISAの性質がこの間に変容し，教育への影響が強化されているという指摘に重なる[11]。

（3）オーストリアのPISA参加取りやめ騒動

　スイスの事例と同じころ，2014年春，PISA2015の参加をめぐって，オーストリアでひと波乱があった。PISAに参加する予定の子どもたちの情報が，教育研究機関BIFIE (Bildungsforschung, Innovation & Entwicklung des österreichschen Schulwesens) から流出したというのである。BIFIEは，PISAの実施・分析，各種学力調査，教育スタンダードやスタンダードテストの作成・調査，学校評価の実施・調査，最近では全国統一の中等教育修了資格試験（Matura）の作成・実施など，昨今の教育改革に関する業務すべてを担当する研究機関である。

　この事態を重く見た教育省大臣は，PISAを含む教育関係のテストの中止を宣言した。しかし，その直後前言を撤回し，PISAに限っては，2014年に予定されていた予備調査を2015年の本調査（同年10月）の前（同年4月，5月）に行うことで調整した。これにはOECDのシュライヒャー（Schleicher, Andreas）が，教育省大臣との直接交渉に乗り込んできた。一方，TIMSSに関してはPISAのような調整の労を取ることなく中止が決定された。PISAはTIMSSとは異なり，数学の知識だけではなく包括的なテストだからだと，教育省大臣のスポークスマンは語っている。つまり，PISAはオーストリアの教育にとって「重要なテスト」とみなされ，TIMSSはそうでもなかったというわけである[12]。

　これをきっかけに，2000年代には破竹の勢いでオーストリアの教育のすべてを先導してきたBIFIEは，一転，存亡の危機に瀕している。実際のところ，

PISA以降,教育予算増加に悩む教育省大臣は,この一件をBIFIEの規模縮小(あるいは廃止)の絶好のチャンスと捉えたかもしれない。

　ここから2つのことが明らかになる。まず,スイスのナショナルカリキュラム改革に見られる400ものコンピテンシーリスト,あるいは,オーストリアの情報漏えいに見るシステムのほころびに見られるように,PISAに翻弄させられる国の狂騒ぶり,つまりPISAおよびそれに影響された教育改革の影の部分が,15年経過して姿をあらわしつつあるということである。しかしながら,第2に,そのような状況下においても,PISAは依然世界の教育改革を牽引する強い影響力をもっている。この15年の間で,PISAが望ましいとする教育のあり方に各国の教育改革の方向性がよりいっそう集約されるようになったのである。

2　Bildungとコンピテンシー——改革に対する批判の系譜

(1)「教育と知識学会」の主張——Bildungの軽視・乱用・あいまい化

　しかし,一方で,このような改革に対する批判が散見されるようになったことが,PISAを中心とした教育改革のサイクルが定着した現在のもう一方の特徴である。そこで,この間に定まりつつある批判の系譜を整理してみたい。

　コンピテンシー重視や教育スタンダード策定へとシフトしていく教育改革を批判するためにドイツ語圏の教育学者たちが集まった「教育と知識学会」(Gesellschaft für Bildung und Wissen) が2010年に設立されている。2000年代に展開した教育改革に反対するグループの結成と,PISAを中心としたサイクルで行われる改革の定着が同時期なのは偶然ではない。PISAおよびそれによる教育改革の影響力が強化・進行する中で,この学会は立ち上げられた。

　彼らの批判は,PISA調査以降,教育がOECDの枠組みで,すなわち新自由主義的な市場経済の論理で管理・統制されようとしていて,結果,コンピテンシーで教育の成果が性急に求められ,ボローニャ・プロセスによって高等教育で学問の自由が奪われようとしていること,かつ教育研究が統計的な実証研究に偏向していることにある。このように彼らがエビデンスに基づく教育の進行

を批判する背景には，ドイツの教育の伝統であるBildungが軽視されているという根本的な主張がある。

①Bildungとは何か

では，Bildungとは何か。先述のとおり，Bildungの概念を定義することは，限られた紙幅で到底かなうものではないが，コンピテンシーとの対比でならば，いくらかそのイメージがつかめるかもしれない。そこで取り上げるのが，同学会で積極的に発言を続けているクラウツ（Krautz, Jochen）である。芸術教育を専門とする彼がスイスの新聞のインタビューに答えて，Bildungとコンピテンシーについて明快に説明している[13]。一般読者に向けて議論が単純化されすぎている懸念もあるが，ひとまず理解のためにここに概観しておきたい。

クラウツは，コンピテンシー重視の教育は，教科（専門）内容をおろそかにし，教科内容をたんなる訓練の対象に格下げしてしまうという。たとえば，読みのコンピテンシーが獲得されれば，内容はゲーテの『ファウスト』であっても，携帯電話の説明書であってもいいわけである。しかし，Bildung派にとっては，『ファウスト』でなければならない。それは，「Bildungされた人間は，教科（専門）内容に関する議論を探求し，内容を理解し，関係性を認識し，そして新しい世界を発見する。一言にすれば，自分で考える」必要があるからである。対して，「コンピテンシーでは，このような自分で考える力というのは育成されにくいばかりか，適応や訓練可能な技術がここでは重要にな」り，「昨今の学校の教室は，大部屋事務所の様相を呈し，自己組織化した学習で，ソーシャルコンピテンシーやチームワークを鍛えるばかりで」，そこには，Bildungなしのコンピテンシー重視の教育があるばかりだという[14]。つまり，クラウツはコンピテンシー重視の教育では，Bildungが失われてしまうというのである。

②Bildungの軽視・乱用・あいまい化

現在の教育改革に対する「教育と知識学会」の批判は，クラウツの論考に代表されるとみなしてよい。ただし，Bildungがどのような危機に瀕しているのかということについては，論者によって違いがある。

同学会の会長であるグルシュカ（Gruschka, Andreas）は，クラウツと同様にコンピテンシー重視の教育において教育内容や教育目的が問われず，効率性ばかりが求められるようになったという。グルシュカはとくに教育スタンダード

の問題を次のように指摘している。すなわち，ドイツの教育スタンダードの導入を宣言した「Klieme鑑定書（Klieme Expertise）」は，コンピテンシーと教育スタンダードとBildungの関係をまったく明らかにしないばかりか，コンピテンシーをBildungに接続可能な概念で，Bildungそのものだとしていることはもってのほかだという[15]。そもそもBildungはスタンダード化できるようなものではないからである。したがって，教育スタンダードには，Bildungの内容的な対象は事実上消滅しているとして，教育スタンダードとは，その名称とは異なり，およそBildungを標準化したものではないという[16]。

コッホ（Koch, Lutz）は，近年，Bildungを冠した改革に関するキーワード（たとえば，Bildungsindikator〈教育インディケーター〉, Bildungsforschung〈教育研究〉, Bildungsmonitoring〈教育モニタリング〉など）が非常に多く出現し，それらは本来のBildungとはまったく異なる意味で使われていると批判する。中でも，各州間の教育政策を調整するための諸州教育大臣による常設会議（Kultusministerkonferenz: KMK）の定めた教育スタンダードは，学校教育に限定され，Bildungが本来意味するところの教養のある（gebildet）人間形成という理念をふまえていないと指摘する[17]。すなわち，KMKは，Bildungが本来もっていた意味から離れて非常に表面的に，しかしまた歴史的にドイツの教育の要としてのある種の万能性をもたせた意味でBildungを乱用しているという。

Bildungの重要性を訴えると同時に，知識基盤社会，情報社会におけるBildung概念の再定義も必要だと考えている人物もいる。同学会副会長のリスマン（Liessmann, Konrad P.）は，「〈Bildung〉そのものは，いわゆる知識・情報社会においてとりとめのない概念になってしまった。……これは偶然そうなったのではない。事実，Bildungの領域において近年著しいパラダイムチェンジがはっきりとしてきた」[18]として，PISA以降Bildungの意味があいまいなものへと変容してきていることを指摘している。

Bildungはコンピテンシーの登場によってあらゆる角度からその存在意義をゆさぶられているのである。

（2）Bildung・コンピテンシー共存派の主張

上述の「教育と知識学会」のメンバーを，「Bildung派」とすれば，次に検討

する学校教育学が専門のシュレマーケンパー（Schlömerkemper, Jörg）は，「Bildungとコンピテンシー・スタンダード共存派」と呼ぶことができる。彼はどのようにBildungを捉えているのだろうか。

まず，シュレマーケンパーは，Bildungsstandardという名称が混乱をきたす原因だという。スタンダードはBildungに適用されるべきではないし，スタンダードはBildungと関係づけられるべきではない。つまり，Bildung固有の歴史と概念の重層性を考えれば，スタンダードはBildungの代用にはならないと主張する[19]。この点は，上述したグルシュカの主張とも合致する。

しかし，だからといって，彼はBildung派のように教育スタンダードの政策そのものを全面的に批判しているわけではない。「人間へのBildung（陶冶）と市民へのErziehung（訓育）の間の緊張関係のように」，「教育スタンダードも構造的に似た問題を抱えている」ために，私たちには，「人格の自由な形成」も，「能力・学力（Leistung）による"客観的な"証明によって保障される，社会的，職業的，社会生活の機会の正当な分配も必要だ」とする[20]。この場合，前者がBildungであり，後者が教育スタンダードを指しているのだが，Bildungの理念だけでは教育実践は成立しないし，これまでもBildungはアビトゥア（Abitur，中等教育修了資格試験）のような証明機能と共存してきたというのである。

同様に，彼はBildungとコンピテンシーの関係についても次のように述べる。コンピテンシーとは，「知識と技能であり，それらは広がりとレベルに基づいて定義され，また証明書に表現され得る」ものである。対して，「ドイツの伝統において……解放的な意義において意味するところの人格の全方向的な形成」としてのBildungは，「内容的なコンピテンシーのレベルといったものとは結びつかない」。しかしながら，「（だからと言って）コンピテンシーなしのBildungは発生しない」と述べ，Bildungとコンピテンシーは，Bildungとスタンダード同様，対立する概念ではないとしている[21]。

加えて，彼がBildung派と異なるのは，Bildung概念そのものの変容や軽視に言及していないことにある。つまり，共存論者においては，Bildungそのものの重要性や意味は従来と変わらないとみなし，その復権や再構築は検討の外に置かれているということである。

ドイツ語圏の教育改革に対する批判を整理することで，見えてきたことがあ

る。第1に，Bildungはドイツ語圏の教育において変わらず重要な概念であり，スタンダード化できるようなものではない。第2に，にもかかわらず「教育パラダイムの転換」以降，Bildungの軽視・乱用・あいまい化が起こっている。第3に，Bildungと教育スタンダードは共存できるとする論者もいるが，Bildungの軽視や再構築は問題としていない。このように，Bildungとコンピテンシーに関する批判の系譜は一様ではなく，濃淡があることに注意を払いたい。以上のことから，2020年代の教育改革の行方を最後に予測してみたい。

3 おわりに

　PISA2000直後から，ドイツ語圏のPISAショックは国内外で大きく取り上げられてきた。それから15年が経過して，第1に，PISAを中心とした教育改革サイクルが定着・強化している現状を，第2に，それに対してBildungという概念，あるいはそれに依拠してきたドイツ語圏の教育学そのものがゆさぶられているという現状を本稿では確認しようとした。

　PISAが直接・間接的な誘因となって，教育制度，国家のカリキュラム，学校あるいは教室のカリキュラムや教育評価活動にまで強い影響を及ぼしていることが，PISA以降のドイツ語圏の教育の特徴として見いだされた。それと同時期に，PISAを中心とした教育改革を批判し，Bildungの重要性を主張する「教育と知識学会」の登場を本稿では紹介した。この批判の相対化のために，Bildungとコンピテンシーの共存を主張する論考にも言及した。

　この作業からの希望的観測は，PISAによってこれまでのBildungがゆさぶられ，再度，教育とは何か，教育改革とは何かということが今後問い直されるのではないかということである。少数ではあるが，PISAに翻弄されることの本質を批判的に検討し，PISAとは異なる枠組みでの教育のあり方に関する理論的考察と実践への取り組みが始められている。

　しかしながら，本稿で確認したのは，ドイツ・オーストリアのように，PISAの統計や分析では解明できない教育の問題が存在にするにもかかわらず，なおスイスのようにPISAを中心に改革が構想され，400ものコンピテンシーリストを掲げ，2020年代も改革を進めていこうとする現状であった。加えて，

データの流出からシステムに問題が生じたオーストリアにおいても，依然PISAへの参加を継続することからは，PISAが提示する望ましい教育のあり方に，各国の教育改革の方向性がいっそう集約されることを予測する方が容易であろう。

　翻って，日本の場合を考えるとどうか。ドイツ語圏ほどにはPISAショックは起こらなかったし，読解力が振るわなかったPISA2003以降，徐々にランキングが上昇したこともあって，PISAの影響下において「教育とは何か」「教育実践はどうあるべきか」「学習指導要領はどうあるべきか」あるいは「PISAにこれからも参加すべきか」といった議論はほとんど見られずにきた。それは，私たちにはBildungのように依拠するものがないからだろうか。PISA主導の教育改革を，Bildungの視点から批判し，再構成あるいは止揚する議論はドイツ語圏においてのみ意味をもつ問題ではない。PISAショックを経験したこの地域の過剰ともいえる教育改革を批判的に検討する必要性と同様に，Bildung概念の再検討の議論に学ぶ必要がある。

1) これまでドイツ語圏のPISAショックとそれに伴う教育改革は，日本でも多く言及されてきた。ドイツのPISA以降の改革に関する最新かつ包括的な研究に，久田敏彦監修・ドイツ教授学研究会編『PISA後の教育をどうとらえるか――ドイツをとおしてみる』（八千代出版，2013年）がある。同書には，これまでの先行研究のリストも掲載されている。
2) 伊藤実歩子「PISAがもたらしたオーストリアの教育の変容――ドイツ語圏の『テスト文化』に着目して」『甲南女子大学研究紀要 人間科学編』第48号，2012年，21-31頁。
3) 伊藤実歩子「ドイツ語圏における教育パラダイムの転換――教育スタンダード策定の中央集権化と広域化」『教育目標・評価学会紀要』第22号，43-52頁。
4) Bildungの訳語についての詳細は，L.ヴィガー，山名淳，藤井佳世編著『人間形成と承認――教育哲学の新たな展開』北大路書房，2014年。同書に多くを学びつつも，本稿では，この概念の多様な使われ方に対して，それぞれ適切な訳語を与えることは不可能だと判断した。そこで，伝統的なBildung概念についてはそのままBildungと原語で表記し，教育スタンダード（Bildungsstandard）のように，「教育」と訳して意味が損なわれないものに関しては，「教育〇〇」というように使い分けることにしたい。
5) 経済協力開発機構（OECD）編著（渡辺良監訳）『PISAから見る，できる国・頑張る国』明石書店，2011年，284-285頁。
6) http://derstandard.at/1385169754470/Die-Stunde-der-Stillstandskuenstler（2016年1月25日確認）
7) http://derstandard.at/1385170186665/Ex-oriente-lux-Pisa-auf-japanisch（2016年1月25日確認）

8) ヴィガー，山名，藤井，前掲書，155頁。
9) http://www.lehrplan.ch/projektuebersicht（2016年1月25日確認）
10) http://www.lehrplan.ch/der-lehrplan-21-liegt-vor（2016年1月25日確認）
11) 松下佳代「PISAの影響の下で，対抗的な教育実践をどう構想するのか」日本教育方法学会編『教師の専門的力量と教育実践の課題』（教育方法42）図書文化，2013年，10-24頁。
12) http://derstandard.at/2000001550491/Trotz-Pisa-Teilnahme-Volksschultest-TIMSS-bleibt-abgesagt（2016年1月25日確認）
13) http://www.nzz.ch/wissenschaft/bildung/den-pisa-test-sollte-man-abschaffen-1.18342855（2016年1月25日確認）
14) Krautz, Jochen., "Bildung als Anpassung?," *Fromm Forum* 13/2009, S. 87-100.
15) Gruschka, Andreas., *Verstehen lehren*, Reclam, 2011, S. 42-44.
16) Gruschka, Andreas., *Lehren*, Kohlhammer, 2014, S. 46-47.
17) Koch, Lutz., "Eine neue Bildungstheorie? Qualitätsentwicklung, Neues Steuerungsmodell, Evaluation und Standards," Ursula Frost（Hrsg.）*Unternehmen Bildung*, Sonderheft zur Vierteljahrschrift für wissenschaftliche Pädagogik, 2006, Ferdinand Schoningh, S. 126-139.
18) Liessmann Konrad P., *Theorie der Unbildung*, Piper, 9. Auflage, 2014, S. 54.
19) Schlömerkemper, Jörg., "Bildung und soziale Zukunft über die schwierige Differenz zwischen Bildung und Kompetenz," *Die Deutsche Schule* 96, 2004, S. 262-267.
20) Schlömerkemper, Jörg., "Wie kultiviere ich die Bildung bei dem Standard? Zur Organisation kompetenz- und prozesss-intensiven Lernens," *Die Deutsche Schule* 98, 2006, S. 264-269.
21) Schlömerkemper, a.a.O., 2004, S. 262-267.

第5節
中国における素質教育をめざす教育改革

項　純

0　はじめに

　中国における素質教育は，従来の「応試教育」という傾向に対して，1990年代の後半から提唱されたものである。

　1978年の「改革開放」政策を契機に，中国の経済は高度成長の時期を迎えた。経済の急速な発展は，教育にそれにふさわしい人材の育成を求めた。当時，限られた教育資源で効率よく人材を育成するために，英才教育の教育思想が主導的となった。教科の系統性と専門性が強調され，また教育内容も多く，児童生徒の実生活から隔絶した難しい内容が多かった。そして，学校と教師は進学率で評価されていたため，試験による児童生徒の選別と選抜が重視された。こうした受験に偏重した教育は児童生徒の心身に大きな負担をかけ，試験ができても創造力や思考力に乏しい児童生徒を生み出し，「応試教育」という名で批判された。「応試教育」を改正するために登場した素質教育は世紀をまたぐ中で中国教育の代名詞となり，中国の教育改革と発展の戦略主題となった。

　本稿では，素質教育をめざす教育改革の検討によって，中国教育は「どのような人を育成しようとしているのか」，そして「いかに育成しようとしているのか」という最も基本的な問題を考察し，中国における教育改革の課題と動向を明らかにする。

1　素質教育の内実と特徴

　素質教育は国民の素質（素養）という日常用語と教育を結合させた造語であり，国民の素質を向上させることを目的とする教育である[1]。それは従来の「人

の全面的な発達の促進」という教育方針を継承させながら，「応試教育」や英才教育の弊害に対する反省と新しい時代の要求を加えてできあがった概念である。

1999年，「教育改革の深化と素質教育の全面的推進に関する決定」の公布によって，素質教育の定義，内容，実施条件，保障システムなどが明確となった。

素質教育とは，「国の教育方針を全面的に貫徹し，国民素質の向上を根本的な趣旨とし，学習者の創造的な精神と実践的な能力の育成に力点を置き，『理想あり，道徳あり，教養あり，規律あり』の徳，智，体，美などのすべての面で発達する社会主義事業の建設者と後継者を育成する教育である」という。

この政策によって，素質教育は各段階，各種類の教育を貫いて実施され，中国教育の主題となった。

素質教育の登場する背景をふまえて，この定義を検討すると，素質教育は次のような特徴をもっていることがわかる。

①素質教育は全面的な発達の教育である。素質教育の核心的な内容は人の素質の全面的な向上と人の全面的な発達を促進することである。すなわち，徳，智，体，美などの全面的な発達の教育である。これはマルクス主義の人の全面的な発達理論に基づいたものである[2]。

②素質教育は学習者の全体的な教育である。これは，とりわけ英才教育や「応試教育」への批判にあるように，一部の優れた人材の育成のためではなく，試験競争に勝利する児童生徒だけに向けた教育でもなく，すべての児童生徒を対象とする教育であることを強調するのである。

③素質教育は創造的な精神と実践的な能力に力点を置く教育である。新しい時代に，受動的な学習や暗記型の受験学力が適応できなくなり，批判的，能動的な学習の態度，科学的な学習の方法がますます重要となった。このような時代の要望を反映して，創造的な精神と実践的な能力の育成が強調されている。具体的には，児童生徒の自らの思考と創造しようとする意識を励まし，科学的な精神と創造的な思考習慣を培い，情報を収集する能力，新しい知識を獲得する能力，問題を分析し解決する能力，言語表現能力と団結協力し社会活動ができる能力を育成することである[3]。

④素質教育は人の主体性を重視し，個性の発達を提唱する教育である。素質

教育における「素質」という言葉は先天的な素質と後天的な教育によって得られた素質が含まれる。この広義の解釈に基づく素質教育は一般的な教育より児童生徒の個性，潜在能力などの先天的な特徴を重視している。
　このような素質教育の特徴について，「全体的」「全面的」「能動的」[4]，または，「全体的」「全面的」「主体的」「長期的」（生涯学習向け）[5]などの主張も見られる。つまり，素質教育は児童生徒全体の基本素質すべての向上を目的とし，児童生徒の主体性を尊重し，各潜在能力の開発を重んじ，個性のある健全な人間を育成する教育だということができる。「能動的」「主体的」「長期的」などの特徴は，とくに素質教育が登場する時代の要求を反映している。「教育観が社会本位ではなく個人価値を重視するヒューマニズムに転換され，人の個性が尊重され，児童生徒の選択性が尊重され，人の自己実現の価値が尊重される素質教育は市場経済発展の要求であり，高い科学技術の発展の要求でもある」[6]というように，素質教育の登場は新しい時代と国家発展の需要に応じる中国教育の新しい動向を示している。
　科学技術の進歩，知識経済の発展およびグローバル化の推進は各国の教育に影響を与えている。そうした中，中国の経済体制は完全な計画主導型から活性化した社会主義の市場経済へと転換した。これは，計画主導の教育体制の下での均一な人材の育成よりも，個性のある多様な人材，それぞれの領域で創造性のある人材の育成が，経済の発展，そして総合的な国力の国際競争力の向上という要請に合致するものであることを示している。「中国製造」から「中国創造」への転換には，言われるとおりに学習したり，行動したりする受動的な人間ではなく，個性があり，自らの考えをもち，能動的に学習したり，行動したりする人間の育成がますます重要となるのである。
　このように，素質教育は，徳，智，体，美などの素質が全面的に発達し，創造的な精神と実践的な能力をもち，主体性，能動性と個性の溢れる人を育成しようとするものである。このような素質教育を推進するために，カリキュラム改革をはじめとする基礎教育（初等・中等教育）改革が展開されたのである。

2 カリキュラム改革をはじめとする基礎教育改革の展開

2001年、教育部(日本の文部科学省にあたる)は素質教育を推進するために、新たなカリキュラム改革を始めた。カリキュラムの目標、編成、内容、実施方法、評価、管理などが総合的に改革されている(表2-5-1)。そうした中、以下の3つの改革施策が基礎教育に大きな影響を与えている。

(1) カリキュラム管理の分権による教育活力の向上

中国のカリキュラム管理体制は中央集権的な「国家」カリキュラム(1978-1985)から、中央主導的、地方分権的な「国家＋地方」カリキュラム(1985-1999)へ、新世紀に入って、素質教育をめざし、さらに地方と学校に分権する「国家＋地方＋学校」カリキュラムへと変わった。このカリキュラム管理体制の変革によって、カリキュラムと教材が多様になり、カリキュラムの実施がますます地方、学校と児童生徒の現実に接近してきた。

学校にまでカリキュラム管理を分権することは最大限に学校と教師の能動性を生かした。「学校は国家カリキュラムと地方カリキュラムを実行すると同時に、当地の社会と経済発展の具体的な状況から、学校自身の伝統と特長、児童生徒の

表2-5-1 カリキュラム改革の内容

	問題点	改革の目標
目標	知識の教授が中心 知識の習得への過度な偏重	積極的な学習態度の形成 基礎的な知識と技能の習得 学習方法の習得 正確な価値観の形成
編成	教科中心 科目が多すぎて、合理的な統合を欠く	9年一貫のカリキュラム設計 総合的な科目の設定 カリキュラム構成の総合性と選択性の増加
内容	難しい、多い、偏りがある、古い教科書知識への過度な偏重	児童生徒の生活、現代社会と科学技術の発展との関連の重視 児童生徒の関心と経験への注目 生涯学習に必要な知識と技能の精選
実施方法	受動的な学習、暗記学習、ドリル学習	児童生徒の主体的な参加、楽しい探究や実践の重視 情報の収集・処理能力、新しい知識を獲得する能力と問題解決能力、コミュニケーション能力と協力する能力の育成
評価	選別と選抜の機能の強調	児童生徒の発達を促進する機能の発揮
管理	中央集権的	国家、地方、学校の分権的管理カリキュラムを地方、学校、児童生徒へ適応

出典：教育部「基礎教育課程改革要綱(試行)」をもとに筆者作成。

興味と需要と結合して，学校のカリキュラムを開発または選択する」(「基礎教育課程改革要綱（試行）」)と規定された結果，学校の実態に基づいたカリキュラムの選択，開発と編成，および教材の開発が行われた。これを契機に，いかに特色のある学校を建設するかという創意工夫，さらに，学校の教育理念，教育目標，児童生徒の実態と教育像，学校文化などの反省と再認識が行われ，多様多彩な教育実践への探索が現れた。教師の役割も，従来の「カリキュラムの実行者」から，「教材，カリキュラムの開発者」へと転換しつつある。

（2）カリキュラム編成の改革による教育内容の総合化と多様化

カリキュラム編成に関する改革において，従来の教科の統合，新しい科目の設置などが行われた。

まず，従来の教科の統合による総合的な科目が設置された。「道徳と生活（社会）」「歴史と社会」「芸術」という総合的なカリキュラムが初めて国家カリキュラムに設けられた。このような動向の下，小学校では，さらに教科の統合を行い，「言語と文化」「数学と科学」「芸術と審美」「体育と健康」などの領域を設定し，教科と活動を再構成する実践も多くみられるようになった[7]。

そして，「総合実践活動」というカリキュラムが国家カリキュラムに新設された。児童生徒が自らの実践を通して，情報収集・処理能力，総合的に知識を活用し問題解決する能力およびコミュニケーションと協力能力を育成し，社会への責任感を高め，創造的な精神と実践的な能力を育成することが目的である。従来の教科科目と違い，児童生徒が社会生活や自身の経験に基づいた活動的，協力的，探究的な学習形式で，習得する知識と技能を総合的に応用する過程で，実践的な能力をはじめとする総合的な能力を育成することがめざされている。

さらに，地方と学校にカリキュラムの選択と開発の権利を与え，弾力性のある教科と時数配分を設定した。たとえば，「国語」の時数は全科目時数の20〜22％，「総合実践活動」と「地方と学校課程」は合わせて16〜20％[8]というような柔軟性のある基準を設定し，地方，学校と児童生徒の現状によるカリキュラムの科目構成や時間数の設定を提唱する。

このように，教科の統合，新設，および選択というカリキュラム編成の改革は従来の教科中心の硬直的なカリキュラムを乗り越え，児童生徒の調和的な発

達，個性のある多様な発達を重視し，教育内容の総合化と多様化を促進した。

（3）カリキュラム・スタンダードの転換による教科教育の変容

今回の改革において，カリキュラム・スタンダードとして機能していた「教学大綱」は「課程標準」へと転換された。その根本的な変革は目標設定である。「課程標準」において，教科学習の目標は従来の「知識と技能」に「過程と方法」，「感情・態度と価値観」が加えられ，「三次元目標」とも呼ばれるようになった。つまり，学習の方法，学習の過程，学習する態度などがとくに重視されるようになった。また，学習の体験，学習の方法の把握，学習する態度と価値観の形成そのものが目標になった。これを受け，授業としては，従来の知識の教授を中心とする授業から，学習方法の定着と学習態度・価値観の形成をも目標とする授業への転換が期待されている。そして，評価としては，評価内容，評価方法などの変革が同時に求められたのである。

この「教学大綱」から「課程標準」への転換は，教育内容，授業形式，教材編成，教育評価などの変革をもたらし，教育改革の最も影響力ある施策となった。

このように分権的なカリキュラム管理，総合的かつ多元的なカリキュラム編成，三次元目標を設定したカリキュラム・スタンダードをはじめとする改革施策は素質教育を実現する大きな力となっている。

3　素質教育の充実と教育改革の新しい動向

2010年，素質教育を全面的に推進して約10年，その成果と経験をふまえ，中国政府は「国家中長期教育改革と発展計画綱要（2010-2020年）」（以下「教育計画綱要」）を公布し，今後10年間の教育改革と発展の指針を明示した。ここから，教育改革の新しい展開と動向を見てみよう。

「教育計画綱要」において，素質教育の実施は教育改革と発展の「戦略主題」とされている。素質教育は，「児童生徒全体に向け，全面的な発達に重点を置き，国家と人民を服務する社会的な責任感，探索する勇気をもつ創造的な精神，および問題解決に習熟した実践的な能力を向上する」と述べられた。そして，素質教育の核心的な内容は「徳育優先」「能力重視」「全面発達」であると示された。

この3つのキーワードにより素質教育の内実がより豊かで充実したものとなり，素質教育をめざす教育改革の新しい展開が導かれる。

（1）社会主義の価値観，伝統文化，公民教育からなる道徳教育の全過程への浸透

「徳育優先」は，徳育が素質教育において重要で優先的な位置づけにあることを示している。素質教育における徳育は，理想信念の教育，愛国主義を中心とする民族精神と改革革新を中心とする時代精神の教育，社会主義の栄辱教育，公民教育，および中華民族の優れた文化伝統の教育と革命伝統の教育を含める[9]。このような徳育を教育の全過程へと浸透させることによって，積極的な世界観，人生観と価値観をもつ人間を育成することがめざされている。

1980年代に道徳教育は学校教育の活動に加えて，独立した教科としても設置された。小学校においてもともと4年生，5年生で行われていた「政治」が1年生から5年生までの「思想品徳」という科目に変わり，週に1時間行われることで，道徳教育と愛国主義教育が強められた[10]。さらに，2001年から小学校低学年において「道徳と生活」，高学年において「道徳と社会」という総合的な教科が行われはじめた。このように，道徳教育は一般的な教育活動と教科という2つの道で行われていた。同時に，道徳教育は政治面での教育が弱められ，児童生徒の年齢的特徴や発達の要求によって生活や社会と結合することで，礼儀，習慣，公民教養，社会規範などの品格と道徳の養成が強められた。

今回の「徳育優先」についての指針は，道徳教育の学校教育における全過程への浸透を強調する一方，伝統文化の教育を強化することも道徳教育の重要な役割として示している。

2014年，教育部は「中華における優れた伝統文化の教育の指導綱要」を公布した。中華民族の優れた伝統文化を学習段階に分けて，教科や活動と融合させて教育することを明言した。小学校の低学年は伝統文化への親近感，高学年は伝統文化への感受力，中学校は伝統文化への理解力，高校は伝統文化への理性的な認識，大学は伝統文化の自主的な学習と探究能力，継承し発揚する責任感と使命感，という異なる育成の重点を示した。そして，道徳教育，国語，歴史，芸術体育などの人文科学教科においては伝統文化に関する教育内容の増加，自

然科学教科においては伝統文化に関する内容の浸透が強調され，地方と学校による伝統文化に関するカリキュラムと教材の開発も提唱された。

(2)「学習能力」「実践的な能力」「創造的な能力」からなる素質教育の能力観

「教育計画綱要」において，知識の構造を改善し，社会実践を充実させ，能力の育成を強化する「能力重視」が提唱された。これは「点数が高い，能力が低い」という「応試教育」の弊害への批判と一致し，素質教育が能力の育成を重視する教育であることをより明確に示している。そして，その能力の内実について「児童生徒の学習能力，実践的な能力，創造的な能力の向上に力点を置く」と明言し，これらの能力の育成によって，「知識と技能の習得，手と脳の応用，生存と生活の能力を把握させ，児童生徒が能動的に社会に適応し，美しい未来を拓くことを促進しよう」としている。

素質教育の能力に関する育成の規定は，1999年の素質教育の定義と内容に影響をもたらした。まず，素質教育の内実が豊富となった。「創造的な精神」と「実践的な能力」に力点を置くという2つの柱からなる能力観から，「学習能力」「実践的な能力」「創造的な能力」という3つの柱からなる能力観になった。「学習能力」は学校教育における学習能力や校外における学習能力，さらに生涯にわたる学習能力と広義に理解できる。次に，「学習能力」「実践的な能力」「創造的な能力」の順にすることで，習得，応用，創造とし，学習内容の内化，外化，革新という順序も示した。最後に，「創造的な精神」から「創造的な能力」への名称の変更も，創造に関する態度や情意面のみの要求ではなく，ひとつの能力として定着させようとすることで，その重要性はさらに一段上がった。

(3) 全面的な発達と個性の発達を結合する教育へ

「教育計画綱要」において，「全面発達」とは「文化知識の学習と思想道徳修養の統一」「理論的な学習と社会的な実践の統一」「全面的発達と個性の発達の統一」という3つの統一であると述べられている。

3つの「統一」の提唱は素質教育における児童生徒のすべての素質を発達させる全面的な発達という定義をさらに充実させた。それは，徳，智，体，美などの素質の有機的な結合関係，およびこれらの素質を発達させる教育の形式を

述べている。とりわけ，全面的な発達と児童生徒それぞれの個性の発達との関係を初めて明言した。素質教育は素質を全面的に発達させる教育でありながら，個性を重視する教育，児童生徒一人ひとりに適切に対応する多様な教育でもあることがわかる。

(4)「質が高い，負担が少ない」教育観による心身が健全に発達する教育へ

素質教育の推進と基礎教育改革の深化に伴い，教育問題を診断し，教育政策を調整し，指導方法を改善することが必要となった。そこで教育部は小中学校の教育を評価する基準を制定した。2013年に公布された「小中学教育の質に関する総合的評価改革の意見」が教育評価指標システムと評価基準を示した。

この教育評価指標システムは，品性道徳の発達水準，学業の発達水準，心身の発達水準，興味と特長の養成，学業負担の状況という5つの評価内容と20個の具体的な核心の指標からなる（表2-5-2）。このような教育評価指標の構成から，素質教育の注目点が見られる。つまり，児童生徒の発達状況は徳，智，体，美の同時的な発達が重要である。また，共通に到達すべき基礎だけではなく，児童生徒の興味と特長の発達も重要である。そして，学習の結果だけではなく，学習の過程と効率（負担）も総合的に評価される。

この教育評価の指標は素質教育の特徴を反映し，学校教育改革を導く役割も果たしている。たとえば，「学業の発達水準においては，知識と技能のほか，思想方法，実践的な能力と創造的な意識という生涯発達および未来社会からの挑戦に応じる能力と素質が注目されている」[11]。そして，20個の具体的な核心の指標から，「児童生徒の思考方式，人間関係とコミュニケーション，創造的な意識などの核心的な素養が強調されている」[12] ことがわかる。これらの指標

表2-5-2　小中学教育の評価指標

評価内容	核心の指標
品性道徳の発達水準	行動習慣
	公民素養
	人格と品性
	理想と信念
学業の発達水準	知識と技能
	教科の思想方法
	実践的な能力
	創造的な意識
心身の発達水準	身体の形態と機能
	健康的な生活方式
	審美修養
	感情と行動の調整
	人間関係
興味と特長の養成	好奇心と知識欲
	趣味と特長
	潜在能力の発達
学業負担の状況	学習時間
	課業の達成
	課業の難度
	学習の圧力

出典：教育部「小中学教育の質に関する総合的評価改革の意見」。

の共通理解によって，「教育の質に関する偏った認識を改正し，『総合』『個性』『信念』『創造』などのキーワードを学校と教職員に深く理解させる」のである[13]。

この評価基準は素質教育の「徳育優先」「能力重視」「全面発達」という特徴を反映している。さらに，「学業負担の状況」を初めて評価内容に入れることは，学習の過程に注目し，効率よく学習することで児童生徒の心身の健全な発達をめざす「質が高い，負担が少ない」教育観を示している。

このように，伝統文化教育を含む徳育の教育全過程の浸透という「徳育優先」，学習能力，実践的な能力，創造的な能力という3つの柱からなる「能力重視」，徳・智・体・美，学習と実践，全面性と個性の3つの統一という「全面発達」，および「質が高い，負担が少ない」教育観が，素質教育の理念を充実させ，教育改革の新しい展開とカリキュラム改革を更に深化させている。

4 おわりに

世界の多極化，経済のグローバル化，日進月歩の科学技術という世界環境は，各国の教育に影響を及ぼしている。そうした中，経済体制の転換，経済の発展形式の変革をはじめとする中国社会の工業化，科学情報化，都市化，市場化，国際化のためには，「人力資源の大国」から「人力資源の強国」への転換が重要な課題となり，国民素質の向上がますます重要となった。

このような国内外の需要に応じて，英才教育や「応試教育」の弊害への反省をふまえ，児童生徒全体のすべての素質を向上させる素質教育が提唱されるようになった。21世紀に入って，素質教育が中国教育の主題となり，それをめざす基礎教育の改革を通して，中国教育の教育観，能力観，教育内容，教育方法，教育評価などが大きく変わった。

このような改革の展開において，素質教育をめぐる全面的な発達と個性の発達，カリキュラム管理の集権と分権，統一したカリキュラム・スタンダードと多様な評価基準などの関係のさらなる検討が必要である。さらに，十数年間の改革実践を振り返ると，素質教育をめざす教育改革において以下の3つのバランスを調整することが課題であろう。

第1は「知識と技能」「過程と方法」「感情・態度と価値観」という三次元目

標のバランスをとることである。今回のカリキュラム改革は「知識の軽視」の改革であるかどうかについて，中国の教育界で論争が起こった[14]。その本質は素質教育の知識観とカリキュラム観についての検討である。これを明らかにするには，知識とは何か，知識と能力，知識と感情・態度のバランスなどを含む三次元目標の内部構造を明確にする必要がある。

　第2は第1と関連して，カリキュラム編成に関する児童生徒中心のカリキュラムと教科中心のカリキュラムのバランスをとることである。基礎教育のカリキュラムと教育内容は高等教育と違い，各領域の学術の最新動向を反映することよりも，安定的，基礎的な知識が主要な部分であるため，基礎教育における児童生徒の学習の目標は学習内容の深い理解であり，新しい知識の創造ではない[15]。児童生徒の発達の特徴と要求がカリキュラム編成に入ることは，新しいカリキュラム改革の重要な進展であるが，とくにカリキュラム開発の権利を地方と学校に分権する現状において，総合性のあるカリキュラム，教科統合するカリキュラムの合理性と科学性が問われ，カリキュラム開発の基準や教育内容を精選する基準の明確化が課題となった。「総合的な教科や教科の統合という改革は教科の系統性を無視してはならず，とりわけ学校に基づいた教科統合の実践は教科意識をもたないといけない」[16]という主張のように，カリキュラム編成の原理をさらに検討する必要がある。

　第3はグローバル化に適応する教育内容と伝統文化を強化する教育内容のバランスをとることである。経済がグローバル化するにつれて，教育のグローバル化傾向も見られる。PISAなど国際的な教育評価プロジェクトの影響の拡大に伴い，キー・コンピテンシーや21世紀型スキル（21st Century Skills）など共通の知識と技能の研究が盛んになり，各国の教育改革において共通動向が見られる。そうした中，「共通」の知識観や教育観が生まれる社会と文化の背景を十分に検討する必要があろう。国際化とグローバル化に通用する教育内容を重視すると同時に，自国の現状や伝統文化を十分に認識し，国際的な教育内容と伝統的な教育内容のバランスをとることは新しい課題となる。そして，これと関わって，教育研究が国際化する中，「中国がポストモダン主義，構成主義，実用主義や多重知能原理などの西洋教育理論の実験地となった」[17]という批判を想起すれば，教育理論や教育思想の導入も国の事情から出発しないといけな

い。国際的な優れた理論と実践の導入と，自国における教育の伝統の継承とのバランスをとることも中国の教育改革の重要な課題であろう。

1) 改革開放以来の教育発展の歴史的な成果と基本経験研究プロジェクト『改革开放 30 年中国教育重大历史事件［改革開放 30 年中国教育重大歴史事件］』教育科学出版社，2008 年 a，173 頁参照。
2) 改革開放以来の教育発展の歴史的な成果と基本経験研究プロジェクト『改革开放 30 年中国教育重大理论成果［改革開放 30 年中国教育重大理論成果］』教育科学出版社，2008 年 b，130 頁参照。
3) 国務院「关于深化教育改革，全面推进素质教育的决定［教育改革の深化と素質教育の全面的推進に関する決定］」1999 年。
4) 田奕「中国の『素質教育』についての検討――経済の高度成長期における日中の教育政策の比較」『人文学報』308 号，2000 年 3 月，102-121 頁参照。
5) 素質教育調査研究グループ編『共同的关注――素质教育系统调研［共同の注目――素質教育に関する系統的な調査研究］』教育科学出版社，2006 年，23-30 頁参照。
6) 袁振国主編『中国素质教育政策研究［中国素質教育政策研究］』山東教育出版社，2004 年，109 頁。
7) このような実践はたとえば，北京市海淀区の「カリキュラム統合，自主的な時間割設定」を研究する小学校には多く見られる。教科の障壁を破り，教育内容や教育方法の統合，これらに合わせて授業時数や授業時間の調整（15 分間，30 分間，40 分間，60 分間の授業）などが行われている。
8) 教育部「义务教育课程设置实验方案［義務教育における課程設置の実験方案］」2001 年。
9) 国務院「国家中长期教育改革与发展规划纲要（2010-2020 年）［国家中長期教育改革と発展計画綱要（2010-2020 年）］」，2010 年。
10) 改革開放以来の教育発展の歴史的な成果と基本経験研究プロジェクト，前掲書，2008 年 b，169 頁参照。
11) 楊靖「绿色评价：关注学生全面发展――教育部有关负责人就《关于推进中小学教育质量综合评价改革的意见》答记者问［グリーン評価：児童生徒の全面的な発達――教育部相関責任者による『小中学教育の質に関する総合的評価改革の意見』に関する記者インタビューへの応答」『中小学教育』2013 年 (11)，5 頁。
12) 俞水・李凌・宋偉濤「绿色评价，"体检"中小学教育――专家解析中小学教育质量综合评价改革［グリーン評価，小中学教育の『身体検査』――小中学教育の質に関する総合的評価改革の専門家による解析］」『中国教育報』，2013 年 7 月 25 日。
13) 同上論文。
14) 項純『現代中国における教育評価改革――素質教育への模索と課題』日本標準，2013 年，136-147 頁参照。
15) 呉鋼「奔走在迷津中的课程改革［迷い道で暴走するカリキュラム改革］」『北京大学教育評論』2013 年第 4 期，35-36 頁参照。
16) 同上論文，36 頁。
17) 肖磊，靳玉楽「中国新课程改革的检视：异域学者的观点［中国の新課程改革の検視：異なる域の学者からの視点］」『課程・教材・教法』2013 年第 6 期，10 頁。

小括
学力・能力観をめぐる議論を読み解く

樋口太郎

0　はじめに

　第2章では，OECD，ユネスコ，EUという国際的な機関における議論，およびフランス，ドイツ語圏，中国という各国における議論を追ってきた。それらの議論において共通していたのは，学力・能力観をめぐる議論がその「外的環境」，つまり経済，政治，社会などの問題と切り離せなくなっている，ということであろう。この事態をいかに捉えるべきなのか。

　以下，まず各節で登場した能力の望ましい姿，能力観について一覧表にして整理し，そこから3つの論点を導き出す。次に，見いだされた3つの論点についてより詳細に考察し，最後に，日本への示唆を読み取って結びとしたい。

1　能力観の比較

　コンピテンシーなど，能力に関わる何らかの概念を起点に教育改革を進めようとする動きは世界に拡大している。そこには，大きく2つの流れがあるという[1]。1つはOECDの「DeSeCoプロジェクト」，もう1つは「21世紀型スキル（21st Century Skills）」である。前者はヨーロッパを中心にアジアを含む世界中の地域で，後者はアメリカを中心に世界のいくつかの国々でも影響力を発揮している。ここでは，第2章各節において中心的に取り上げられている前者に話をしぼろう。

　さて，第2章に登場した各国際機関および各国の能力観について，各節の内容に基づいて整理してみよう。名称，定義・意味，具体像，特徴という観点からまとめると，次頁の表を得ることができる。ここから何を読み取ることがで

表2-小-1　各国際機関，各国の能力観の比較

	名称	定義・意味	具体像	特徴
OECD〔DeSeCo〕	キー・コンピテンシー	**コンピテンシー**：ある特定の文脈における複雑な要求に対し，心理社会的な前提条件（認知的側面・非認知的側面の両方を含む）の結集を通じてうまく対応する能力 **キー・コンピテンシー**：コンピテンシーの中でとくに大切なもの	①道具を相互作用的に用いる ②社会的に異質な人々からなる集団で互いに関わり合う ③自律的に行動する	経済的側面に力点が置かれすぎているという批判を受ける
ユネスコ	リテラシー	**自由としてのリテラシー，複数形のリテラシーズ**：社会的文脈の複雑性を視野に入れ，人々の自由の拡大につながるもの	個々の独自性を重視するため，共通する能力の具体的内容はない	・私的・文化的生活などにおける幅広い参加と自律も視野に入れる ・すべての人に保障されるべき
EU	キー・コンピテンシー	**コンピテンシー**：文脈に応じた，知識，スキル，態度が組み合わさったもの **キー・コンピテンシー**：そのうち，個人的な成功や成長，アクティブ・シティズンシップ，社会的包括，雇用のために，すべての人に必要なもの	①母語でのコミュニケーション ②外国語でのコミュニケーション ③数学的コンピテンシーと科学技術の基礎的なコンピテンシー ④デジタル・コンピテンシー ⑤学ぶことの学習 ⑥社会的・市民的コンピテンシー ⑦イニシアチブと起業家精神 ⑧文化的な認識と表現	・DeSeCoに比して，経済的側面よりも社会統合，文化的多様性を重視 ・コンピテンシーの有無によって人を分類せず，あくまで学校教育において保障されるべき対象として位置づける
フランス	共通基礎	**コンピテンシー**：現代における基本的な「知識」，知識をさまざまな状況で活用する「能力」，生涯にわたって不可欠な「態度」の組み合わせ	①フランス語の習得 ②1つ以上の現代外国語の実用 ③数学の基本原理および科学的技術的教養 ④情報通信に関する日常的な技術の習得 ⑤人文的教養 ⑥社会的公民的コンピテンシー ⑦自律性および自発性	教科の知識の体系を重視する伝統的な教育観に対し，コンピテンシーの教育に格差縮小の契機を見たが，結果としてそうはならなかった
ドイツ語圏	コンピテンシー			「PISAショック」以降，コンピテンシーに基づいた教育スタンダードを教育現場に導入し，それに準拠した学力テストを実施
中国	素質	**素質**： ・先天的なものと後天的なものの両面を含む ・徳，智，体，美という人間存在の全面的なものを指す	①徳育優先 ②能力重視 ・学習能力 ・実践的な能力 ・創造的な能力 ③全面発達	一部の優れた人材のためではなく，試験競争に勝利する児童生徒だけに向けられた教育でもなく，すべての児童生徒を対象とする教育

きるのか。そこで，国際機関と国家，国家と国家，国際機関と国際機関という3つの比較パターンから，それぞれの能力観について見ていこう。

　第1に，国際機関と国家を比較してみよう。たとえばEUの能力観の具体像を例にあげれば，その内実は言語，数，情報を扱う「基礎的リテラシー」（①②③④），批判的思考力や学び方の学びなどを中心とする高次の「認知スキル」（⑤），社会的能力や自己管理力などの社会や他者との関係やその中での自律に関わる「社会スキル」（⑥⑦⑧）の3つに大別できる[2]。フランスの能力観はこれと共通する部分が大きいが，フランスには「教養」や「原理」といった言葉が登場していることに着目したい。序論での学力研究の成果に倣えば，「主体的・機能的」な能力とともに，「客体的・実体的」な教育内容を反映させようとする意図を読み取ることができる。

　ただし，ここで問題となるのは教養とコンピテンシーとの関係である。教養概念の歴史から見れば，それがコンピテンシーに包含されるものでないことは明らかである。よって両者は，「全体vs要素」「汎用vs文脈依存」といった枠組みの下，対比的に捉えられる。ここに，教養重視というフランス中等教育の伝統と，昨今のコンピテンシー重視の教育との対立関係が見て取れる。ドイツ語圏におけるBildungとKompetenzの対立もこれと同様の論点を含むものである（論点①）。

　第2に，国家同士を比較してみよう。上述のように，フランスでは能力観の具体像が明確に示されている。この背景として，社会の変化，産業界の要請に対応したことや，EUによるすべての子どもたちにキー・コンピテンシーを育む教育制度の実現という勧告に応じたことがあげられる（第3節，114頁）。

　一方，ドイツ語圏では，能力観の内実に関する議論があまり見られないか（ドイツ・オーストリア），反対に能力を細分化して目標化するか（スイス），という両極の傾向が見受けられる。ただ，いずれにしても，Bildungの強い影響力の下，フランスに比してKompetenzの内実に関する合意のようなものは見いだしにくい。ドイツ語圏ではやはり，第4節の冒頭でも紹介されていたように，既存の教科の枠組みにおいて教育スタンダードを導入することで「PISAショック」に対応するという側面が強いように見える。

　中国においては，「学習能力」「実践的な能力」「創造的な能力」という3つ

の能力像が示され，国家カリキュラムに新設された「総合実践活動」においては，「情報収集・処理能力」「総合的に知識を活用し問題解決する能力」「コミュニケーションと協力能力」といったより具体的な能力像も示されている。しかし，ヨーロッパにおける教養とコンピテンシーの新旧対立と同様に，中国における「能力重視」の教育は，「素質」として掲げられる「徳，智，体，美」といった抽象的な能力観や，「徳育優先」という伝統的な教育観との間に軋轢を生み出す可能性がある（論点②）。

　第3に，国際機関同士を比較してみよう。ユネスコとEUはともに，OECD（DeSeCo）の能力観が経済的側面に傾斜していることを批判し，既存社会に対する自らの自由を表明すること（ユネスコ）や，社会統合，文化的多様性を重視すること（EU）を説いている。これは多様性の承認の問題である（論点③）。

　それでは，導き出された3つの論点それぞれについて考察を深めていこう。

2　3つの論点に関する考察

　論点①は，教養とコンピテンシーをめぐる対立軸である。これは，教養という教育の領域にとくに関わりの深い概念を持ち出すことによって，経済や政治からの影響力に対抗しているさまとして捉えられる。こうした，教育・経済・政治など社会における各機能同士が自律性を有しつつ相互作用するという関係性はいかにして生まれたのだろうか。

　近代以前においては，社会を，家族・種族・村落といった同等の部分に分割する環節分化や，身分などにより複数の階層に分割する階層分化が支配的であった。それに対し近代社会には，上述の形式を残しつつも，機能分化という新しい分化形式が誕生した。つまり，社会を，教育・経済・政治といった機能的に区分された部分に分割し，かつその機能を，それぞれ学校・企業・議会といった特定の専門機関にゆだねるのである。そして，それら各システムの有機的結合において，社会がひとつのシステムとして姿をあらわすことになる[3]。

　さて，この近代社会における諸機能の分化は，主権国家が国民国家として形を成した19世紀に起こった。この主権国家が次の論点の主役となる。

　前述「1　能力観の比較」において，国家同士の比較から，能力観の多様な姿

が浮かび上がった。この多様性は，OECDやEUなどの国家を超える政治主体と国家との緊張関係に起因している。では，この二者はいかなる歴史的プロセスにおいて登場してきたのか。これが論点②，主権国家の生成と変容という問題である。

　そもそも，主権国家とは何か。この問いの糸口は，三十年戦争に対する反省から成立したウェストファリア体制にさかのぼる。それまで政治的権力を有していた教会や帝国に代わって，それぞれの国家に主権を認めた国際的（inter-national）な協調体制である。これにより，各国家は自らの政策を自らの意志で判断するとともに，その影響力の及ぶ範囲を領土として確定し，その内部の人々に対する自律的な統治権を獲得した。ただし，その後訪れる絶対王政期に主権国家の真の姿はない。なぜなら，国家に対する主権とは，王の私的人格から切り離されたものでなければならないからである。よって，真の意味での主権国家は，国民が主権を有する国民国家の時代において誕生する。この主権国家としての国民国家は，その後帝国主義の時代を通じて世界に拡散した。しかし，その拡散は同時に，ウェストファリア体制の内部に綻びを生み，20世紀後半には主権国家以外の主体が国際舞台に登場して現在に至るのである[4]。

　こうした歴史に鑑みれば，教育に関してOECDやEUと諸国家とが綱引きをし合う現在の状況は，主権国家としての確立により機能分化という特徴を有するようになった国民国家から，国家を超えた政治主体に再び政治権力が委譲されようとしているさまを描き出していることになろう。これをグローバル化と呼ぶならば，個人は国家という緩衝材を失い，大海に投げ出されることを意味する。さすれば国民国家は，その旧来からの機能，すなわち多様な人々を「国民」へとまとめ上げるために必要となる格差問題への対策に新たな形で取り組むことにより，自身の存在感を発揮することになろう。これまで学校教育の圏外に置かれてきた能力を圏内に取り込もうとするコンピテンシーに，格差縮小の契機を見ようとするフランスの議論はその典型である。

　さて，格差をdifferenceと捉えれば，differenceには「差異」という意味を読み込むこともできる。これが次の論点，多様性の問題である。

　論点③は，多様性の承認に関する問題である。これはとくに，近代化から取り残された地域に対する教育のあり方の問題である。ユネスコについての議論

でも指摘されたように，経済のグローバル化による画一化に対抗して，文化の多様性をいかに守りつつ，同時に豊かな暮らしを享受できる環境をつくり出すことができるかどうかが問われてくる。その際，人々の幸福をいかに把握し，評価するのかという問題がきわめて重要となろう。

また，こうした困難は決して近代化に遅れた地域に特有の問題ではない。先進諸国においても，生活に困窮するなど，豊かな暮らしから取り残された人々の存在がつとに指摘されてきているのである。

3　おわりに──日本への示唆

最後に，3つの論点から，日本への示唆を読み取りたい。

論点①に関しては，日本における学力・能力観をめぐる議論でもよく見られる構図である。教育学においてはとくに教育システムの自律性を守ろうとする動きが強く，職業教育の意義を唱える人々との軋轢も生んでいる。「知識基盤社会」(knowledge-based society) という提起には，「新しい知識・情報・技術が政治・経済・文化をはじめ社会のあらゆる領域での活動の基盤として飛躍的に重要性を増す」社会（中央教育審議会答申「我が国の高等教育の将来像」2005年）という定義からわかるように，対立を調停する可能性を見ることもできる。しかし同時に，グローバル化の中で，国民国家と機能分化の結束が崩れ，教育の機能が外部システムに拡散するさまを示しているともいえる。

論点②について，グローバル化への志向が日本では強い。これに対し，リスクを個人に強く帰すものとならない形で，民主化，分権化を進めていく必要がある。「学力格差」への取り組みはその前提条件を整備するものといえよう。

論点③に関しては，学力を数値化して比較するだけでは多様性の承認には至らない。「学力構造」の視点をふまえて，学力・能力を多様な視点から捉え，教育実践の中に有機的に組み込んでいくことが必要となろう。

1) 松尾知明『21世紀型スキルとは何か』明石書店，2015年，240-241頁。
2) 同上書，245頁。
3) 正村俊之『グローバリゼーション』有斐閣，2009年（詳しくは第4章を参照）。
4) 同上書（詳しくは第1章を参照）。

第 3 章

新しい評価法の考え方と進め方

序論
「目標に準拠した評価」の登場と課題

赤沢真世

0　はじめに

　第3章では，日本での「目標に準拠した評価」の登場の背景，展開をふまえ，諸外国における新しい評価法の展開や議論を検討することによって，これから求められる評価の方向性や課題について見ていきたい。

1　「目標に準拠した評価」の登場

　現在日本で注目される「パフォーマンス評価」は，2001（平成13）年の児童・生徒指導要録改訂によって全面的に導入された「目標に準拠した評価」の展開の中で主張されてきた。そこでまず「目標に準拠した評価」の登場の背景を見ながら，この評価が依拠する教育観や子ども観を確認していきたい。

　日本での「目標に準拠した評価」の土台となったのは，相対評価への批判から生まれた到達度評価論（到達目標・評価論）[1]である。まず，到達度評価論に寄りそいながら，「目標に準拠した評価」の理念を4点に整理して見ていく[2]。

　第1に，相対評価は客観的で公正な評価に見えるものの，結局は必ず1や2の評定をつけざるを得ない非教育的な評価法だという批判である。それに対して「目標に準拠した評価」は，共通に設定された「到達目標」に照らしてすべての子どもが最低限の学力を身につけるという「学力保障」の理念を貫いている。

　第2に，相対評価は他者との比較による評価であるため，排他的競争を生む構造をもつという批判である。けれども「目標に準拠した評価」では，共通の「到達目標」への到達が共通にめざされ，協同的な学習，学び合いが生まれてくる。

　第3に，相対評価は集団内での位置を表すのみであり，学びの実態を何ら明

らかにするものではないという批判である。一方で「目標に準拠した評価」は，「到達目標」として理解すべき学習内容を明確に示し，その目標を評価規準とすることによって，どのような学力が形成されたのかを明らかにすることができる。

　第4に，相対評価は子どもの能力の評価としての枠組みを越えず，教師の教育活動や教育条件の側に責任を求める構造になっていないという批判である。この点が実は最も重要な論点であろう。「目標に準拠した評価」では，評価結果は教師の教育活動や教育条件を反映したものだと受け止められ，何よりもそこに反省を求める。そのため，形成的評価を重視し，子どもの学びの実態を丁寧に捉え，目標に到達できていない場合は補充学習や発展学習を通して子ども一人ひとりの学力保障を図ることが主張されている。さらに，到達度評価の理論的基盤を示した中内敏夫は，評価は指導過程や教材レベルの「問い直し」のみではなく，教育目標自体の「問い直し」や学校行政や教育条件の「問い直し」にまで発展する回路をもつことが何より重要であると指摘している[3]。

　このように，「目標に準拠した評価」は本来，非教育的な相対評価を批判し，学力保障の理念において，教育活動や教育目標そのものをも評価の俎上にのせ，より良い教育・指導を図ろうとする理念に立つことが改めて示される。

2　子どもの実態を丁寧に捉える形成的評価の位置づけ

　「目標に準拠した評価」では，上述のように形成的評価が大きな役割をもっている。指導過程において，子どもの学びの実態や教材の可否などを丁寧に見取る評価であり，教師はこの評価に基づいて指導に欠陥があれば改善し，子どもの学習に応じて発展学習や補充学習を行う。また子どもは自らの発達を意識し，目標との関係で自らの学習目標を自らの判断に基づいて自覚し，学習の励みを得られるという学習者側の利点も到達度評価の実践で示されている[4]。

　こうした形成的評価の思想は，東井義雄や斎藤喜博のような実践家による，子どものつまずきを生かす授業に源流をもつ。東井は教える側の問題としての「教科の論理」と子ども特有の考え方に由来する「生活の論理」の2つの間のズレ（つまずき）を丁寧に把握することこそを重要視する。こうしたつまずき分

析に基づいて指導と学習のあり方を改善しようとする東井の考え方は，「そのあとに教育評価研究の核心として定着する『形成的評価』の本質そのものといっても過言ではないだろう」[5]と評価されている。また島小学校の実践で知られる斎藤喜博は，子どもの典型的なつまずきを「××ちゃん間違い」として学級集団で取り上げる方式を提案した[6]。この実践においても，東井と同様に，間違いやつまずきは否定されるものではなく，むしろ形成的評価において重要な情報をもたらすものとして積極的に位置づけられている。この点についても，「今日的な観点で述べれば『形成的評価』を学習集団に開こうとする着想はきわめて斬新なものである」[7]として積極的に評価がなされている。

このように，日本における「目標に準拠した評価」の思想は，子どもをリアルに丁寧に捉え，そこから教育のあり方を吟味する現場の豊かな実践を土台とし，さらに到達度評価における学力保障の思想の流れの上に立つものである。

3　「目標に準拠した評価」をめぐる論点

しかしながら，「目標に準拠した評価」の展開において，それに対する批判や発展的な議論も生まれてくることとなった。田中耕治によれば，次のような4つの論点があるとする。第1に，「教師による『目標』が規準になることから，そこからはみ出す子どもたちの活動を見落とす危険性があるのではないか」という点である。教師による「目標の問い直し」だけでなく，目標設定や評価活動への子どもの「参加」が保障される必要がある。第2に，「子どもたちによる『内的な評価』を十分には位置づけていないのではないか」という点である。自己評価をどのように授業で位置づけ活性化させるのかが課題となる。第3に，「成果や結果に至る『プロセス』を丁寧に読み取ることに課題」があることである。学習内容と子どもの既有の知識体系との間の「葛藤」「矛盾」こそを捉える評価が求められる。第4に，客観テストに代わる，「リアルな評価課題」の作成や評価方法の多様化が求められることである[8]。

「目標に準拠した評価」の一定の定着をふまえて，こうした課題を乗り越える評価法として注目を浴びたのが，ウィギンズ（Wiggins, Grant），マクタイ（McTighe, Jay）による「真正の評価」論に拠って立つ「パフォーマンス評価」で

あった。1998（平成10）年告示の学習指導要領改訂で導入された「総合的な学習の時間」における評価法として，この評価論に立つ「ポートフォリオ評価法」への注目が一気に広がった。さらに「ゆとり教育」政策による「新しい学力観」から「確かな学力観」へと方向性を変更した2008（平成20）年の学習指導要領改訂を経て，2010（平成22）年の児童・生徒指導要録改訂では「パフォーマンス評価」が１つの方針として言及された。

「パフォーマンス評価」では，上記の４つの課題がまさしく議論の要となっている。評価へは教師のみならず子どもたち自身や保護者，地域の住民が参加すること，構成主義的な学習観に立ち，子どもの現実世界でのこれまでの学びとの葛藤の中でその学びのプロセスが評価されること，そして，現実世界におけるリアルな評価課題をふまえた「真正性」をもった評価の文脈であることが求められている。日本においても，こうした「パフォーマンス評価」の実践は，先進的な学校での取り組みをもとに進められてきている。

そこで第３章では，こうした日本における論点をふまえて，海外における新たな評価法や議論の展開を検討する。第１節では，「パフォーマンス評価（遂行評価）」を軸とした教育評価改革を進める韓国の事例から，国家規模での議論の方向性や課題を知る。第２節では，アメリカの大規模学力テストにおける障害のある子どもたちへの対応から，学力の共通性と個別のニーズへの配慮の両立をめざす議論を紹介する。第３節では，イギリスにおける形成的評価研究の展開が明らかになる。第４節では，芸術領域の評価という観点から，目標設定や学力のあり方を吟味する議論が示される。こうした各節の議論をふまえて，小括では求められる新しい評価の方向性および課題を整理したい。

1) 遠藤光男・天野正輝『到達度評価の理論と実践』昭和堂，2002年。
2) 田中耕治編著『パフォーマンス評価――思考力・判断力・表現力を育む授業づくり』ぎょうせい，2011年，9-10頁。
3) 中内敏夫『学力と評価の理論』国土社，1971年，164頁。
4) 遠藤・天野，前掲書。
5) 田中耕治『教育評価と教育実践の課題――「評価の時代」を拓く』三学出版，2013年，199-200頁。
6) 斎藤喜博『授業入門』国土社，2006年，86-89頁（初版1960年）。
7) 田中，前掲書，2013年，201頁。
8) 田中，前掲書，2011年，11-12頁。

第1節
韓国におけるパフォーマンス評価の理論的潮流

趙 卿我

0　はじめに

　本稿では，韓国におけるパフォーマンス評価の理論的潮流であるペク・スンクン（Baek, Sun-Geun）とナム・メンホ（Nam, Myeong-Ho）の評価論を取り上げ，その特質と課題を整理する。

　ペクとナムは1996年に，韓国におけるパフォーマンス評価に関する代表的著作といえる『パフォーマンス評価の理論と実践』を共同で著した[1]。そこで示されているのは，パフォーマンス評価論の概念と各教科におけるパフォーマンス評価の実践例である。この出版によって，それまでさまざまな語に訳されていた'performance assessment'は「パフォーマンス評価（遂行評価）」として韓国内で広く定着することとなる。ペクは，同書の中で，従来の選択型試験への批判を行うとともに，1980年代にアメリカで行われていた'performance assessment'を紹介しながら，パフォーマンス評価が1つの新しい評価方法というよりは，新しい評価パラダイムであると捉えた。そして，韓国内教育への導入の必要性を強く説き，実施のための方法を提示した。

　一方，ナムは，同書の中で，パフォーマンス課題とルーブリックが学校での実践において果たしている役割についていち早く着目し，多様かつ高次の思考プロセスを正確に評価する方法についても提案している。

　パフォーマンス評価の導入は，たんに評価方法を改めることを意味するのではなく，学習と指導の改善に生かすための評価という考え方をもたらしたといえる。この点で，アジアでいち早くパフォーマンス評価をナショナルカリキュラムとして導入・実施し，すでに教育内容の見直しを行っている韓国の現状や課題を把握することは，日本と韓国の教育改革や評価研究において有意義な知

見をもたらすはずである。

1 ペクによるパフォーマンス評価論の意義

(1) 認知心理学に基づく新しい教育評価の特徴

　ペクは，国家教育政策の一指針としてパフォーマンス評価が導入される以前から，パフォーマンス評価に注目していた研究者である。1995年，「教授・学習評価の新しい代案」という研究論文において，従来の教師主導の学習や断片的かつ知識暗記型に基づく選択型試験，標準化検査，大規模評価などの1回的・部分的な評価への批判を行うとともに，個人の状況と脈絡によって変化し，創造・再構成・再組織化される知識観への転換を求めた[2]。

　ペクによれば，パフォーマンス評価の理論は，人間の認知能力や探究方法に関する学問，すなわち教育の目的，内容，方法の変化を認め，質的評価を強調する認知心理学を背景にしている[3]。つまり，理論的基盤として認知心理学の「学習者観」を前提としており，その観点を，従来の心理測定学と比較することによってパフォーマンス評価の特徴を明確にしている[4]。

　従来の心理測定学の「学習者観」は，大きく白紙説（もしくは，経験論）と生得論（もしくは，合理説の一種）にまとめることができる。白紙説は，学習者の知識と精神がはじめは何もない白紙 (tabula rasa) 状態にあると捉え，経験により徐々に埋められていくとする。この観点からみると学習者は，外部の環境から知識や情報を受動的に受け入れる存在である。すなわち，学習者の精神の中に存在する規則性や秩序性は，外部世界の規則性や秩序性をそのまま反映するものである。一方，生得論は，人間が生まれた時から先天的に知識をもっているとし，学習者は自分の心の深いところに先天的に存在する知識を，意識の世界に引き出すことが求められる。すなわち生得論では，一人ひとりの学習者は先天的なコンテンツをもって，処する環境からすべてを学んでいく存在である。

　従来の「学習者観」として代表される白紙説や生得論からみると，客観的な知識は学習者により観察可能であり，回想されるものである。もちろん，白紙説の場合は，帰納的な方法を重視し，生得論は，演繹的な方法を重視するという差異があるが，「客観的で妥当な真理が外部に存在する」という前提をもっ

ているという共通点がある。したがって，学習者は，ある客観的な知識を知っているか，もしくは知らないかという2つの側面のみから判断されることになる。また，一人ひとりの学習者がすべきことは，自分が知らないことを知ろうと努力することである。このような心理測定学の「学習者観」からみれば，一人ひとりの学習者は，教師が提示する客観的な知識や情報を受動的に受け入れたり，単純に再生産したりする存在でしかない。

　一方，認知心理学に基づく「学習者観」は，大きく構成主義と「初心者-熟達者モデル（novice-expert model）」を背景にしている。ここでの構成主義とは，さまざまな現象を有するこの世界は客観的に存在しており，知識とは，一人ひとりの学習者の経験により主観的に構成される，という考え方である。これによると，知識は，学習者の事前の経験を基にさまざまな形で構成されるのである。したがって，知識とは，学習者が受動的に受け入れるものではなく，学習者の認知構造の中で再構成，再組織化されるものと考えられている。

　また，「初心者-熟達者モデル」とは，理論的というより，比較的実践的な学習のアプローチ法である。たとえば，ある初心者が学びたいことがあれば，まずその分野の熟達者が誰なのかを把握することが重要であり，熟達者と自分の差異を認識し自覚した後，その差異を克服するために努力を行うことが学習であるとする。場合によっては，初心者と熟達者の水準の差があまりにも大きすぎる場合もあるが，その際には，中間段階の熟達者を目標に，努力することが求められている。

　以上の構成主義と「初心者-熟達者モデル」で代表される認知心理学の「学習者観」からすると，知識とは，外部の世界や学習者と切り離された存在ではなく，一人ひとりの学習者により創造されたり，再構成されたり，さらに再組織化されたりするものである。また，学習者の認知的領域を使うことが問題解決力の手段として要求されており，学習状況と実際の社会的・文化的な脈絡の中での問題解決力の伸張が重視されているといえよう。

　このような認知心理学の立場からすると，学習の目的は，学習者の素質や特性に合わせて，その個人に最も意味がある知識や情報を中心に，より組織的・体系的な認知構造をもてるように援助や励ましを行うことである。そして，一人ひとりの学習者により創造，再構成，再組織化されるものが知識であり，そ

こに至るまでのプロセスこそが学習であり，目的となるのである。

(2) パフォーマンス評価論の教育目標

韓国の1990年代は，入試問題を解くための暗記教育から抜け出し，子どもの個性を尊重しながら「人性(humanity)教育」および創意性を最大限発揮できる教育と，その評価が教育改革案として取り上げられた時期でもあった。前項で整理したパフォーマンス評価の理論的成り立ちとその特徴をふまえ，ペクは，パフォーマンス評価の教育目標として次の6点を挙げる[5]。

1点目は，「自ら答えを構成し，行動で表す」ことである。1つの答えを選択する評価方法では，評価側には，子どもの認知や問題解決のプロセスを把握することが難しい。パフォーマンス評価では，子ども自身が正しいと思っている独自の考えや答えに至るプロセスを，彼ら自身による再構成，もしくは遂行(文で書くこと，語ること，行動で表すことなど)に基づいて，評価者が理解できるようになることがめざされている。

2点目は，「求めている教育目標を可能な限り実際状況に置き換え，達成しているかどうか把握する」ことである。たとえば，既存の有名な作家による文学作品を示して文の理解力を評価するように，抽象的な状況の中で答えを選択させるより，子どもが自ら「親の日」(韓国では5月8日が「親の日」である)に直接，親に手紙を書き，それを基に評価を行うなど，実際状況の中で，教師が直接観察しながら評価を行うことが求められている。

3点目は，「教育の結果とともに教育のプロセスも重視する」ことである。激しく変化している現代の社会においては，過去の知識や価値観をそのまま暗記させて疑わないのではなく，学習の方法から考え，学ばせることが重要である。パフォーマンス評価では，宣言的な知識(declarative knowledge)の習得のみならず，手続き的な知識のように，方法的な知識を習得させることが重視される。子どもが認知的に知ることは重要であるが，どのようにしてその知識を得させるか，また知っていることを実際状況に置き換えて活用できるかを把握することが必要なのである。

4点目は，「児童一人ひとりの変化および発達のプロセスを総合的に評価するとともに全体的かつ持続的に評価を行う」ことである。たとえば，教室で評

価が行われる際には，子ども一人ひとりの変化，発達のプロセスを詳しく診断するために，継続的に観察や面談を実施し，そのプロセスを構築していくことがめざされる。このような発達のプロセスの構築により授業計画の調整や指導改善などを図ることが可能になる。また，学習のプロセスでの評価は，教授，学習，評価が分離されるのではなく，ひとつに統合された形態で行われることが求められている。

　5点目は，「児童一人ひとりの評価とともにグループでの評価も重視する」ことである。評価は常に個人に対して行われるものではない。たとえば，1つのチームに研究課題を与え，チームでその課題を解決するように指導し，評価を行う際にも，チーム単位で評価をする。チームを評価する際には，他のチームとの相対評価ではなく，ルーブリックを基にそのチームの成就水準に基づいて評価をする。パフォーマンス評価では，個人の評価を強調するあまり，行き過ぎた競争を誘導することがあってはならない。チーム評価では，あくまで子どもの相互協力を導き出すことがめざされる。

　6点目は，「高次の思考力のみならず非認知的側面（情意的領域，社会的側面）についても総合的に評価を行う」ことである。ここでの高次の思考力とは，批判的思考，創意的思考や問題解決能力であり，自ら答えを導き出す過程や個人的な考え方が重視される。非認知的側面では，子ども自らのさまざまな物事への興味，関心の深さや努力による内面的なモチベーションから運動機能までが視野に入れられている。そして，教師は子どもの認知的な達成度に加えて，情意的領域においても学習の成就度を把握することが大事である。韓国でいう「情意的領域」とは，日本でのいわゆる学習への関心・意欲・態度とは一部異なり，やや幅が広いものを指している。たとえば，韓国でいう「情意的領域」の態度には，児童の好奇心，開放性（自由な考え方），判断の留保，証拠の尊重，批判性，協調性，失敗に対する肯定的受容など，心理的性質も含まれる。

　ここまで，認知心理学に基づくペクのパフォーマンス評価論の特徴と具体像について見てきた。これらから見いだせる主な意義として，以下の2点が挙げられる。

　1点目は，人間の学習能力に対する新しい認識を認知心理学と関連づけている点である。ペクは，認知心理学に基づく「学習者観」とは，一人ひとりの学

習者の事前の経験を基にさまざまな形で知識が創造，再構成，再組織されることであると捉えている。また，学習においては，一人ひとりの学習者の個性や特性に合わせ，過程的，方法的な知識を重視することがめざされる，とする。これは，激しく変化する社会における学校教育の新しい教育目標として，強調されるべき指摘である。同時に，従来の評価が孕む問題を乗り越えるためにも意義深い見解である。

2点目は，子どもの高次の思考力のみならず，情意的領域に対しても総合的に評価を行うことを重視している点である。ペクは，心理測定学に基づく「学習者観」を批判し，子ども一人ひとりに必要とされている高次の思考力を重視している。すなわち，多様な情報の中で一人ひとりが必要としている情報を認識し，どのような経路で得ることができるのか，そして，得た情報をどのように変換して自身の状況に合わせて活用できるのかを考えることが求められる，とペクは捉えている。さらに，そのプロセスでは，子ども自らの関心や努力による内面的なモチベーションが何より大切であるという。これは，今日の学校教育で最も必要とされていることである。

以上のように，ペクがパフォーマンス評価を評価のための評価ではなく，教授・学習の過程にもなるという発展的な評価方法として捉えている点は，卓見であるといえよう。

一方，課題としては，一人ひとりの子どもの高次の思考力，情意的領域に対して体系的な認知構造の構築ができるように，援助や励ましを行う，その手立てが十分に吟味されていない点を指摘することができる。たとえば，パフォーマンス評価では，子どもが自ら遂行する批判的・創意的思考，問題解決能力などが要求されている。しかしながら，教育現場では自ら考え，遂行を行うことが困難な子どもも存在する。このようなパフォーマンス評価の概念や課題についていけない子どもにも教育目標を達成させるような，具体的な方法に関する研究は，まだ見られない。一人ひとりの子どもに高次の思考力を駆使することを求め，それを何より重要な教育目標として掲げていることに鑑みれば，早急にこの問題が研究されてしかるべきであろう。

2 ナムのパフォーマンス評価論の具体像と課題

(1) パフォーマンス課題の詳細化

　教育現場でパフォーマンス評価を実施する際に最も課題となることは，評価における信頼性の確保が難しいことである。パフォーマンス課題に対する子どもの答えはさまざまであり，単純に正答と誤答に分けることはできない。ナムはこの点を問題視し，教師は，教育目標に基づくパフォーマンス課題の作成とともに必ず，ルーブリックを作成し，評価で発生する誤差を最小にする努力が必要であると述べている。ルーブリックは，評価の対象になる遂行（遂行過程の全体を指す）や産出物の質を評価するための一連の評価指針である[6]。

　しかしながら，教師がルーブリックを用いて評価するにしても，さまざまな子どもの応答類型やレベルを専門的に評価することは容易なことではない。また，標準テストよりも，管理や評価に時間がかかるということも課題である。その対応策として，パフォーマンス課題を作成する前に全体を詳細化して具体的なチェック項目を挙げておき，これに基づいて指導の方法を設計するようにすると，スムーズな授業・評価へとつながり，次回からは評価にかかる時間を大幅に短縮することができる。さらに，課題作成の後にも検討できるよう，チェックリストを用意しておくと信頼性の維持に役立つ。ナムは，ルーブリックを作成する前後において，教師がパフォーマンス課題のチェックリスト（表3-1-1）を用いて検討することを勧めている[7]。表3-1-1からわかるように，チェック項目は，パフォーマンス課題の作成前後で大きく区分されている。パフォーマンス課題作成前のチェックリストは，望まれる学力のスタンダードに照らして子どもの到達が期待されるパフォーマンスを想定し，その本質的な問い，教育方法，教材，評価の範囲などで構成されている。一方，パフォーマンス課題作成後のチェックリストは，教育目標と評価の一致，実際状況での活用の可能性，評価の信頼性，授業での実現性などで構成されている。ナムはこれらを具体的に教師が1つずつ確認することを勧めている。

　このようにパフォーマンス課題を事前に詳細化する作業により，授業目標と評価，授業で扱う内容，子どもが遂行するであろう知識内容と機能がより明確

表3-1-1　パフォーマンス課題のチェックリスト

パフォーマンス課題の詳細化（課題作成前）	パフォーマンス課題の検討（課題作成後）
□評価を通じてどのような結果が出てくることをめざしているのか。 □評価に合う内容とテーマは何であるのか。 □質問の本質と形式は何であるのか。 □子どもが個人で取り組む課題なのか，グループで行う課題なのか。グループの作業であれば，構成員一人ひとりの役割は何であるのか。 □応答の方式は，自由で選択可能なのか。選択可能であれば，誰が選択するのか。（教師，子ども，両方） □課題を解決するためにどのような材料や設備および資源を用いることが可能なのか。 □課題を解決するための時間をどれぐらい与えるのか。 □課題はどのような順番で提示するのか。 □課題を解決するためにほかの人々の手伝いを認めるのか。認めるとすれば，どの程度まで許容するのか。 □評価の計画と手続きはどのようにするのか。	□教育目標に基づいているか。とくに，分析，総合のような高次の思考力が反映されているか。 □子どもの学校生活や未来で直面する生活で繰り返されることが多い問題なのか。 □公平で偏っていないか。性や地域，文化および保護者の社会的・経済的地位などにより特定の子どもが有利もしくは不利にはならないか。 □子ども，保護者，教師の側面からみて，意味がある挑戦なのか。 □モチベーションが上がって魅力的なのか。 □授業目標と関連しており，教えることができるのか。 □空間，装置，時間，費用などの側面から考えて，学校（学級）で行うことが可能なのか。

出典：Nam, Myeong-Ho『パフォーマンス評価――技術的な側面』教育科学社，2003年，13-15頁を筆者が一部修正。

になる。授業中にも上記のチェックリストを活用することによって，評価の信頼性をより高めることが可能になると考えられる。

(2) ルーブリックの作成と課題

　パフォーマンス評価を行う際，パフォーマンス課題に対するルーブリックを作成することは，一番の核になる作業である。前述したパフォーマンス課題の選定と開発，ルーブリックの作成は異なる作業であるが，いずれも教育目標を達成するための評価規準を明確化するという点で欠かせない。

　ルーブリックは，課題領域に対する遂行のレベル（scale）と記述語（task description）で構成される評価の規準であり，テスト，ポートフォリオ，遂行などを採点したり，評価したりするために用いられる。ルーブリックの遂行のレベルは，与えられた課題をどの程度解決しているかを段階で区分する。韓国で

表3-1-2　評価者による遂行のレベルの相違

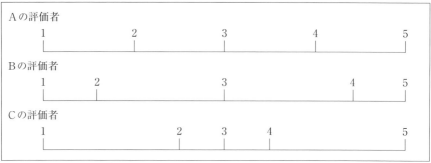

出典：Nam, Myeong-Ho『パフォーマンス評価——技術的な側面』教育科学社，2003年，78頁。

は，1段階（初期水準の学力）から3段階（高い水準の学力）か，1段階から5段階（最も高い水準の学力）となっている例が多い。ルーブリックの記述語は，基本的に教える側により作られるものであり，子どもが遂行すべき課題が何種類かある。課題は，特別な研究課題（論説，実験，発表など）の形態で与えられ，実験計画案の使用，参加，教室での遂行など全体的な行動も含むものである。

しかし，遂行のレベルを活用する際に，評価者による評定が同一ではない場合もあり得る[8]。たとえば，表3-1-2では，Aの評価者からCの評価者まで同じ5段階の評定スケールを設定しているが，各自の数量的な概念が異なっているので各数値が測るものは同じではない。すなわち，ここでの数字評定法は，物理的な基準に基づいたものではなく，心理的な尺度であるため，評価者によって異なる結果が起こるという限界がある。

したがって，ナムはこの点について，学期のはじめに教科と関連して「どのような遂行が素晴らしいものであるのか」を討論し，教師は，子どもとともに「観察可能な行動用語（言葉）」で適切な「記述語」を作っておくことが望ましいと述べている[9]。韓国において開発されている「記述語」の内容を確認すると，たとえば図表を使った視覚資料などの場合，「見やすい」「正しく対応できていない」「誤っている」という評価内容がたびたび見られる。しかし，これではどのような遂行を評価しているのかが明確ではない。たとえば，「見やすい」の場合は，「図や表などを用いて，自身の考えを根拠とともにまとめて表現している」のように「観察可能な行動用語」に替えるべきである。

このようにルーブリックを適切に作成・使用するには，子細な検討が必要な部分もある。しかしながら，ルーブリックを子どもに公開して教師と子どもが共有することで，両者が明確な学習目標をもつことができるとともに，「評価の信頼性」を確保するために貢献し得ることは明らかである。とくに，高い推論を要するパフォーマンス評価では，評価項目を教師が適切に調整し，教師の評価と子どもによる自己評価，そしてチーム評価などを並行する必要があるが，ルーブリックを使用すれば可能である。さらに，保護者にもこれを公開すれば，教師が期待していることを伝えるための意思疎通の道具ともなる。

　ナムは，以上のようにパフォーマンス評価における信頼性を維持するための具体的な方法[10]について提案し，ルーブリックの評価内容においては，子どもにとって意味がある課題をもたせ，必要な情報を収集，分析，再構成する遂行を重視している。ここまでのナムの主張にみられる主な意義として，以下の2点が挙げられる。

　1点目は，評価者による直接評価であるパフォーマンス評価において，評価の信頼性を高めるため，パフォーマンス課題の作成前後に大きく分けてチェックリストを設けることを取り上げている点である。表3-1-1のように，パフォーマンス課題を事前に詳細化する作業により，授業目標と評価，授業で扱う内容，子どもが遂行するであろう知識内容と機能がより明確になる。授業中にもチェックリストに即して適切に対応し，これを活用することによって，評価の信頼性をより高めることが可能になると考えられる。

　2点目は，「観察可能な行動用語」で教師が求めている遂行内容を明確にすべきであることを指摘している点である。ナムは，評価内容については，子ども・教師の間に誤解や乖離がないように，同一の理解を得ておくことが重要であると主張している。さらに，「観察可能な行動用語」は，子ども・教師の間で容易に理解し合え，コミュニケーションが可能な共通の言語で提示しなければならないことを強調している[11]。

　以上のように，ナムの提示したパフォーマンス評価の種々の評価記録方法は，新しい評価に対する刺激的なアプローチを生み出しているといえる。しかしながら，ナムが提案しているパフォーマンス課題のチェックリストでは，評価項目化している学力の捉え方が，評価の信頼性を視野に入れているものの，子ど

もの高次の思考力を専門的に判断する方法として適っているのかという疑問が残る。なぜなら，パフォーマンス評価であるからこそ得られる認知構造の継続的な量的・質的変化やその具体的な内容の記述に関しては対象化が不足しているからである。たとえば，ルーブリックのレベル1の子どもをレベル2へ，レベル2の子どもをレベル3へ引き上げていくための手立てとし，学習の改善策へ有機的につなげるといった評価の教育的側面が見過ごされているともいえる。

3　おわりに

　本稿では，韓国のパフォーマンス評価において重要な位置を占めているペクとナムの所論に焦点を当てて，その理論的到達点と課題を明らかにすることを目的とした。

　ペクのパフォーマンス評価論では，認知心理学に基づく学習者観を通して，認知構造の継続的な量的・質的変化が重視され，個人の学習により認知構造は継続的に修正および再組織化されることが重要とされていた。そして，学習者の認知的領域を活用することが問題解決力の手段として要求されており，実際状況での問題解決力の伸張が強調されていた。また，パフォーマンス評価論の教育目標では，求めている教育目標を実際状況で評価することや，子ども一人ひとりの発達プロセスを詳細に評価するとともに，高次の思考力と非認知的側面を総合的に評価することなどがめざされていた。一方，課題として，高次の思考力を要するパフォーマンス評価の遂行についていけない子どもに対する手立てについて，十分に吟味されていない点を指摘した。

　以上をふまえ第2項では，パフォーマンス評価論の具体像を明らかにするため，『パフォーマンス評価――技術的な側面』の検討を通して，ナムがパフォーマンス評価でめざされるべきとする教育評価の具体像を明らかにし，その成果と課題を検討した。

　ナムは，評価者による直接評価であるパフォーマンス評価において，評価の信頼性を高めるため，パフォーマンス課題の作成前・作成後に大きく分けてチェックリストを作成，検討することを提案していた。作成前は，子どもに期待される遂行のレベルや教育方法，評価の範囲などを検討すること，作成後は，

教育目標と評価の一致，実際状況での活用，評価の信頼性，情意的領域，実現性などの検討を勧めている。そして，パフォーマンス課題に対するルーブリックの評価内容について子ども・教師の間に同一の理解ができるように，「観察可能な行動用語」で遂行を明確にすることを提案し，教育現場での実用化をめざしている。

ただし，ナムが評価方法として提案しているパフォーマンス課題のチェックリスト法や，「観察可能な行動用語」で遂行内容を明確にすることについては，課題が残されていることを指摘した。パフォーマンス評価であるからこそ得られる認知構造の継続的な量的・質的変化や，その具体的な記述が不十分となる懸念があり，学力が不足している子どもの学習への手立てを改善するという教育的側面において，さらに検討が必要であると考えられるからである。

パフォーマンス評価の基本原理は，評価者の観察および判断に従って評価を行うことである。したがって，評価者は，子どもの産出物に対して客観的かつ専門的に観察し，記録しておかなくてはならない。また，遂行課題そのものについていけない子どもに対しても，有効に適用できる評価法でなければならない。すべての子どもに自信をもたせ，学力の向上を促すような評価記録方法の開発は今後，必要不可欠になるだろう。

1) 国立教育評価院編『パフォーマンス評価の理論と実践 (수행평가의　이론과　실제)』大韓教科書，1996 年。
2) Baek, Sun-Geun「教授・学習評価の新しい代案 (교수・학습평가의　새로운　대안)」『初等教育研究』第 6 巻，1995 年，3-20 頁。
3) Baek, Sun-Geun『パフォーマンス評価の原理 (수행평가의　원리)』教育科学社，2000 年。
4) Baek, Sun-Geun『パフォーマンス評価——理論的な側面 (수행평가——이론적　측면)』教育科学社，2002 年。
5) 国立教育評価院，前掲書，37-38 頁。
6) Gim, Young-Chun『現場の教師のための教育評価 (현장교사를　위한　교육평가)』ムンウン社，2007 年，206 頁。
7) Nam, Myeong-Ho『パフォーマンス評価——技術的な側面 (수행평가——기술적　측면)』教育科学社，2003 年，13-15 頁。
8) Hwang, Jeong-Gyu『学校学習と教育評価 (학교학습과　교육평가)』教育科学社，1995 年。
9) Nam，前掲書，16 頁。
10) Nam, Myeong-Ho「初等学校でのパフォーマンス評価の課題と展望 (초등학교의　수행평가의　과제와　전망)」『初等教育研究』，1996 年，87-100 頁。
11) Nam，前掲書，15-17 頁。

第2節
アメリカの州学力テストにおける障害のある子どもたちへの特別な配慮

羽山 裕子

0 はじめに

 すべての子どもに学力を保障するというとき,そこには障害[1]のある子どもたちも当然含まれる必要がある。しかし,その実現にはさまざまな課題がある。たとえば,大規模な学力評価に彼らが参加することは容易ではない。
 ここで諸外国に目を向けると,たとえばアメリカでは,障害のある子どもたちの通常教育カリキュラムへのアクセスを実現する一環として,彼らを州学力テストに参加させる取り組みが模索されている。周知のとおり,アメリカではスタンダードと学力テストに基づく学力向上政策が進められてきた[2]。共通のスタンダードへの到達を求める州学力テストにおいて,障害のある子どもたちの個々の実態への柔軟な対応は,どのように実現され得るのだろうか。本稿では,障害のある子どもたちの州学力テストへの参加の先進的取り組みであるとされている,1990年代前半のケンタッキー州での実践に注目し,その後,アメリカにおける現在の状況も視野に入れて考えていきたい。

1 障害のある子どもたちを州学力テストの対象とする取り組み

(1) 大規模なテストや調査への参加の困難さ

 1990年代初頭に行われた研究によると,この時期までにアメリカで実施された教育に関する大規模調査のほとんどにおいて,障害のある子どもたちの40〜50％程度が,対象から除外されてしまっていたと見積もられている[3]。調査対象から除く理由としては,障害のある子どもたちに負担をかけないためと

いう点や，解答を行う能力がないと判断されたという点が挙げられていた。

　誰を参加させ，誰を除外するのかという判断のよりどころとなるガイドラインは，運用実態に地域差が見られ，ガイドラインが一切ないままで当然のごとく除外されてしまっているような極端な場合もあった。さらには，通常学校以外の場で教育を受けている子どもたちについては，除外人数の算定の際に考慮されていないと疑われる状況が散見され，彼らを参加させなければならないという認識自体が希薄であったことがうかがわれた。

(2) すべての子どもを評価対象とするための取り組み——ケンタッキー州の例

①「代替的なポートフォリオ」による評価

　大規模な調査やテストで障害のある子どもたちが当たり前のように除外されていた中で，彼らを州学力テストに参加させる挑戦的な取り組みがケンタッキー州で始まった。ケンタッキー州では，1990年に改訂された教育法(Kentucky Education Reform Act)において，すべての子どもが州の評価システムに参加できるように取り組むことが定められた。

　当時のケンタッキー州では，比較的障害の軽い子どもたちは，問題の読み上げ，支援機器や通訳の使用など，問題の提示や解答に関わる補助によって，通常の州学力テストを受験していた[4]。そこで，このような補助を用いてもなお通常の州学力テストへの参加が困難な，認知面での障害がより重い(more severe cognitive disabilities)子どもたちへの対応が課題となり，「代替的なポートフォリオ(Alternate Portfolio)」による参加が実現されることとなった。

　ポートフォリオ評価法とは，さまざまな評価記録や子どもたちの作品を蓄積し，それに基づいて評価を行う方法である[5]。子どもの成長を継時的かつ全体的に捉えることで，個に応じた指導を行う手がかりとすることができるため，特別支援教育の実践でも活用されてきた[6]。ケンタッキー州の学力テストにおける「代替的なポートフォリオ」は，対象児が州レベルで定められた目標を達成した根拠資料を集めることに主眼があるため，継時的で全体的な子どもの評価というポートフォリオ評価法本来の強みが必ずしも当てはまるわけではない。しかしながら，後述するようにポートフォリオ作成の過程で子どもに対する理解が深まることが指摘されており，この点で，個々の実態に応じた指導を

表3-2-1　ケンタッキー州の「代替的なポートフォリオ」に含まれる情報

・生徒のコミュニケーションの様式についての書類
・生徒の1日のスケジュールと週のスケジュール（日常的に用いる書式のもの）
・評価者に対する生徒の手紙　　・プロジェクトと調査結果（investigation）
・12年生の生徒の作品履歴　　　・生徒の保護者の手紙

出典：Kleinert, H. L., Kearns, J. F. & Kennedy, S., "Accountability for All Students: Kentucky's Alternate Portfolio Assessment for Students with Moderate and Severe Cognitive Disabilities," *Journal of the Association for Persons with Severe Handicaps*, Vol. 22, No. 2, 1997, pp. 90-91 をもとに筆者作成。

行うことにも結果的に寄与したと考えられる。

「代替的なポートフォリオ」には，スケジュール表や手紙といった，子どもの実態を知る手がかりとなる書類とともに，彼らの能力を示す作品が収められた（表3-2-1）。たとえば，ある12年生の生徒の場合は，プロム（ダンスパーティ）の衣装を友人と買いにいったことが取り上げられ，その時の予算計画表，チェックリスト，手紙，写真，レシート，プロムの記念品などがポートフォリオに収められた。一方で，障害の重いある8年生の生徒の場合は，スイッチなどの機器を用いて学校での仕事に取り組む様子のビデオポートフォリオが作成された[7]。このように「代替的なポートフォリオ」の下では，子どもの実態に応じて多様な資料を評価材料とすることができた。

②目標と評価基準の設定

子どもごとに異なる多様な資料を通して，どのような共通した能力が評価されたのだろうか。「代替的なポートフォリオ」を通して見取るべき能力は，州の掲げる教育目標である，75項目の「価値ある成果（valued outcome）」を土台として導き出された。具体的には，各項目についてその重要な機能（critical function）は何かという点が検討された。たとえば「会話によって考えを伝え合う」からは，重要な機能として，「あらゆる状況において基本的なニーズや嗜好性（preferences）について伝え合う」が導き出された。また，「正義，平等，責任，選択，自由といった論点を識別し，これら民主主義の原則を実際の生活の場面に適用する」からは，「選択を行い，そして自分の行動に関する責任を受け入れる」が導き出された。このように，「代替的なポートフォリオ」を通して見取るべき能力は，通常教育の教育目標の本質を吟味する中で決定されており，たんに学年レベルを下げる，分量を減らすといったやり方はとられなかっ

表3-2-2 ケンタッキー州の「代替的なポートフォリオ」の包括的な採点基準

採点の次元，基準	Novice	Distinguished
パフォーマンス	ポートフォリオの作品に参加する。	自分のパフォーマンスを計画し，積極的に取り組み始める。また自分のパフォーマンスについてモニターし，評価する。
支援	仲間の支援に関する証拠がほとんどない。	自然な支援を幅広く利用する。
状況	まず1つの状況下で作品／パフォーマンスに参加している。	エントリー内とエントリー外の両方における，さまざまな状況でパフォーマンスが生じる。
交流	主に教師や家族とのやり取りに反応する。	障害のない仲間たちとの確かな相互の友情が見られる。
形式と文脈	わずかな形式や文脈を用いていることを示している。	あらゆる形式や文脈を総合的に用いていることを示している。
領域とアカデミックな期待を調和する	いくつかの領域における限られたサンプル。アカデミックな期待に対する限られた調和。	あらゆる領域に関する広範な表現（representation）と，あらゆるアカデミックな期待に対する広範な調和。

出典：Kleinert, H. L., Kearns, J. F. & Kennedy, S., "Accountability for All Students: Kentucky's Alternate Portfolio Assessment for Students with Moderate and Severe Cognitive Disabilities," *Journal of the Association for Persons with Severe Handicaps*, Vol. 22, No. 2, 1997, p. 92 の表より．NoviceとDistinguishedのみ抜粋して筆者訳出。

た。

「代替的なポートフォリオ」の採点は，表3-2-2に示すような6つの観点に基づいて，4段階（Novice, Apprentice, Proficient, Distinguished）で行われた。6つの観点からは，仕上がった作品の質のみならず，作成過程での仲間との協力や交流が求められていたことがわかる。ここから，「代替的なポートフォリオ」による評価は，普段の教育実践をインクルーシブなものにする効果があるのではないかと期待されてもいた[8]。

以上のようにケンタッキー州での「代替的なポートフォリオ」の取り組みでは，通常教育の教育目標を土台として，一定の共通した目標設定が行われていた。一方で，個々の子どもが日々の活動の中で能力を発揮している場面を切り取って，ポートフォリオに収める資料とすることができるため，評価における個々のニーズへの柔軟な対応も，ある程度実現されていたといえる。

(3) ケンタッキー州の「代替的なポートフォリオ」の意義と課題

「代替的なポートフォリオ」導入の数年後に行われた，教師に対するアンケート調査[9]では，障害のある子どもを州学力テストによるアカウンタビリティ・システムに巻き込むことの是非について問われた。その結果，「重度の生徒も対象とすることは重要だと考えるか」「巻き込まれることは生徒の利益につながると考えるか」といった質問に対して，5割強が「強くそう思う」ないし「そう思う」と回答した。一方で，「そう思わない」ないし「まったくそう思わない」と回答した者の合計も3割近くにのぼり，学校現場では意義と課題の両面が意識されていたことがうかがえた。

意義と課題の具体的な中身の一端は，アンケートの自由記述から知ることができる。自由記述の回答では，ポートフォリオに収める作品を作る中で教師が生徒のコミュニケーションの形態に敏感になるという意義が述べられており，「代替的なポートフォリオ」による州学力テストへの参加が，普段の教育実践へも肯定的な変化をもたらし得る可能性が示唆されていた。ただし，通常の州学力テストがペーパーテストとポートフォリオの両方によって行われるのに対して，障害のある子どもたちは「代替的なポートフォリオ」のみで評価されるため，ポートフォリオ作成時の教師のプレッシャーや労力が大きいとも指摘されていた。

一方，「代替的なポートフォリオ」による評価の信頼性については，導入後の数年間，担任教師による採点と第三者の採点を並行して行う実験によって検証が試みられた[10]。その結果，2年目，3年目と進むにつれて担任教師の採点が甘くなることが判明した。これは，経年的な点数の伸びによって学校や学区への賞罰が決まることのプレッシャーが背景にあるのではないかと疑われた。

以上のような導入初期の調査結果からは，教師の負担が大きいという課題はあるものの，「代替的なポートフォリオ」が個々の子どもの実態に応じた指導改善に寄与する可能性もうかがえた。ただし一方で，ケンタッキー州の取り組みの普遍性には限界があったことも指摘できる。たとえば，一般的に，アカデミックな教科内容を重視するスタンダードは，認知面での障害が重い子どもには適切ではない可能性が指摘されている[11]。これに対して，当時のケンタッキー

州の通常教育の教育目標は，特定の教科の枠組みにしばられない75項目の「価値ある成果」であった。そのため，通常教育の教育目標を土台として，「代替的なポートフォリオ」対象者に適した目標を矛盾なく導き出すことができた。評価方法の面でも，当時のケンタッキー州では，通常の州学力テストで教科ごとのテストに加えてポートフォリオが用いられていたことから，「代替的なポートフォリオ」導入の障壁は小さかったと考えられる。このように，ケンタッキー州では，通常教育の州学力テスト体制をよりどころとしながら，スムーズに代替的な評価方法を構築できる環境があった。

ただし，このような状況はどの州でも実現されるものではなく，またケンタッキー州においても徐々に変化せざるを得なかった。1990年代末には，通常教育のテストを多肢選択式重視のものへと切り替えていく動きが見られた[12]。75項目の「価値ある成果」についても，アカデミックではないという批判を受けて変更された。

2　代替的な評価の普及と課題

(1) 代替的な評価の普及

1990年代半ばから後半にかけては，全米的なレベルでも障害のある子どもたちを州の評価システムに参加させるための代替的な評価（alternate assessment）の開発が進められていった。1994年に出された「2000年の目標：アメリカ教育法（Goals 2000: Educate America Act）」において，完全にすべての生徒を含んだ評価システムの構築が求められ，1997年改訂障害者教育法（Individuals with Disabilities Education Act）では，全州が2000年の7月までに代替的な評価を実施することが求められた。

開発が進む中で，比較的障害の軽い子どもたちを対象とした通常の学力テストでの補助と，比較的障害の重い子どもたちへの代替的な措置との間を埋めるような新たな形態が生み出されていった。現在，代替的な評価には大きく以下の3つが見られる[13]。

1つめが，代替的なスタンダードに基づく代替的な評価（alternate assessments based on alternate achievement standards:AA-AAS）である。これは，認

知面の障害が最も重い子どもたちを想定した対応であり,通常の州学力テストで扱われる内容について,その深さ,広さ,複雑さを減じた評価が行われる。受験人数に制限はないものの,その点数が適正年次学力向上（Adequate Yearly Progress: AYP）の算出に反映されるのは,通常の州学力テストの受験者も合わせた全体の1％以内の人数分のみと規定されている。対象児は,障害の種類によって決定されるわけではなく,その子どもの個別の指導計画を作成するチームが,AA-AASの必要性を認めるか否かによって決定される。

2つめが,修正されたスタンダードに基づく代替的な評価 (alternate assessments based on modified achievement standards:AA-MAS) である。これは,同学年の通常教育の教育内容に即して学んではいるが,障害によってその進度が遅れている子どもを対象としている。評価の内容は通常教育対象児と同じであるが,難易度が下げてある。たとえば,算数の図形分野での例を挙げると,通常のテストでは,定規を用いて図形の辺の長さを計測する課題が出題されるのに対して,AA-MASでは,図形に定規を合わせた状態の絵が問題用紙に印刷されており,絵の中の目盛りを読み取ることで解答できる形式になっているなどである[14]。なお,点数がAYPの算出に反映されるのは,通常の州学力テスト受験者も合わせた全体の2％以内の人数分のみとされている。

3つめが,学年のスタンダードに基づく代替的な評価 (alternate assessments based on grade-level achievement standards: AA-GLAS) である。これは,通常のテストとは異なる形式や道具を必要とするが,問題内容の修正は行われていない試験を受験する子どもを対象とする。このような対応は,通常のテストでの補助（現在でいうところのアコモデーション[15]）と共通する性格をもつが,州で定められたアコモデーションの範囲ではニーズに応じきれない場合の対応としてAA-GLASが用いられるということになっている[16]。

(2) 代替的なスタンダードに基づく代替的な評価 (AA-AAS)

3種類の代替的な評価のうち,ケンタッキー州の例で見たような,認知面での障害の重い生徒に対応するためのものは,1つめのAA-AASにあたる。ただし,ケンタッキー州で最初の実践が行われた1990年代とは,少し事情が異なる。1990年代には,通常教育での評価のあり方が見直され,ポートフォリ

オ評価法やパフォーマンス評価法に注目が集まっていたが，現在では通常の州学力テストでこのような方法が用いられることはほとんどなくなってしまったという[17]。かわって，各州において教科ごとのスタンダードが整備されており，教科の枠組みに即したアカデミックな内容の習得が厳密に求められている。

このような状況の中で，最も障害の重い子どもたちを対象とするAA-AASでも，標準化された多肢選択式テストやチェックリストを用いる州が増えてきている。たとえば，現在のケンタッキー州の代替的な評価では，子どもごとに「代替的な評価とアカウンタビリティフォルダー（Alternate Assessment & Accountability Folder）」が作成されるが，その中には教科ごとのテスト（attainment tasks）の点数が資料として含まれる[18]。このテストは多肢選択式であり，子どもと教師の1対1の状況で実施される。

一例を挙げると，5年生の算数では，教師は立方体3個を階段状に積み上げた図（物体B）の書かれたカードを子どもに見せ，「1辺が1インチの立方体でできているとしたら，物体Bの体積はいくらですか」と問いかける。そして，選択肢として，1辺が1インチの立方体を複数積み上げた4つの図を見せ，その中から答えを選ばせるというような問題が出題されている。

評価問題の背後には，教科と学年ごとに作成された代替的なスタンダードが存在する[19]。たとえば上記の問題は，5年生の代替的なスタンダードの「立方体を数えたり，立方インチ，立方フィート，あるいは即興で作った単位を用いて体積を測る」に対応している。代替的なスタンダードの各項目は，通常のスタンダードの項目との対応関係が明示されている。

ただし，通常のスタンダードの全項目に対して代替的なスタンダードが存在するわけではない。たとえば5年生の算数の例を見ると，演算と代数的思考（3項目），10の基数による数値と計算（7項目），分数とその計算（8項目），測定とデータ（5項目），幾何学（4項目）が通常のスタンダードでは示されているのに対して，代替的なスタンダードは各分野1～2項目ずつの合計6項目のみである。さらに，スタンダードの文面を比較してみると，完全に一致している場合と到達度に差がつけられている場合が見られる。後者の具体例としては，代替的なスタンダードではグラフを描くことのみが求められているが，通常のスタンダードでは座標の値を解釈することが求められるなどである。

以上のような現在のケンタッキー州での実践は、かつての「代替的なポートフォリオ」による評価と比較すると、作成や採点にかかる教師の負担を軽減させる可能性もある。しかし一方で、個々の子どもの実態に合わせる柔軟さは減退していると言わざるを得ない。多肢選択式による解答方法の画一化や、通常教育に準じた、学年ごと、教科ごとのスタンダードの下では、代替的な評価の枠組みからもこぼれ落ちてしまう子どもが出る可能性が危惧される。

(3) 現在の代替的な評価をめぐる論点

　代替的な評価が各州に普及した現在、そこにはどのような論点があるのだろうか。アメリカ国内での研究では、個別具体的な評価手法の良し悪しにとどまらず、そもそもそのような手段を講じて障害のある子どもたちを州学力テストのようなハイ・ステイクスなテストに参加させること自体の是非が問われている。

　障害のある子どもたちのハイ・ステイクスな評価への参加を肯定する意見としては、アカデミックな教科の学習の保障につながることや、障害のある子どもたちに対する教師の期待の低さの改善につながることが挙げられている[20]。このような意見の背景には、従来の障害のある子どもたちへの教育では、生活上必要な知識や技能に教育内容が偏りがちであり、また教師が子どもたちに低い期待しか寄せないことで、アカデミックな教科内容の達成度が不十分にとどまっていたという見方があった。

　一方の否定的な意見としては、個々のニーズに応じた個別の目標や計画に沿って教育を行うことを求める障害者教育法の方針と、すべての生徒に一定の内容の習得を求める通常教育の学力向上政策の方針にはそもそも矛盾があるという指摘がなされている[21]。さらに、通常教育の教育目標や学力テストのあり方を基準として考えることの限界も指摘されている。すなわち、障害の重い子どもにとって、通常教育カリキュラムにアクセスできること自体は重要だが、その結果として通常教育の生徒たちと同じ到達度を求める必要はないという指摘[22]や、そもそも比較的障害の軽い子どものためのアコモデーションであっても、通常の州学力テストの内容を変質させているという指摘がなされているのだ[23]。

以上，障害のある子どもたちが州学力テストへ参加することへの賛否両論を通しては，通常教育に準じて一定のアカデミックな教科の学習を求めるべきか否かという点が見解の分かれ目であることがわかる。

3　おわりに

　本稿では，障害のある子どもが大規模な学力評価に参加することを実現するための取り組みと課題について，アメリカの州学力テストにおける代替的な評価に注目して見てきた。初期の実践である，ケンタッキー州の「代替的なポートフォリオ」による評価では，通常教育の教育目標を吟味し，翻案することで代替的な教育目標が定められ，その評価のために必要な材料は，個々の子どもの学習活動や生活の中から選び出されていた。一方，現在の代替的な評価の取り組みでは，通常の州学力テストと同様の，教科ごとのスタンダードに基づく多肢選択式のテストも見られた。

　このような実態をふまえて，共通のスタンダードへの到達を求めることと個々の実態への柔軟な配慮との兼ね合いという，本稿の冒頭で述べた論点についてどのようなことが言えるだろうか。ここで，「共通」のスタンダードが代替的な評価対象者の中のみで完結する「共通」性ではなく，常に通常教育の教育目標との「共通」性を意識したものであったことに注意したい。つまり，通常教育の教育目標を所与のものとして，そこから個々のニーズに応じた目標や評価を工夫するのが代替的な評価なのである。そのため，たとえ個々の実態に柔軟に応じた適切な評価を行い得る方法であっても，通常教育の目標・評価枠組みとの乖離が大きければ，実践には困難が伴うと考えられる。代替的な評価がこのような難しいバランスの下で行われていることを意識しつつ，そもそもの通常教育の目標や評価のあり方自体を今一度問う必要があるのかもしれない。

　最後に，本稿では十分に扱えなかった重要な論点として，公平性に関わる問題を指摘しておきたい。障害のある子どもたちが十分に実力を発揮できる条件を整えることは，そのような配慮を受けずに通常のテストを受験する低学力の子どもたちとの間の不公平を生み出しているという批判も存在する。障害のあ

る子どもたちが学力テストに参加するための手法を開発・改善していくだけでは十分ではない。大前提として，いったい誰のどのようなニーズが特別な配慮の対象となるのか，そもそも対象にする／しないといった区別を行うことに妥当性はあるのかといった難問もまた，同時に問い続けていく必要があるのだ。

1) 以下，本稿では「障害」という表記を用いるが，この表記の適切さについて，今なお議論が重ねられている点には留意すべきだろう。
2) 北野秋男・吉良直・大桃敏行編『アメリカ教育改革の最前線——頂点への競争』学術出版会，2012年。
3) McGrew, K. S., Thurlow, M. L. & Spiegel, A. N., "An investigation of the exclusion of students with disabilities in national data collection programs," *Educational Evaluation and Policy Analysis*, Vol. 15, No. 3, 1993, pp. 339-352.
4) Kleinert, H. L., Kearns, J. F. & Kennedy, S., "Accountability for All Students: Kentucky's Alternate Portfolio Assessment for Students with Moderate and Severe Cognitive Disabilities," *Journal of the Association for Persons with Severe Handicaps*, Vol. 22, No. 2, 1997, p. 89. このような取り組みを指す単語として，当時の資料では，accommodation, modification, adaptationの3つの単語が厳密に区別されずに用いられているため，ここではまとめて「補助」と表現する。現在の各語の詳細は，野口晃菜・米田宏樹「米国における障害のある児童生徒への通常教育カリキュラムの修正範囲：用語の整理と分類から」『障害科学研究』第36巻，2012年，95-105頁参照。
5) 田中耕治『教育評価』岩波書店，2008年，159頁。
6) Richter, S. E., "Using portfolios as an additional means of assessing written language in a special educational classroom," *Teaching and Change*, Vol. 5, No. 1, 1997, pp. 58-70.
7) Kleinert, et al., op. cit., p. 95.
8) Kleinert, H. L., Kennedy, S., & Kearns, J. F., "The Impact of Alternate Assessments: A Statewide Teacher Survey," *Journal of Special Education*, Vol. 33, No. 2, 1999, pp. 93-102.
9) Ibid.
10) Kleinert, et al., op. cit., 1997, p. 97.
11) Center for Policy Research, *Standards-based school reform and students with disabilities*, 1996, p. 11.
12) Kleinert, et al., op. cit., 1999, p. 99.
13) National Center on Educational Outcomesホームページ http://www.cehd.umn.edu/NCEO/TopicAreas/AlternateAssessments/altAssess-Topic.htm（2016年1月25日確認）
14) Lemons, C. J., et al., "Implementing Alternative Assessment based on Modified Academic Achievement Standard: when policy meets practice," *International Journal of Disability, Development and Education*, Vol. 59, No. 1, 2012, pp. 67-79.
15) 注4) 参照。

16) National Center on Educational Outcomes前掲ホームページ。
17) 遠藤貴広「州テスト政策に対抗する草の根の教育評価改革――New York Performance Standards Consortiumを事例に」北野・吉良・大桃，前掲書，231 頁。
18) Kentucky Department of Education, *Important Terms Related to the Alternate Assessment and Accountability Folder*（*AAAF*），2015.
19) *Alternate K-PREP Aligned to KCAS Standards*
http://education.ky.gov/AA/Assessments/kprep/Pages/AltStd.aspx（2016 年 1 月 25 日確認）
20) Thurlow, M. L. & Quenemoen, R. F., "Standards-based reform and students with disabilities," in Kauffman, J. M. & Hallahan, D. P. (eds.) *Handbook of special education*, Routledge, 2011, p. 139.
21) Lindstrom, J. H., "High stakes testing and accommodations," in Kauffman, J. M. & Hallahan, D. P. (eds.) *op. cit.*, p. 323.
22) Kearns, J. F., "Principles and Practices for Assessments," in Kleinert, H. L. & Kearns, J. F. (eds.) *Alternate Assessments for Students with Significant Cognitive Disabilities*, Paul H. Brooks Publishing Co., 2010, p. 23.
23) Ibid.

第3節
イギリスにおける「学習のための評価」による形成的評価の再構築

二宮衆一

0 はじめに

2005年にOECDは,*Formative Assessment: Improving Learning in Secondary Classroom* を発刊した。その中でOECDは形成的評価を「生徒の達成度を向上させる最も効果的な戦略の1つである」と論じている。この提起に示されるように,形成的評価は学力向上のための効果的な教育方法として,今日,世界中で関心を集めている。

しかしながら,「形成的評価は体系的に実践されていない」という同書の指摘が示すように,形成的評価は体系的な理論として確立しているとはいえない。その大きな理由の1つは,形成的評価の理論が必ずしも十分に成熟していないからである。たとえば,ベネット(Bennett, Randy E.)は,アメリカにおいて形成的評価が,一方では診断テストや中間テスト(interim test),あるいはそうしたテストを教師たちが作成するための問題集という意味合いで使用されており,他方ではテストではなく,学習者のニーズに合わせた指導を考案することによって学習を手助けするプロセスという意味合いで用いられていると指摘している[1]。

したがって,形成的評価は学力向上のための効果的な教育方法として関心を集めているが,その理論的・実践的な体系化は,いまだ途上にあるといえる。

この問題点を早くから指摘し,形成的評価の理論的・実践的な体系化の必要性を説いてきたのは,イギリスの教育評価研究者たちであった。ロンドン大学のブラック(Black, Paul)とウィリアム(Wiliam, Dylan)は,1998年に"Assessment and Classroom Learning"という研究論文と,それを要約した一般向けのパンフレットである *Inside the Black Box* を刊行している[2]。その中で,彼らは,

それまでの形成的評価研究を整理し，その到達点を確認しながらも，その問題点を「ブラック・ボックス」に喩えた[3]。

　彼らによれば，スクリヴァン (Scriven, Michael)，ブルーム (Bloom, Benjamin S.) によって形成的評価が提唱されて以降，その思想を継承する形で，フィードバックや自己評価，相互評価，目標に準拠した評価，ダイナミック・アセスメントなどさまざまな形成的評価理論が生み出されてきた。しかしながら，それらを統合し，体系的な形成的評価理論を形づくる研究はほとんど行われてこなかった。そのため，形成的評価に関する研究は多数存在するものの，その理論は存在しない，という混迷の中に形成的評価はあると指摘する。つまり，形成的評価はその目的である指導改善や学習改善を果たすための理論的な枠組みを欠いており，それを「ブラック・ボックス」と表現し，問題提起したのである。

　1996年に設立された ARG (Assessment Reform Group) というイギリスの研究グループは，この「ブラック・ボックス」を開ける研究に携わり，今日の形成的評価の礎を築いてきた。ここでは，ARGに結集したハーレン (Harlen, Wynne) やギップス (Gipps, Caroline)，ジェームズ (James, Mary)，ブラック，ウィリアムらが行ってきた研究に基づきながら，今日の形成的評価研究がどのような展望を切り拓こうとしているのかを見ていく。

1　形成的評価の再構築

(1) 形成的評価概念と総括的評価概念の問い直し

　形成的評価と総括的評価という考え方は，元々はスクリヴァンやブルームによって教育評価機能を区分する概念として提唱されたものであった。1990年代以降のイギリスでは，ARGのメンバーを中心に，これらの概念の捉え直しが進められており，その中で形成的評価概念も成熟してきていると考えられる。

　1971年に公刊された『教育評価法ハンドブック』の中でブルームが，これら2つの教育評価機能を区別する基準として挙げたのは，「目的 (purpose)」「時期 (timing)」「一般化 (genaralization) の程度」の3点であった[4]。

　ブルームは，形成的評価を「カリキュラム作成，教授，学習の3つの過程の，あらゆる改善のために用いられる組織的な評価の型」と位置づける一方で，総

括的評価を「1つの学期やコースのプログラムの終わりに，成績づけや認定，進歩の評価，カリキュラムや教育計画の有効性の検討などを目的として用いられる評価」として規定する[5]。つまり，形成的評価は学習者の学習や教師の授業方法，あるいはカリキュラムなど，教育過程において行われている活動の改善を，総括的評価は教育活動の効果や有効性を測ることをそれぞれ目的としていることになる。

　今日，両者を区別するものは，評価が行われる時期や評価対象となる学力の違い（一般化の程度）ではなく，「目的」と捉えられている。その理由は，「目的」こそが両者の評価機能を区分する本質的な違いだからである。たとえば，「時期」によって両者を区別するならば，単元，あるいは1時限の授業の中で小テストを繰り返し，頻繁に理解度をチェックすることも，形成的評価と捉えられることになる[6]。こうした評価実践は，確かに指導の途上で評価が行われるため，「時期」に基づく限り，形成的評価と特徴づけられる。しかしながら，1時限の授業の中で小テストを繰り返し，頻繁に理解度をチェックすることと，それが指導改善や学習改善に生かされることとは，必ずしも同義ではない。指導の途上で評価が行われることは，形成的評価にとって必要条件ではあっても，必要十分条件ではないのである。

　イギリスを中心とした欧米では，1990年代以降から今日にかけて，ブルームの提案した「目的」の違いに沿って，形成的評価と総括的評価の機能概念を洗練させる新たな提案がなされつつある[7]。両者の違いは，具体的には，学習や指導改善をめざす評価活動であるのか，それとも学習や指導改善を主たる目的とせず，資格や選抜，あるいはアカウンタビリティのための評価活動であるのかによって大別されることになる。こうした論調にのっとって，近年欧米では，形成的評価と総括的評価に代わり，「学習のための評価」と「学習の評価」という用語も使われ始めている。

（2）「学習のための評価」と「学習の評価」としての評価機能

　「学習のための評価」をめざす形成的評価は，「学習の評価」である総括的評価と，どのような点において具体的に異なるのか。両者の評価機能概念の違いについても，より明確に示されるようになってきている。

たとえば、タラス（Taras, Maddalena）は両者の概念の違いを、その源流であるスクリヴァンにまで遡りつつ考察し、最終的にはサドラー（Sadler, Royce）の考えを引用し、次のように結論づけている[8]。タラスによれば、サドラーは評価を次のような3つのステップに大別している。1つめが「スタンダードや目標、到達レベルの設定」、2つめが「実際の到達レベルとスタンダードとの比較」、3つめが「（実際の到達レベルとスタンダードとの）ギャップを埋めるための適切な行動」である。タラスによれば、サドラーは「1 + 2」を総括的評価、「1 + 2 + 3」を形成的評価と捉えているという。そして、両者を決定的に分けるのは、フィードバックの有無ではなく、フィードバックが学習支援や改善に結びついているかどうかにあるとする。

　タラスは、こうしたサドラーの考えに従い、形成的評価と総括的評価の区別を次のように提案している。総括的評価とは、実際の到達レベルとスタンダードとの比較を行い、学習者の到達レベルを判断する行為を指すのに対して、形成的評価は、そうした総括的評価に加え、そのギャップを埋めるための具体的なフィードバックが学習者に提供されることであると。

　タラスと同様の考え方を、より詳細に提案しているのがハーレンである。ハーレンは、総括的評価と形成的評価の機能の違いを図3-3-1・3-3-2のように示

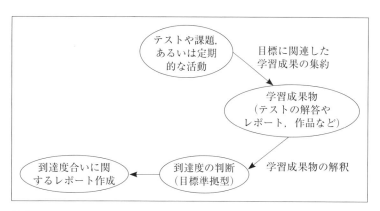

出典：Harlen, W., "On the relationship between assessment for formative and summative purpose," in Gardner, J. (ed.), *Assessment and Learning* (*second edition*), SAGE, 2012. p. 91.

図3-3-1　ハーレンによる総括的評価の機能

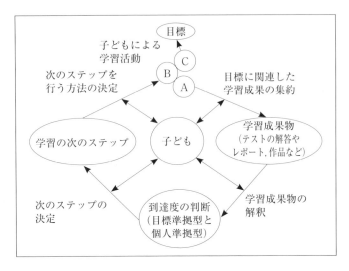

出典：Harlen, W., "On the relationship between assessment for formative and summative purpose," in Gardner, J. (ed.), *Assessment and Learning* (*second edition*), SAGE, 2012. p. 90.

図 3-3-2　ハーレンによる形成的評価の機能

す[9]。両者の違いは，各々の目的，すなわち「学習の評価」なのか，「学習のための評価」なのかにある。図 3-3-1 に示されるように，総括的評価の目的は，「到達度合いに関するレポート」を作成することにある。レポートは学習支援や改善ではなく，学習到達度の判断や入試の合格者選抜，資格付与，あるいは学校の教育成果を判断するために用いられる。それゆえ，総括的評価では，学習や教育の成果を客観的に評価し，提示することが要求されるのである。

　これに対して，形成的評価の目的は学習支援や改善にある。形成的評価において重要なのは，学習や教育の成果を客観的に評価し，提示することではなく，評価活動によって得られた情報を学習支援や改善に利用できる形で子どもたちにフィードバックすることである。そのため，図 3-3-2 に示されるように，形成的評価のプロセスの中心に位置づくのは，学習者である子どもたちとなる。子どもたちの学習の到達度合いを判断することにとどまり，学習支援や改善につながらない教師の評価行為は，形成的評価とは呼べないのである。

　では，異なる目的をもつ両者は，どのような評価プロセスを経る必要がある

のだろうか。ハーレンによれば，最も顕著な違いは，学習成果物の解釈の仕方にある。両者の違いは，学習成果物を評価するための方法や評価を実施する時期ではなく，収集された子どもたちの学習成果物をどのような基準によって評価するかにある。

総括的評価は，選抜や資格付与などの目的に代表されるように，公平性や客観性が重視される。そのため，そこで行われる解釈や判断は，共通の基準によってなされる必要がある。ここに総括的評価の特徴があり，図3-3-1に示されるように，そこで求められる判断は，共通基準の下での「目標準拠型 (criterion-referenced)」となる。

これに対して，学習支援や改善を目的とする形成的評価は，目標準拠型の判断だけでは不十分となる。なぜなら，それだけでは，学習到達度を判定することはできても，学習や指導を改善する手がかりを提供することはできないからである。学習支援や改善という形成的評価の目的を果たすためには，図3-3-2に示されるように，目標準拠型の判断とともに「個人準拠型 (student-referenced)」の解釈を伴う必要がある。子どもたちの学習到達度を把握するだけでなく，子どもたちの既有知識や学びの履歴などを含めた学習者当人の学力や学習状況に即した判断がなされて，はじめて評価は学習支援や改善につながることができるのである。

タラス，そしてハーレンが示すように，形成的評価と総括的評価とは，特定の評価形態や方法を指し示すものではなく，機能を表す概念である。したがって，子どもたちの学習成果を集約した学習成果物は，潜在的には形成的評価としても，総括的評価としても利用することができる。両者の違いは，学習成果物をどのような基準で判断，あるいは解釈するのかにある。従来の形成的評価と総括的評価の概念には，そうした両者の判断・解釈基準の違い，とくに形成的評価を行うためには，目標準拠型の判断だけでなく，個人準拠型の解釈が必要であることが必ずしも含まれていなかったのではないだろうか。「評価情報を指導の改善に役立てる」，あるいは「評価情報に基づいて指導を行う」という理念が抱かれていたとしても，評価が目標準拠型の判断のみにとどまるならば，それは総括的評価の域を出ず，形成的評価にはつながらないのである。

2 「学習のための評価」としての形成的評価の新たな展開

　学習指導や学習の成果を確認するために指導の終着点で行われる総括的評価と異なり、形成的評価は学習指導や学習そのものと一体化したプロセスの中で実現されることになる。タラスやハーレンが形成的評価の機能概念に注目し、その特徴を明らかにしたのに対して、ウィリアムは学習指導と一体化した形成的評価の教授的機能を探究し、その理論を提起している[10]。

　ウィリアムによれば、子どもたちの学習を指導するプロセスは、3つに区分される。1つめは、「学習者がどこに進もうとしているのか」、すなわち学習者が進もうとしている学習の到着点を明らかにすることである。2つめは、「今、学習者はどこにいるのか」であり、学習の道筋において、学習者がどこまで進んできているのかを明らかにすることである。3つめは、「どのように学習を進めていくか」であり、学習者が学習をさらに進めていくための手立てを明らかにすることである。これら3つの学習プロセスに即して、ウィリアムは、5つの形成的評価の方法論を表3-3-1のように示す。

　まず①の「学習の意図や成功の基準を明らかにし、共有し、理解すること」は、授業目標や学習目標に関わる方法論である。従来、授業目標や学習目標を明確にすること、そして、それらを授業のはじめに提示することの重要性は、繰り返し指摘されてきた。ウィリアムが重視するのは、それらを学習者である子ど

表3-3-1　学習指導のプロセスと形成的評価の方法論

	学習者がどこに進もうとしているのか	今、学習者はどこにいるのか	どのように学習を進めていくか
教師	①学習の意図や成功の基準を明らかにし、共有し、理解すること	②学習の成果を引き出すために効果的な議論や質問、課題を工夫すること	③学習者が学習を進められるようなフィードバックを提供すること
子ども同士	①学習の意図や成功の基準を理解し、共有すること	⑤子どもたちがお互いに学び合えるように促すこと	
学習者	①学習の意図や成功の基準を理解すること	④子どもたちが学習の主体となれるように手助けすること	

出典：William, D., *Embedded formative assessment*, Solution Tree Press, 2011, p. 46.

もたちの視点から見つめ直すことである。

「学習を行うのは，ほかでもなく学習者本人である」というARGの提起が示すように，学習を成功させるためには，学習主体である子どもたち自身が，授業目標や学習目標を理解することが大切であり，そのために教師ができる工夫を①は求めているのである[11]。ウィリアムは，効果的な工夫として，たとえば同じような学習を行った子どもたちの作品を紹介することなどを提案している。

授業目標や学習目標を共有していく上で，もう1つ大切になってくるのが，「学習の筋道（learning progression）」を子どもたちが理解することである。「学習の筋道」とは，長期にわたる学習のプロセスを示したものであり，子どもたちはそれを理解することで，先の見通しをもった学習を展開できるようになる。

②の「学習の成果を引き出すために効果的な議論や質問，課題を工夫すること」について，ウィリアムがまず指摘するのは，子どもたちの学習成果を把握するための方法は，筆記テストに限らないことである。グループ学習の中で交わされる子どもたちの議論やノートに記された考え方，実験の進め方など，子どもたちの学びの様相や進歩はさまざまな評価方法で得ることができる。子どもたちの学習を把握するためには，多彩な評価方法を用いることが必要であることをウィリアムは訴える。

またウィリアムは，多彩な方法で集められた評価情報をどのように解釈するかについてもハーレンと同様の提起を行っている。ハーレンが指摘するように，形成的評価を行うためには，目標に照らし合わせて学習到達度を判断するだけでなく，子どもたち一人ひとりの学習経験に沿った個人準拠型の解釈が不可欠となる。子どもたちの学習到達度を把握するだけでなく，子どもたちの既有知識や学びの履歴などを含めた個々人の学力や学習状況に即した判断がなされて，はじめて評価情報を学習支援や改善につなげることができるのである。

③の「学習者が学習を進められるようなフィードバックを提供すること」は，フィードバックのあり方に関するものである。ウィリアムによれば，「点数」や「記号」「正否」などによるフィードバックは，子どもたちの到達度合いを示すものでしかないため，学習改善へと子どもたちを誘わない。フィードバックが子どもたちの学習改善へと結びつくためには，子どもたちの現在の到達レベ

ルが示されるだけでなく，それが目標とどのくらい異なっているのかが質的，あるいは量的に示され，さらに，そのギャップを埋めるための学習への手がかりが提供される必要がある。つまり，ウィリアムは，子どもたちの学習ニーズに応え，かつ教師からのフィードバックを子どもたち自身が理解し，学習改善に利用できるかどうかをフィードバックのあり方として問うのである。

④の「子どもたちが学習の主体となれるように手助けすること」は，今日の形成的評価論の発展を担う核心ともいうべきものである。ハーレンの形成的評価の図3-3-2が示すように，子どもたちによる主体的な関わりなしに，学習が成功することはない。言い換えるならば，学習改善のための情報が子どもにフィードバックされたとしても，それを子どもが理解し，それを生かす学習行動を行わないかぎり，形成的評価はその目的を実現できないのである。つまり，自律的な学習者として子どもたちを成長させることなしに，形成的評価は，その展望を切り拓くことはできないといえる。

この観点から重視されるのが，自らの学習を振り返り，子どもたち自身が学習状況や成果を評価できるようになることである。メタ認知能力と呼ばれる力を育成することで，自律的な学習者へと子どもたちを成長させることが形成的評価の目的として加えられることになる。上記の①②③は，そうした足場となり得るとウィリアムは示唆する。

⑤の「子どもたちがお互いに学び合えるように促すこと」は，メタ認知能力を育む方法論として提起されているものである。自己評価に加え，子どもたち同士による対話や相互評価も，メタ認知能力を育成していく上で有効である。たとえば，相互評価の中で子どもたちはお互いのテストや作品などを評価する経験を得る。他者の具体的なテストや作品を教師のように評価する経験が，目標として設定されている評価基準の理解を促すと同時に，それに基づいて学習を評価するメタ認知能力を養うことにつながる。

また，子どもたちによる対話も有効であると考えられている。たとえば，光合成についてお互いに説明し合うという学習の中で，子どもたちは既有の知識を再構成し，相手に伝える。その説明が相手にとってわかりにくいものであれば，首を傾げられたり，質問が返ってくる。聴き手のために，自らの既有知識を再構成したり，相手からの反応に合わせて説明の仕方を変化させる，そうし

た対話のプロセスの中に，自らの学習を振り返るための機会が多様に埋め込まれているのである。

　子どもたちが学習主体，すなわち自律的な学習者として成長していくためには，メタ認知能力の育成が不可欠である。そして，その機会は，学習成果物についての子ども同士の相互評価や対話，あるいは教育目標の共有やフィードバックといった教師が行う評価活動の中にこそ存在した。つまり，メタ認知能力を育成するためには，「評価活動」を学習成果の確認の場とするだけではなく，学習の場と位置づけ，そこへ子どもたちを主体的に参加させていく必要があることになる。こうした捉え方は，「学習としての評価（Assessment as Learning）」として現在，注目されており，形成的評価を再構築する柱の1つとなっている。

3　おわりに

　今日の形成的評価の礎を築いたとされるサドラーは，形成的評価の発展のためには，フィードバックの量ではなく，その質を問題としなければならないと指摘し，その上でフィードバックが備えるべき質として「学習者にとっての利用しやすさ（accessibility）」を挙げた[12]。「点数」や「記号」「正否」といったフィードバックは，到達度合いを示すものでしかないため，学習改善のための足がかりを提供できない。子どもたちへのフィードバックは，学習改善のための具体的な足がかりを，学習者である子どもたちが理解できるような形式で提供できないかぎり，形成的な機能を果たせないのである。つまり，「学習者にとっての利用しやすさ」とは，子どもたちの学習ニーズに応えると同時に，子どもたちが自らの手で学習を進めていけるようなフィードバックのあり方を形成的評価の要として提案するものであった。

　イギリスで発祥した「学習のための評価」は，こうしたサドラーの提案に沿って，学習者の視点から形成的評価を再構築しようとする試みと捉えられる。「評価情報を指導の改善に役立てる」，あるいは「評価情報に基づいて指導を行う」という言葉に典型的に表されるように，従来の形成的評価は，評価結果に基づき教師が指導改善を行えば，学習改善が果たされると想定していた。つまり，「評

価-指導-学習」の関係を予定調和的に捉え，学習者側の主体性や学習のダイナミックさを十分にふまえていなかったのである。ARGによる「学習のための評価」の提唱は，従来の形成的評価がもつ「指導改善＝学習改善」という構図を問い直し，「指導改善≠学習改善」という前提から形成的評価を再構築しようとする展望を示すものであった。

この「学習のための評価」という展望に沿って，イギリスではARGを中心に，形成的評価と総括的評価の評価機能概念としての違い，目標準拠型の判断と個人準拠型の解釈の結合，評価を学習の場と捉える「学習としての評価」などが，形成的評価の新たな理論と方法として現在，提案されている。こうした新たな形成的評価の考え方は，2つの点で，近年のスタンダードに基づく教育評価改革に警鐘を鳴らしていると考えられる。

1点目は，目標準拠型の判断を強調するだけでは，形成的な機能を評価が果たすことは難しいということである。タラスやハーレンの議論を紹介しながら，本稿の中で指摘したように，形成的評価を行うためには，学習到達度を把握するだけでなく，個々の子どもの学びの履歴に即した学力や学習状況の判断や解釈が必要となる。この点は，イギリスだけでなく，日本の形成的評価の歩みの中でも確認されてきたことである[13]。

しかしながら，欧米，そして日本も含む近年の教育評価改革は，目標に準拠した評価のみを強調し，より客観的な総括的評価を追い求めるものとなっている。そして，それは結果として，本来，形成的であるべき教室内での教師による評価をも，総括的なものへと変貌させようとしている。目標に準拠した評価を強調するだけでは，評価は形成的な機能を必ずしも果たせないことを新しい形成的評価の理論は提起している。

2点目は，教師による評価に対する信頼なしに，形成的評価は実現できないということである。本稿で考察した新しい形成的評価の理論と方法は，いずれも教師による評価を志向しているといえる。総括的評価で要求される目標準拠型の判断に基づく評価は，定められた目標にどの程度，到達しているかを判断するものであるため，第三者によって実施可能なものである。しかしながら，形成的評価が要求する個人準拠型の解釈や評価基準の共有，学習ニーズに応えるフィードバックなどは，個々の子どもたちと学習の場を共有してきている教

師のみが実施できるものである。イギリスのナショナル・テスト体制が、教師を信頼しない改革と批判されたように、学力テストを柱とする今日のスタンダードに基づく教育評価改革は、教師たちから教育評価の機会とプロセスを奪いがちである。形成的評価を実現していくためには、教師による評価を信頼し、それに基づく評価システムの構築が求められている。

「学習のための評価」としての形成的評価が示す以上の2点の警鐘は、全国学力・学習状況調査を中心にした教育評価改革が進められている日本においても教育評価を見直す視点を提供するものではないだろうか。

1) Bennett, R. E., "Formative assessment: A critical review," *Assessment in Education*, Vol. 18, No. 1, 2011.
2) Black, P. & Wiliam, D., "Assessment and classroom learning," *Assessment in Education*, Vol. 5, No. 1, 1998a. Black, P. & Wiliam, D., *Inside the Black Box: Raising standards through classroom assessment*, London: King's College, 1998b.
3) ブラックらの研究については、二宮衆一「イギリスのARGによる〈学習のための評価〉論の考察」『教育方法学研究』38巻、2013年が詳しい。
4) Newton, P., "Clarifying the purposes of educational assessment," *Assessment in Education*, Vol. 14, No. 2, 2007. ブルームの提起については、B. S. ブルームほか著（梶田叡一ほか訳）『教育評価法ハンドブック』第一法規、1973年、89-90頁を参照。ブルームによれば、「総括的評価」は、応用や総合、分析など学力の発展性と呼ばれる高次の学力を評価対象にするのに対して、「形成的評価」は、そうした高次の学力を構成する基礎的な学力を評価対象とする。
5) 同上書、162頁。
6) Black, & Wiliam, *op.cit.*, 1998b.
7) Black, P., *Testing: friend or foe? The theory and practice of assessment and testing*, Falmer Press, 1998c, Harlen, W. & James, M., "Assessment and learning: Differences and relationships between formative and summative assessment," *Assessment in Education*, Vol. 4, No. 3, 1997 などを参照。
8) Taras, M., "Assessment—summative and formative—some theoretical reflection," *British Journal of Educational Studies*, Vol. 50, No. 4, 2005.
9) Harlen, W., "On the relationship between assessment for formative and summative purpose," in Gardner, J. (ed.), *Assessment and Learning* (second edition), SAGE, 2012.
10) Wiliam, D., *Embedded formative assessment*, Solution Tree Press, 2011.
11) ARG, *Assessment for Learning: Beyond the Black Box*, University of Cambridge School of Education, 1999, p. 7.
12) R. Sadler, "Formative assessment: Revisiting the territory," *Assessment in Education*, Vol. 5, No. 1, 1998.
13) 田中耕治『教育評価』岩波書店、2008年。

第4節
英語圏における芸術教育の評価の新展開

渡辺貴裕

0　はじめに

　評価に関する議論は，国語や算数・数学，理科などのより「学問的」とみなされる教科の場合を中心に行われることが多く，音楽や美術などの芸術系教科・分野における評価は周辺的な位置づけになりがちである。これは，昨今の評価に対する要請が，1つにはグローバル社会の中での学力向上の必要性から出てきており，一般的に各種国際学力調査が対象とするのがそれらの領域の能力である以上，無理もないことであろう。

　しかし，その周辺的な位置づけにもかかわらず（あるいは，そうした位置づけだからこそ），芸術系教科・分野の評価について考えることは，既存の評価論を再考して新たな論を展望する上で有益なものとなり得る。というのも，現在評価論が挑んでいる課題の1つが，「学校的」な学習像の問い直しであり，芸術系教科・分野というのは，しばしば「学校的」から離れた学習像を実現してきた分野だからである。実際，最近の評価論を賑わわせている「パフォーマンス評価」も，芸術系教科・分野に目を向けてみれば，音楽科における楽曲の演奏試験に見られるように，以前より決して珍しいものではなかった。

　そこで本稿では，芸術系教科・分野に注目し，そこでの評価をめぐる議論を検討することで，今後の評価論への示唆を得ることを目的とする。従来の日本の文脈では「音楽科における評価」「美術科における評価」のように教科ごとに別個に評価論が扱われてきたのに対して，本稿では，芸術教育（arts education あるいは arts in education）の評価として芸術を統合的に扱う。日本では芸術系教科といえばたいてい音楽科と図画工作科・美術科が想起される。しかし，芸術のジャンルとしては，ほかにも演劇，ダンス，建築などがあり，実際にそれ

らが教育課程に組み込まれている国も多い[1]。それらを統合的に捉えることで，芸術教育の評価に共通する特性を見いだすことができる。なお，本稿で取り上げるのは，アメリカ，カナダ，イギリス，オーストラリアなど英語圏での議論である。芸術教育が置かれた状況は国によって異なり，それぞれの状況に応じた議論が存在する。しかし一方で，このテーマに関しては英語圏において国境を越えた議論が行われてきており，本稿ではそれらを参照することにする。

1 評価に対する古典的な受け止め方

芸術教育において評価はどのように扱われてきたのだろうか。

まず，芸術そのものと評価との関係について見ておこう。芸術と評価との関係には二面性がある。1つは，芸術は主観的な経験であって，そもそも評価が不可能ではないかという見方である。もう1つは，プロの芸術家やその志望者の世界では，コンクールやコンテストなどで演奏や上演，作品に関して優劣が判定されており，評価がつきまとっているという事実である。

学校での芸術教育においては，この二面性はしばしば評価自体への忌避として現れた。つまり，他の教科と芸術系教科とは異なるという意識，また，プロの芸術家の養成と学校での芸術教育とは異なるという意識によって，評価そのものが敬遠されたのである。アメリカの教育学者アイズナー（Eisner, Elliot W.）は，多くの芸術教育者が評価を歓迎しない理由として次の5つの考えの存在を挙げている[2]。①作品の質を教師が判断することは創造性の解放を妨害する，②数量化できない経験が芸術では重要である，③成果物でなく過程が大事である，④標準化されたテストは芸術のように標準化しにくい分野では有効でない，⑤等級づけ（grading）は有害になり得る，というものである。

もちろん，評価を，コンクールなどでのように最終的な発表や完成品に対する優劣の判定として捉えるのは，素朴で限定的な評価観である。実際，アイズナーは，上記のような理由には評価への誤解があるとして，評価は必ずしも数量化を伴わないこと，過程に焦点を当てることもできること，テストは必須ではないことなどを指摘している[3]。また，イギリスの教育学者フレミング（Fleming, Mike）も，芸術教育での評価を他教科と切り離して特別視する見方

に対して，評価の困難性は芸術分野にとどまらないと注意を促している[4]。

　もっとも，いずれにせよ芸術教育関係者は，評価をめぐる議論に対して比較的距離をとっておくことが可能であった。それは1つには，芸術系教科・分野は，国語や数学ほどには子どもの達成度に政策的な関心が払われにくかったためである。しかし，そうした状況は，1980～90年代以降，各国において教育政策の説明責任が求められるようになり，「スタンダード」の策定とそれに基づいた評価システムが普及するのに伴って，変化してきた。それを次に見てみよう。

2　「スタンダード」に基づいた評価の広がり

　1990年代以降のアメリカの「スタンダード運動」に代表されるように，各領域において到達すべき基準を設け，それに基づいて評価を行って学力向上を図るという考え方が，国際的に広がりを見せている。芸術系教科・分野もこれと無縁ではいられない。アメリカを例に見てみよう。

　1994年の「2000年の目標：アメリカ教育法 (Goals 2000: Educate America Act)」の制定と時期を同じくして，芸術系教科でも「スタンダード」を作る動きが活発化する。同年には，「芸術教育のためのナショナルスタンダード (National Standards for Arts Education)」が，各芸術教育分野の専門家が集まった「全米芸術教育団体コンソーシアム (Consortium of National Arts Education Associations)」によって作成される。これは，ダンス，音楽，演劇，美術の4分野に関して，第4, 8, 12学年において生徒が知っているべき知識と身につけているべき技能を示したものである[5]。たとえば，「生徒は多様なジャンルや文化を代表する曲を，その作品に適切な表現でもって歌う」(音楽・第8学年)，「生徒は登場人物やその関係，環境を想像し明確に描写する」(演劇・第4学年)といったものである[6]。また，並行して「芸術教育共通理解プロジェクト (Arts Education Consensus Project)」も始められ，芸術教育の指導と評価の枠組みが作られる。1997年の「全米学力調査 (National Assessment of Educational Progress: NAEP)」では，この「芸術教育共通理解プロジェクト」の成果に基づいて，芸術教科の調査が実施された[7]。音楽科や美術科の調査が個別に行われることは

1970年代にもあったものの，芸術教科の学力が統一的な枠組みで調査されるのは全米学力調査において初めてのことであった。

このような全米レベルでの動向は，州や学校レベルにも影響を与え，「スタンダード」やそれに基づいた評価手法の開発を推し進めることになった。非営利の教育調査研究団体「WestEd」が「全米芸術基金（National Endowment for the Arts: NEA）」の委託を受けて行い2012年に発刊した調査報告「芸術における生徒の学習の評価の改善——分野の現状と提言」は，まさにそうした観点から国内に存在する評価手法の調査を行ったものである[8]。本調査の目的は，見本となるような評価実践のモデルの蒐集・特定であった。「文献調査」では，文書や書籍や評価ツールやウェブサイトなど1000点以上が調査され，調査目的に対する妥当性や質の高さが判定された。たとえば，「評価ツール」のジャンルにおいて質が高い例として示されているのは，「7つの別個の評価規準」を含み，「低中高の明確な定義を伴う5段階の尺度」をもった，7〜12年生用の描画スキルのルーブリックである。一方，質が低い例として示されているのは，「各評価規準において少数の質問を提供するのみで評価者は良・平均的・要改善をチェックして質問に答えるだけ」で「ルーブリックというよりは単純なチェックリスト」である，5年生の美術の技能の「評価ツール」である。このツールは「評価規準の明確な定義がないため極度に主観的」であり「質問がどの教科でも使えるほどあまりに一般的」であるという。このように同調査では，「スタンダード」に基づき客観的な評価を行うという評価像を前提とした上で，より洗練された手法の探求を行っている。

こうした「スタンダード」に基づいた評価は，評価に用いる尺度が事前に定められ明示されているという点で，芸術の世界における古典的な評価とは異なっている。こうした「スタンダード」の作成と評価手法の開発という一連の動きを，芸術教育関係者はどのように受けとめたのだろうか。

一部の人々はこれを肯定的に受けとめている。それは1つには，教えるべき内容が明確になり成果も明示できるようになることで，カリキュラムにおける芸術教科の位置を確固としたものにできると考えるからである。しかし，一方で，「スタンダード」の策定によって学力向上をめざす評価のやり方に対して批判的な芸術教育関係者もいる。それを次に見てみよう。

3 「スタンダード」路線への批判

　2006年に出版された『芸術教育における評価(*Assessment in Arts Education*)』は，そうしたアメリカ，イギリスなどで広がりつつある「スタンダード」に基づく評価の路線に批判的な立場をとる論者らによる論集である。ダンス，音楽，演劇，美術の4分野につき各2名の論者が論考を寄せている。主張の内容はそれぞれ異なるものの，分野や論者の違いを超えて登場する論点がある。3点にまとめて見てみよう。

　1つめの論点は，「スタンダード」の普遍性への疑問である。

　ダンスの分野で論考を寄せたウォーバートン(Warburton, Edward C.)は，「スタンダード」策定に見られる「絶対主義的な想定」を批判している[9]。ウォーバートンによると，ダンスにおける「質」は，「文脈，年齢や発達的要因，訓練と経験，文化的規範や価値観に相関」しており，そのため，「ナショナル・スタンダード化」は，「美的創作や反応における個人的および地域共同体的価値観に反する」という。美術の分野でスプリンゲイ(Springgay, Stephanie)は，「普遍化」の問題として同様の論点を取り上げる[10]。スプリンゲイによると，「スタンダード」の考え方の背景には，「すべての教師は所与のやり方で教え，すべての生徒は，人生での出来事や経験や個人的関心に加え人種，階級，ジェンダーにも関わりなく，同じである」という想定があり，これは，「知識創造における身体の役割を制限」する発想であるという。

　2つめの論点は，総括的評価への偏重の危険性である。

　ダンスの分野でウォーバートンは，総括的評価への偏重は一度きりの試験による評価を招き，それはダンス教育にとって，「古典的なダンスオーディション」を彷彿させるものであり，「生徒に恐怖を催させる，学習プロセスに対する付属物」になりかねないという[11]。ウォーバートンは，そうではなく，学習プロセスそのものに組み込まれた，「理解の長期的な側面」を捉える「継続的な」評価が必要であるとする。音楽の分野で，コルウェル(Colwell, Richard)は，従来の芸術活動において見られた指導者によるフィードバックに注目を促す[12]。たとえば，音楽の個人レッスンやアンサンブルの場では「フィードバックは即

時かつ非常に明確」であり，そこでは，指導者は，知覚したものを即座に修正する。こうした場合，音楽技能の評価に関して「総括的評価と形成的評価が融合」しているとコルウェルはいう。

3つめの論点は，生徒や教師の自律性の喪失である。

生徒に関しては，ダンスの分野でウォーバートンが，「外的な評価」の強調は生徒の「自己評価」の役割の軽視につながると懸念を表している[13]。ウォーバートンによると，「自分は何を学んだのか」「どんなリスクを自分はとったのか」「自分は何を変えるつもりか」などと問いかけることが自己評価の要であり，それはダンスにおいて高いレベルの上演や創造的な仕事をしていくために本質的であるという。教師に関しては，同書の編者でもあるテイラー（Taylor, Philip）が演劇の分野で，「スタンダード」の一覧などの「公刊されたカリキュラムリソース」は，「自分が受けもつ生徒に関して教育的決定を行うことに関わる教師の専門的職能を活性化しない」と指摘する[14]。テイラーは，「スタンダード」の一覧から目標を選んで指導案の冒頭に据え，それに従って授業計画を構成していくようなやり方を批判する[15]。教師と生徒が協働して授業を作り上げていく機会を失わせてしまうからであるという。

「スタンダード」に基づく評価という動向は，芸術教育の評価に新たな局面をもたらした一方，それがもつ普遍性の前提，総括的評価への偏重，生徒や教師の自律性の喪失といった点がこのように批判にさらされることになった。それでは，芸術教育の評価に関してこれとは異なった方向性としてはどのようなものがあるのだろうか。以下，2つ取り上げて見てみよう。

4　「スタンダード」とは異なる方向性をもった取り組み
(1) 教師の判断の自律性の重視

1つは，教師の判断の自律性を重視する評価である。アイズナーが提唱した評価論が代表として挙げられる。

アイズナーは，芸術教育に関して，従来の評価論において典型的な「工場モデル」，つまり，目標およびそこに到る道筋があらかじめ示され，目標にどれだけ近づいたかが評価によって判定されるモデルの限界を指摘する。なぜなら，

芸術教育では「創造的な個人的性向（productive idiosyncrasy）」を育てる必要があり、そこでは「予測可能性よりも驚きがねらい」となるからである[16]。

　こうした領域においても有効な評価としてアイズナーが発展させてきたのが、「教育的鑑識眼（educational connoisseurship）」と「教育批評（educational criticism）」であった[17]。「鑑識眼」とは、「他者が見逃すかもしれない、その領域における専門性に気づく」ことができる力であり、教師は「教育的鑑識眼」をもつことで、生徒の作品や教室での出来事における善さを見いだすことができるという。ただし、「教育的鑑識眼」によって見取るというのは個人的な行為であり、それだけでは他者と共有されない。見取ったものを公にする行為が「教育批評」である。アイズナーによると、教育批評者は「その教育批評がなければ気づかなかったり理解できなかったりするようなものを他者が見えるよう手助けするようなやり方で、生徒や教師の仕事やカリキュラムの特徴や教室における生活を語ったり書いたり」することになる。

　アイズナーは、評価、とくに「大規模評価」とは異なる「臨床的評価」の目的を、「教育上の発達を促進するために用いることができる情報を手に入れること」としていた[18]。生徒の作品や教室での出来事の善さを見いだしそれを記述することは、その意味において、評価となる。

　「教育的鑑識眼」と「教育批評」を活用した評価にはどのような特徴があるだろうか。

　1つは、文脈の重視である。「スタンダード」では、状況の違いを超えて普遍的な目標が存在すると考えていた。一方、「教育批評」の場合、生徒の作品やふるまいはその状況と常に結びつく形で語られる。アイズナーは、「文脈を考慮に入れ、意味のある微妙さに気づき判断できることは、評価において不利な点ではなくむしろ強み」であるとする[19]。その方がその状況での学習の改善には役立つのである。

　もう1つは、教師の見る目に対する信頼である。アイズナーは、アメリカの学校に導入されつつある「スタンダード」について述べた論考の中で、「スタンダード」のように事前に固定的な目標を設定しておくことの限界を指摘する[20]。しかし、だからといってアイズナーは、評価を放棄して何でもありだと言っているわけではない。そこで重要になるのが教師の見る目であり、「鑑識眼」

である。アイズナーは，創意に富んだ言動や作品に見られる質は「必ずしも予測可能ではないが，感度の良い(sensitive)批評家，そして感度の良い教師は，その言動や作品の中にそうした性質を発見することができる」とする。ここには教師の見る目への信頼がうかがえる。「スタンダード」に関してアイズナーは，デューイ(Dewey, John)の『経験としての芸術』における，「スタンダード」は期待を固定するもので，「クライテリア(criteria)」は重要な質を効率的に探るためのガイドラインであるという区別をふまえ，評価において重要なのは「スタンダード」ではなく「クライテリア」であるとしている。アイズナーは，作品やふるまいの質を評価するための判断基準の存在を否定するわけではない。それを外在化させてどの状況にでもあてはまる普遍的・絶対的なものとして機能させることを否定している。教師の中に判断基準が内面化された形で存在し，教師がそれを柔軟に用いることを訴えているのである。

(2) 言葉と思考への注目

「スタンダード」とは異なる方向性をもつ評価として興味深いもう1つのものは，子どもが発したり交わしたりする言葉やそこでの思考に注目した評価である。制作物や演奏，上演そのものではない部分を扱うという点で，また，最終的な成果物でなく過程に着目するという点で，「スタンダード」に基づく評価とは異なる方向性をもっている。

美術教育の分野における，レイニー(Raney, Karen)とホランズ(Hollands, Howard)による議論をもとに見ていこう。

彼らは，「モダニストの沈黙からポストモダニストのおしゃべりへ」という副題をもつ論考「美術教育とトーク」において，まず，美術の実作や批評の世界における，言葉が果たす役割の増大について述べている[21]。美術は社会的な行為とみなされ，「職人的技術」以上に「テーマや問題」が注目されるようになってきたというのである。そして，それに伴い，美術教育の世界でも，作品の質の判定という考え方への懐疑が生じるようになってきたとする。ただし，彼らは，判定という考え方を禁じるのではなく「それについての我々の議論を深め，複雑化すること」が重要であるとし，学校は「生徒が，一般的な判定に異議を唱え，自身の価値基準を発達させることが許される環境」でなければならない

とする。そこで重要になるのが言葉である。

　それでは，言葉を用いたやりとりは，美術の学習にどのような違いを生み出すのだろうか。レイニーとホランズは次の4点を挙げている[22]。

　1つめは，「インスタレーション」や「文脈研究」などその領域の専門用語を使えるようになることで思考が変わるというものである。ただし，こうした用語は所与のものとして受け入れるのではなく批判的に扱うことが大事であるという。2つめは，ある媒体から別の媒体へと移す試みは創造性を強力に刺激するというものである。「空間を，時間に基づく媒体である言葉によって表現しようとすることや，時間を静止画で表現しようとすることは，生産的な緊張状態を生み出す」のだという。3つめは，言葉がもつ抽象化，一般化，因果関係で出来事を結びつける機能により，話すことが概念的な枠組みを形作るというものである。名付けによってより深く対象を見ることができたり，オープンな問いが思考を促したりといったものである。4つめは，話すことがさまざまな領域のコミュニケーションと制作とを橋渡しするというものである。これは学校でのアートと学校外でのアートとの分断状況の克服にもつながるという。

　このように言葉が果たす役割に注目した場合，評価はどのようなものになるのか。レイニーとホランズがまず退けるのは，作品のみを対象にしたチェックリスト式評価である。そうではなく，作品制作の過程あるいは成果物を前にしての教師と子どもとの対話が重要であるとする。彼らがめざすのは，「話すことが振り返りを助け，したがって発達を助ける」のを促すことである[23]。教師はそのために，それぞれの子どものニーズに応じて話すスタイルを調整することにも習熟しなければならないとする。

　レイニーとホランズは，言葉に注目した美術教育における評価の具体例として，中等段階のクロフトン校におけるテーマ探求型アート教育の例を挙げている[24]。同校の生徒は，毎年，「旅」「タブー」「恐怖」などといったテーマに取り組む。生徒は，テーマに関連する材料を集め，教室の「テーマ・ウォール」に掲示していく。生徒はグループを相手にプロジェクトに向けての自分のアイデアをスケッチブックで補足しながら発表し，質疑応答を行う。その後生徒は各自のプロジェクトに取りかかり，「何を？」「どのように？」「なぜ？」の3つの旗印の下で作業を進め，「スネイル（snail）」と呼ばれる文書に軌跡を残し

ていく。「スネイル」は，指針と同時に進捗の記録として機能する。最終的に評価に用いられるのは，「スネイル」を含むスケッチブック，完成品，クラスでの発言やつぶやきにみられる洞察の3つである。スケッチブックからは，教師は，生徒の着想，計画，発展，問題解決，自己省察を見る。クラスでの発言やつぶやきについては，生徒が顕著な貢献をした場合に，教師が簡便なシートを使って日付と生徒の名前と貢献した領域とを記録しておくという。

スケッチブックの活用など，ポートフォリオ評価に近いと考えられる。しかし，美術分野での作品の制作に関して，言葉の役割に注目し，制作過程で働かせている思考に焦点を当てた評価を行っている点は特徴的である。

言葉の役割に注目した評価は別の形も取り得る。アイズナーが生徒による相互評価の一例として取り上げている，「クリット（crit）」と呼ばれる，教室で生徒同士が行う相互批評の活動もその1つである。

アイズナーは，ソープ（Soep, Lissa）の博士論文に基づき，新聞や雑誌などに載るような一般的な芸術批評や教師によるコメントと対置する形で，「クリット」の特徴をまとめた[25]。1つめの特徴は，「相互性（reciprocity）」の存在である。教師や批評家が美術作品を評価する場合とは異なり，生徒の相互批評の場合には，生徒は自分も評価される番がまわってくることがわかっている。その認識は，批評プロセスへの敏感さを生み出し，批評の時に使用する言語の種類も変わってくるのだという。2つめの特徴は，作品の改善を助けることを意図した批評であるということである。つまり，「総括的」というより「形成的」である。3つめの特徴は，批評する本人にとっての効果である。他者の作品の批評を行ってその人を助けるためには「注意深く眺め，注意深く評価し，注意深く言葉を用いる」ことが必要になる。ここでは，「見ることが言語を生み出し，言語が見ることを生み出す」という循環が起こる。

アイズナーは，芸術教育における評価について，教師が「鑑識眼」をもつことの重要性を述べていた。「クリット」は，生徒自身も「鑑識眼」を育てる必要があること，その際に言葉を用いた交流が有効であること，こうした活動そのものが評価という観点で捉えられることを示していると考えられる。

レイニーとホランズが「言葉より手を動かすほうが雄弁に語れる生徒が不利益を受けてはならない」と述べるように[26]，芸術教育の評価において，言葉で

の説明能力が優先されるようになっては本末転倒である。しかし，美術教育だけでなくほかのジャンルにおいても，芸術を知性と対立的には捉えない見方，感情の解放や自由な表現とのみ結びつけるのではない見方が登場してきている[27]。知性の概念が拡張されて芸術の知的側面が注目されるようになってきている中，芸術分野の学習の過程において働かせる思考をどのように評価するかは今後ますます重要な課題になると考えられる。

5　おわりに

　本稿では，芸術教育の評価について，英語圏の議論を参照しながら検討を進めてきた。「スタンダード」に基づく評価がもつ，普遍性の前提，総括的評価への偏重，生徒や教師の自律性の喪失といった問題に対して，教師の判断の自律性を重視する評価や生徒の言葉と思考に注目した評価などが存在することを指摘した。芸術教育の分野で，古典的かつ素朴な評価観に代わる評価論はまだ成熟しているとはいえない。しかし，芸術という「スタンダード」とはなじみにくいと思われる分野で，「スタンダード」に基づく評価とは異なるものへの模索が行われているのは興味深い。そこでの議論は今後芸術教育の分野にとどまらず評価論一般を考える上でも役立つだろう。また同時に，今回取り上げたような議論は，音楽科，美術科などジャンルごとではなく芸術教育として統合的に捉えることの重要性もまた示していると考えられる。

1) 2009年のEUの報告書によると，ヨーロッパの約半数の国では，「芸術」「表現教育」「美的教育」などの名の下，教育課程において芸術分野を統合的に扱っている。
   Delhaxhe, Arlette (ed.), *Arts and Cultural Education at School in Europe*, Education, Audiovisual and Culture Executive Agency, 2009.
2) Eisner, Elliot W., *The Arts and the Creation of Mind*, Yale University Press, 2002, pp. 178-179.
3) *Ibid*, pp. 179-181.
4) Fleming, Mike, *The Arts in Education: an introduction to aesthetics, theory and pedagogy*, Routledge, 2012, pp. 86-95.
5) その後，2014年にNational Core Arts Standardsとして改訂されメディア芸術も加わって5分野となる。
6) https://artsedge.kennedy-center.org/educators/standards.aspx（2016年1月25日確認）

7) 枠組みに含められたのは，ダンス，音楽，演劇，美術の4分野であったが，実施上の制約のため，実際に調査が行われたのはダンスを除く3分野であった。
8) Herpin, Sharon A., Washington, Adrienne Quinn, and Li, Jian, *Improving the Assessment of Student Learning in the Arts: State of the Field and Recommendations*, National Endowment for the Arts and WestEd, 2012.
9) Warburton, Edward C., "Evolving Modes of Assessing Dance: in search of transformative dance assessment," Taylor, Philip (ed.), *Assessment in Arts Education*, Heinemann, 2006, pp. 13-14.
10) Springgay, Stephanie, "Embodying Visual Arts Assessment through Touch: imag(e)ining a relational arts curriculum," Taylor, Philip (ed.), *Assessment in Arts Education*, Heinemann, 2006, pp. 139-140.
11) Warburton, op. cit, p. 14.
12) Colwell, Richard, "An Assessment of Assessment in Music," Taylor, Philip (ed.), *Assessment in Arts Education*, Heinemann, 2006, p. 62.
13) Warburton, op. cit, p. 13.
14) Taylor, Philip, "Returning the Aesthetic to the Theatre/Drama Classroom," Taylor, Philip (ed.), *Assessment in Arts Education*, Heinemann, 2006, p. 117.
15) Ibid., pp.124-125.
16) Eisner, Elliot, "Assessment and evaluation in education and the arts," Bresler, Liora (ed.) *International Handbook of Research in Arts Education*, 2007, pp. 423-426.
17) Eisner, *op. cit.*, 2002, pp. 187-189.
18) Eisner, *op. cit.*, 2002, p. 183.
19) Eisner, *op. cit.*, 2002, p. 187.
20) Eisner, Elliot W., "Standards for American schools: help or hindrance?," *Phi Delta Kappan*, 76 (10), 1995, pp. 758-764.
21) Raney, Karen & Hollands, Howard, "Art education and talk: from modernist silence to postmodern chatter," Sefton-Green, Julian & Sinker, Rebecca (eds) *Evaluating Creativity: Making and Learning by Young People*, Routledge, 2000, pp. 17-21.
22) Ibid., pp. 22-32.
23) Ibid., pp. 41.
24) Ibid., pp. 36-40.
25) Eisner, *op. cit.*, 2002, pp. 193-194.
26) Raney & Hollands op. cit., p. 41.
27) アメリカのダンス教育での「ダンス・リテラシー (dance literacy)」，イギリスのドラマ教育での「学習のためのドラマ (drama for learning)」など。

小括
新しい評価法をめぐる議論の到達点と課題

赤沢真世

0　はじめに

　小括では，序論で示された「目標に準拠した評価」に残された4つの課題，すなわち①目標の問い直しと評価活動における子どもの「参加」の視点，②子どもの「内的な評価」の活性化，③学習内容と子どもの既有の知識体系との「葛藤」「矛盾」を捉える評価のあり方，④客観テストに代わる「リアルな評価課題」の作成や評価方法の多様化，を念頭に置きながら，各節で述べられた評価をめぐる議論の到達点や方向性を整理したい。

1　新しい評価法をめぐる共通基盤と意義

（1）新しい評価法における学習観，評価観の共通性

　まず，最も土台の部分である学習観，評価観について確認したい。そこには各国で同様の流れがあることが見て取れる。リアルな状況やチーム・グループでの学びや，相手と相互に関わる場面での評価が求められている。また評価の対象も，個別具体的な知識や概念のみならず，方法知・手続き的知識まで広げられている。このように各国の教育改革は，構成主義的学習観，そして「真正の評価」（パフォーマンス評価論）の大きな影響を受けて進められている。

　このように，日本でも繰り返し示される「指導と評価の一体化」という概念が，今，構成主義的学習観，「真正の評価」という新たな文脈の中で，「学習と評価の一体化」として問い直されている。

(2)「目標に準拠した評価」の課題を乗り越える，新しい評価法の意義

では，各節での議論から共通に得られるのはどのようなことだろうか。ここでは，次の4点に整理してみたい。第1は，教師と子どもの間でのめざすべき目標の「明確化」と「共有化」である。韓国のパフォーマンス課題のチェックリストは，目標の明確化を精緻に行うためのツールとして開発されていた。また，単元（授業）の始めに，評価の対象となる教育目標・内容・評価規準（基準）がルーブリックとして提示され，教師と子どもの双方の共通理解を図ることができる。しかしながら，あくまでも教師が設定した目標は，子どもにとって真の目標になり得ない場合もある。そこで登場するのが第2の点，目標設定や評価活動への「参加」，それに伴うメタ認知的能力の育成である。ルーブリックを子どもと共有するだけでなく，授業過程においてルーブリックづくりへ参加させたり，修正をともに行う実践がなされている。こうした評価活動への参加は，芸術領域における「クリット」の実践のようにとりわけ子ども自身のメタ認知的な自己評価・相互評価（学習としての評価）につながるという。

さらに，評価活動に子どもが参加するためには，ルーブリックの記述語も子どもと教師の間で「容易に理解し合え，コミュニケーションが可能な共通の言語で提示しなければならない」（169頁）と韓国の議論で示されていた。これはまさしくイギリスの「学習者にとっての利用しやすさ」（193頁）の概念と同様であり，たんに子どもが評価活動に参加するだけでなく，評価規準を理解し，学習の改善に結びつけることが意図されている。このように，求められる評価論において，評価活動への子どもの参加は，教師側の指導改善のみならず，子どもの学習改善につながるとして重要な位置づけとなっている。

また，こうした議論を突き詰めれば，子どもの学習の改善を「縦断的に評価する」個人内評価の重要性に気づかされる。イギリスでは，「目標準拠型の判断とともに『個人準拠型（student-referenced）』の解釈を伴う必要がある」（189頁）と示され，芸術の領域でも，「学習プロセスそのものに組み込まれた，『理解の長期的な側面』を捉える『継続的な』評価が必要」（200頁）と述べられている。このように子どもの参加によって，共通スタンダードとしての目標に準拠した評価と，個人の長期的な学びの履歴としての縦断的個人内評価の両者を結合さ

せた評価のあり方が追求されるようになってくる[1]。

　第3は，目標設定の共通性の表裏として常に自覚すべき，「目標そのものを問い直す」という視点である。ルーブリックの協同作成の場面には，教師が仮に設定した目標そのものを子どもの学びの視点から「問い直す」道筋がある。芸術領域の議論では，「スタンダード」設定に対する批判が紹介され，「個人的および地域共同体的価値観に反」（200頁）してしまう過度な普遍化を危惧する立場が示されている。こうした視点を常にもちながら，設定された目標そのものが評価の俎上にのせられることが必要である。また，特別支援教育の文脈では，たんに学年レベルを下げたり分量を減らすというやり方ではなく，各領域で必ず押さえるべき内容・能力を検討することで，障害のある子どもに対する評価の内容が決定された。このように，目標は固定化されたものではなく，常に問い直される対象として位置づけられる必要がある。

　さらに第4の点として，共通性の確保（と問い直し）の一方で，多様性への配慮がなされていたという点は注目しておかねばならない。特別支援教育においては，目標が共通規準として定められつつも，ポートフォリオに収める資料の収集場面や，資料の表現方法において多様性が保障されていた（それが新たな改革によって逆行しているのは残念である）。また，形成的評価の議論では，学習方法の多様性を認めることが言及されている。このように，各節の議論では，「共通性」と「多様性」の両立，言い換えれば，多様性という視点によって共通性を問い直す道筋の模索が行われているといえる。

2　日本における評価研究・実践の再吟味

(1) 新しい評価法の議論——評価と学習改善をつなぐ

　これまでの整理で，「リアルな評価課題」や評価方法を用いる流れの中で（「0　はじめに」の課題④），目標の問い直しや子ども参加が積極的に位置づけられている（課題①）。また子どもの参加によって，個人内評価と結びついた評価の必要性が示されている（課題②）。では，学習内容と子どもの既有の知識体系との間の「葛藤」「矛盾」こそを捉える評価（課題③）という点はどうだろうか。

　韓国の議論では，たとえばルーブリックでのレベル2をレベル3にどのよう

に引き上げるかという具体的な議論の中で「学習の改善策へ有機的につなげるといった評価の教育的側面が見過ごされている」（170頁）と課題が述べられている。これに対してイギリスの形成的評価の議論は，まさしくこうした課題を「学習者にとっての利用しやすさ」の観点から中心に据えている。ARGの提唱では，「子どもたちへのフィードバックは，学習改善のための具体的な足がかりを，学習者である子どもたちが理解できるような形式で提供できないかぎり，形成的な機能を果たせないのである」（193頁）という。このように，評価を通して得られた情報と学習改善をどうつなぐのかという点は，課題③についての現在の議論の1つの要点となっている。

（2）東井，斎藤などの実践，到達度評価における形成的評価の再検討
──学習改善と形成的評価をつなげる思想

　序論で述べたように，東井義雄や斎藤喜博の形成的評価の萌芽的な思想は，評価で得られた情報を学習改善と結びつけようとしており，③の視点そのものは決して新しいものではない。彼らの実践では，学習過程において教科の本質と子どもの認識のズレ，つまずきを丁寧に把握し，それを学級集団全体に返すことで学習の改善こそをめざしていた。そして，これらの実践は授業論を超えて評価の議論にも発展していた。とりわけ東井が率いた八鹿小学校の通知表改革では，各教科における「教科の論理」と子どもの「生活の論理」の葛藤を丁寧に掘り下げ，それを通知表の文言（＝目標）として形づくる作業であった。そして当時の相対評価ではすくい上げられなかった個人の縦断的な成長を重視し，「学習の態度」欄を筆頭に位置づけた[2]。これはまさしく，目標に準拠した評価と個人内評価の結合を試みようとしたものである[3]。

　ただし，現代の各国の議論から再び当時を振り返れば，こうした萌芽的な形成的評価の思想は，当時十分に検討されたとはいえない。通知表改革は総括的評価レベルの議論であり，その時期には，相対評価法の非教育性の克服が何よりも重要な焦点であった。そうした時代背景において，形成的評価を軸とした学習改善の思想やその具体的な手立てについては，評価論の文脈としては十分に注目されないままであったといえる。

　その後の到達度評価において，形成的評価は重要な軸として理論的にも位置

づけられ，注目を浴びることとなった。当時の資料では，つまずきが認められたら，直ちに教材や指導法を検討し，また課題や学習の方法を示唆して援助するとあるように，丁寧なつまずき把握に基づいた具体的な指導例が記されている。評価改善が指導改善だけでなく，学習改善までを視野に入れようとしていた[4]。

けれども，一方で到達度評価の展開の中でも，子ども自身に目標と自身の到達度のギャップを埋めるべく学習内容や学習方法を「自覚的に」意識させることは議論の中心にはなり得ず，指導改善が果たして学習改善まで至っているかという吟味は十分に行われていなかったと考えられる。こうした流れの中で，国によって進められた指導要録改訂，目標に準拠した評価の導入の経過において，形成的評価に本来含意される学習改善の視点までは議論の中心として位置づかなかったのが実際のところである。

(3) 日本におけるパフォーマンス評価の展開と特徴

近年日本で展開されているパフォーマンス評価は，世界的な学習観・評価観の流れにありながら，日本の評価論の蓄積の上に展開されている[5]。たとえば英語科のパフォーマンス課題（ディベート）の振り返り場面の実践を紹介したい[6]。まず学級全体で，次に個別でルーブリックを確認し，成果と問題点を考えさせる。アイコンタクト，基本表現が使えたという成果が見えた一方，声の小ささや沈黙が続くといった問題点が挙げられる。このようにルーブリックは子どもの学びを可視化させる重要な位置づけとなる。ただしこの時点では，学習改善の方法にまで言及する子どもはあまりいない。そこで教師は，グループ内でパフォーマンスの実際の動画を見ながら，互いに助言し合う機会を取り入れている。興味深いのは，こうした議論の中で「基本表現を覚えるとともに，中心となる単語から続けて言えるようにする」「あらかじめ関連する単語を調べておく」といった発言が登場し，自覚化されることである。

この実践においては，ルーブリックの各レベルの「記述語」をきっかけとして，子どもの学習のリアルな姿が現れ，「共通のつまずき」が表れている。また，子どもの意識は「次のレベルに達するにはどうしたらよいのか」という学習改善の方法に集約される。この事例は，日本では総合学習の評価法として注目を

浴びた「ポートフォリオ評価」における「検討会」の1つでもあり，まさしくアイズナーが示した「クリット（相互批評）」と軌を一にするものである。ここに，評価と学習改善をつなぐ1つの策が提示されているのではないだろうか。

3　おわりに

最後に，いまだ議論が続いている点を改めて整理して小括を終えたい。第1に，多様性と共通性の両立の検討である。共通の目標設定の中で，「個に応じた指導（differentiated instruction）」はどのように両立できるのか。アメリカの特別支援教育の展開で見られたように，多様性への配慮は標準テストの広がりの中で逆行している事例もある。今後，この問いがどのように進められるのかを注視していかねばならない。第2に，とりわけ情意面・心理特性に関わる部分の評価や「相互に関わる能力」，汎用的能力をどう評価するかという議論が残されている。心理特性の部分は直接の評価対象とすべきではなく，大きく学校全体で育成するものであり，各教科の目標とは切り離して位置づけるべきだという主張も行われている[7]。日本においても長年議論されてきたが，情意面の評価をどう位置づけるかという点も今後の議論が求められる。

1) なお，田中耕治は，相対評価法（総括としての評定欄）とその評価の救済的位置づけであった個人内評価（「所見」欄に代表される）の組み合わせであった過去の（指導要録の）枠組みを批判し，到達度評価の議論をふまえて，目標に準拠した評価と個人内評価の内在的な結合を求めていた（田中耕治『教育評価』岩波書店，2008年）。
2) 東井義雄・八鹿小学校著『『通信簿』の改造――教育正常化の実践的展開』明治図書，1976年（第11版，初版1967年）。
3) 川地亜弥子「東井義雄の評価論」田中耕治編著『人物で綴る戦後教育評価の歴史』三学出版，2007年。
4) 京都府教育委員会「研究討議資料第2集『別表』」（1976年）遠藤光男・天野正輝『到達度評価の理論と実践』昭和堂，2002年，272頁。
5) 三藤あさみ・西岡加名恵『パフォーマンス評価にどう取り組むか――中学校社会科のカリキュラムと授業づくり』日本標準，2010年などがある。
6) 西岡加名恵・田中耕治『『活用する力』を育てる授業と評価――パフォーマンス課題とルーブリックの提案』学事出版，2009年，132頁。
7) 石井英真『今求められる学力と学びとは――コンピテンシー・ベースのカリキュラムの光と影』日本標準，2015年。

第4章

授業・教師・学校の評価

序論
説明責任と教育改善のはざまで

赤沢早人

0 子どもの学習や成長を支える教育評価

　第4章で検討する評価のあり方は，第3章までと同様に学校教育に関わるものであるけれども，子どもの学習や成長を直接的に評価対象としない。そうではなくて，子どもの学習や成長を支える授業，カリキュラム，学校，そして教師の内実を明らかにしようとするものである。

　わが国の教育界において，これら4つの評価は，学習評価や学力評価に比べるとマイナーな位置にあった。しかしながら，1990年代の後半を過ぎる頃から，これらの評価が学習評価や学力評価と同等のステータスをもつものとして，急速に承認されるようになる。

　1990年代後半期から2000年代前半期は，授業評価，カリキュラム評価，学校評価，教師評価にとっての共通の画期であった。その動きは，たんに学問研究のレベルの話にとどまらない。国，地方教育委員会，各学校のそれぞれにおいて，これらの評価のあり方と具体的な手続きが，それを求める教育政策的な志向性に導かれて，議論され，計画され，そして実践されていったのである。

1 ニュー・パブリック・マネジメントと4つの評価の制度化

　この時期，わが国の教育課程行政では，いわゆるニュー・パブリック・マネジメント（新公共経営，new public management: NPM）の考え方に導かれた改革路線が強力に敷かれていた[1]。その考え方は，①学校現場の裁量拡大とそれに連動する業績・成果主義の導入，②民営化や民間委託など市場メカニズムの活用，③教育サービスの顧客たる子どもや保護者の志向による基準化，④統制の

取りやすい教育組織への変革，といった特徴をもつものと整理できる[2]。

わが国の教育行政における規制緩和と各種評価の導入の方向性が明確に示されたのは，1998（平成10）年9月の中央教育審議会答申「今後の地方教育行政の在り方について」であった。答申では，とりわけ公立学校が自主性や自律性をもって特色ある教育活動を展開していくことをめざして，学校が年度当初に設定した教育目標や教育計画の達成状況等を自己評価する必要性が指摘された。

この時点では，学校は保護者や地域住民との連携協力をはかるための説明責任の1つとして，自己評価を活用することが指摘されただけであった。しかしその後，学校評価制度は一気呵成に整えられ，2007（平成19）年には学校による自己評価の義務化と学校関係者評価の努力義務化がはかられた。近年では，第三者評価の制度化についても議論が進められている。

カリキュラム評価の必要性が学問研究レベルを超えて指摘されるようになったのも，ちょうどこの頃であった。1998年の小・中学校学習指導要領改訂の目玉ともいえる「総合的な学習の時間」は，各学校がその実態や課題に応じて目標，内容，方法のほとんどの部分を決定する必要性を要求するものであった。カリキュラムは，国に与えられるものから各学校の自主性・自律性にのっとって自ら開発・運営するもの（カリキュラム・マネジメント）へと意味づけを大きく変化させたのである。カリキュラムの開発・運営に裁量が与えられたからには，カリキュラムを通した教育成果に責任を果たす必要がある。カリキュラムに関して，評価の考え方が実践的に求められたのは必然的な流れであった。

2000年代に入ると，学校において教育活動を遂行する教師に関する評価（すなわち教師評価）と，教師の職務の中心に位置づく授業に関する評価（すなわち授業評価）の導入が加速する。専門職である教師の職能は教職生活全体を通して開発され続けるという教職観を背景にしながら，こうした「学び続ける教師」の専門職性開発を支えるために，授業評価や教師評価の必要性が指摘されるようになったのである。

地方教育行政レベルで教師評価の実施に先駆的に取り組んだ東京都教育委員会が，「教員等の人事考課制度の導入に関する検討委員会」を設けたのは1999年7月のことであった。その後，試行実施を含めると，2013年度以降は全47

都道府県，全20政令指定都市で何らかの形の教師評価を実施している[3]。

また，授業評価が単独で法制度化されているということは2015年現在ではないが，多くの小・中学校では，学校評価の評価項目の中に授業の実施に関することを盛り込み，学校全体の授業実施に関する評価を行っている。一方，高等学校では，地方教育委員会が作成した授業評価のガイドラインをもとにしながら，各学校の判断によって，一定の共通様式を備えた授業アンケートを生徒に実施することで，授業評価に代えているところも散見される。

2　4つの評価の機能

このように，1990年代後半から2000年代前半にかけて急速に整備された4つの評価のあり方は，NPMの影響を色濃く受けているという点では，同じベクトルをもつものであるといえる。とりわけ，成果主義，市場主義，顧客主義などを基盤に据えることで，学校教育というシステムを1つのサービスとみなし，顧客たる子どもと保護者に対して，教育成果というサービスを提供して満足を得るために，学校教育のサブシステムである授業やカリキュラム，それらのオペレーターである教師を含めて，学校全体のサービス提供度合いを評価するという発想に立脚しているものである。

とはいえ，学校教育における評価の営みと，市場における評価の営みが同一であるわけではない。言うまでもないことであるが，学校教育が負っているのは公共サービスであるから，公共性の観点から単純に顧客第一主義を貫くわけにはいかない。またサービスの中身である教育成果には，目に見えてすぐに効果を体感できるものもあれば，目には見えずに効果もずいぶん後になって実感できるものもある。「今，ここ」の顧客ニーズ（たとえば，学級活動も総合的な学習の時間もすべてカットして，入試に合格できる教科学力を学校でつけてほしいなど）を満たすだけではすまないことのほうがむしろ多い。

このため現在の多くの学校は，授業評価などの評価のあり方を通して，子どもや保護者あるいは地域住民に対して，サービス提供の実現度や顧客満足度を示すというよりも，教育という公共サービスのありようを公表し，説明し，そして理解を求めることに力を注いでいる。いわば，教育評価という営みを，説

明責任(accountability)のための道具として機能させているということである。

しかしながら，教育評価には元来，教育成果に関する説明責任のみならず，さまざまなレベルにおいて教育改善(improvement)を促す機能が備わっている。子どもを直接の評価対象としないこれら4つの評価も教育評価の一カテゴリをなしているというからには，さまざまなレベルや対象に対する評価の営みによって得られた諸事実をもとにして，子どもの学習と教師の指導を方向づける働きを明確にしなければならない。また，NPMの考え方においても，サービスの現状に対する説明の先に，サービスの質の改善を見込んでいることは改めて言うまでもない。

今や，授業評価，カリキュラム評価，教師評価，学校評価は，学習評価や学力評価と伍するほどの制度的な裏付けを得た。しなしながら，多大な労力を割いて作成した各種のアンケートを，年度末に学校運営協議会や教育委員会に提出してただ了承を得ること，すなわち説明責任に終始するだけでは，いたずらに学校の多忙を助長することにしかならないのではないか[5]。私たちは今後，建前ではなく実質的・具体的に，授業やカリキュラムに改善の指針を与えたり，教師の専門職性開発につながったりするような，確かな教育改善機能をもった評価のあり方を理論的・実践的に検討していかなければならない。

第4章では，以上のような問題意識をもちながら，授業評価，カリキュラム評価，学校評価，教師評価に関する諸外国の動向を整理する。これらをふまえて，わが国の今後のあり方について，とりわけ教育改善機能の観点から，包括的な視点から総括を試みる。

1) 田中耕治『教育評価』岩波書店，2008年，89-90頁参照。
2) 橋本将志「NPMと日本の教育改革」『早稲田政治公法研究』第93号，2010年，86頁を参照。
3) 文部科学省「平成25年度公立学校教職員の人事行政状況調査について」2015年1月。http://www.mext.go.jp/a_menu/shotou/jinji/1354719.htm (2016年1月25日確認)
4) 文部科学省「学校評価ガイドライン［平成22年改訂］」2010年，2頁。
5) 木岡一明「学校評価をめぐる組織統制論と組織開発論の展開と相克——日本における学校評価の取組実態をもとにして」『国立教育政策研究所紀要』第134集，2005年参照。

第 1 節
北米地域を中心とする授業研究の拡がりと評価観の更新

藤本和久

0 はじめに

　いまや「授業研究」は，教育学（とりわけ数学教育系）の国際学会でも中心的テーマであり，東南アジアや北欧の研究グループを中心にかなり深められている。世界授業研究学会 (World Association of Lesson Studies: WALS) では，日本・香港・シンガポール・インドネシア・スウェーデンなどの教育研究当局やアメリカの研究グループが先導して国家規模で授業研究が推進されており，具体的実践も多数報告されている。日本の JICA (Japan International Cooperation Agency) 等の機関が積極的にインドネシアやモンゴルなどアジア各地で日本型の授業研究を「輸出」しているのも注目すべき動きである。本稿では，授業研究の国際的な拡がりを概括し，その特徴を整理する。そのあと，カリキュラムや評価に対する行政主導の改革がめまぐるしく行われる北米地域とりわけアメリカに注目し，教員養成・教師教育の改革の切り札として授業研究を導入することはどのように期待され，どのように実践され，そしてどのような課題を抱えているかを検討する。この検討を通じて，授業研究の遂行が教師の専門性と教育評価（とりわけ授業評価に関わって）の再定義を促す可能性を有していると同時に硬直性を生み出す危険性もはらんでいることを見いだす。

1 授業研究の国際的流行

　WALSでの研究報告や提案は，世界的に授業研究のどのような側面が期待されて拡大しているかを明瞭に示している。WALSの設立は，2000年代半ば香港の教育研究所が学習研究の一環として授業研究の手法に着目して国際的な

連携を模索しはじめたのを契機としている。そして，2007年以降ほぼ毎年国際研究大会を開催している。

戦前から連綿と受け継がれてきた日本の授業研究の文化は諸外国の注目するところとなり，ジャーナルでは英訳'Lesson Study'に'Jugyo Kenkyu'と日本語（音）が併記される例も少なくない。1999年のスティグラーら（Stigler, James W. et al.）の『ティーチング・ギャップ』公刊以降[1]，教師の専門性向上や専門家集団としての発展に期待を寄せるアメリカからのメンバーもWALS設立に寄与したことで，日本の授業研究が「学習研究」とは異なる「教師研究」の文脈で注目されることになったことは指摘しておく必要がある。

OECD等の国際機関により資質・能力が再定義されたり，学習の状況が国際比較されたりする動向が強まる中で，教師の日々の授業実践に注目し，子どもの学業達成の評価方法をいかに適正なものにするかという問いかけとその1つの回答としての授業研究は，ペーパーによる筆記テストに対するオルタナティブとして十分な意義を有しているといえるだろう。香港やスウェーデンを中心に，授業研究の運営の意義を学習効果測定研究として再定義しようとしている点は，世界に共通する能力とは何かと議論されはじめている近年にあっては，必然的な潮流・台頭として理解することができる。

WALSの研究大会において日本の研究者が教師研究を軸に質的な子どもの学びの把握をめざす傾向が強いということと，授業研究を通して事前・事後テストを実施し量的分析を試みる諸外国の動向は2つの潮流として好対照をなしている。

2　北米地域の授業研究の拡がりと課題

（1）北米地域の授業研究の導入と「観察」の自覚化

アメリカにおける授業研究の拡がりについては，ヨシダ（Yoshida, Makoto）によると，1990年代終わりごろに日本からアメリカに紹介されたのがはじまりであり，当初はTIMSSのビデオ研究やルイス（Lewis, Catherine）やヨシダらの授業研究の研究者たちにより数学の教師の専門性発達とその授業改善を目的として導入された。そして，小学校教師の数学（math）の教育内容知識の不十

分さが授業研究を通じて明確になると同時に，授業研究をめぐる誤解や態勢の不備などの課題が明確になってきた[2]。

そもそもアメリカの教師はどこの学校階梯であっても同僚の授業を観察するという発想すらなかったといってよい。日本のように教師のホームである教員室・職員室をもつ学校はほとんどなく，自分に配当された教室がすなわちオフィスでもある。校内を移動するのは子どもの方であり，教師は教室や教室前でそれを出迎える関係にある。廊下・通路側に対して窓のある様式の校舎はめずらしく，1箇所（ないしは2箇所）ある出入り口からしか中の様子は見えない。

教師の学校間人事異動は皆無にちかく，学校内での担当学年の変更は，歴史的に見ても，ほとんどない。つまり第3学年でポストを得るとリタイアするまで同じ学校で第3学年を担当し続けることになるのである。

教師は貸与教科書を順次進めていくわけだが，歴史的に見ても，内容を網羅する必要性は意識されにくく，ましてや担当学年固定のために，下級学年・上級学年での内容・方法への関心は薄く，系統的にカリキュラムを捉えるという視点も生じにくいままであった。もちろん，教師の裁量幅が広いことも意味しており，豊かな自主編成カリキュラムも実現可能であったといえる。だが，実際はクラス・学年の壁の厚さにより，変化・改善の必要感が教師に生まれにくく，結果としてカリキュラム改善の契機が奪われてきたといえる。

アドミニストレーターなど管理職や行政職，あるいは退職後の教育コンサルタント職など現場から離れた次のステップを模索する一部の教師は大学と共同したり，自ら大学院に進学したりして，個別にプログラム開発を行う事例は歴史的にも現代的にも見られるが，学校を基礎とした教師集団として取り組む事例はまれであったといえる。それゆえに，NCLB法（「どの子も置き去りにしない」法）の施行やコモン・コア・カリキュラムの導入はアメリカの教師たちにとって未曾有の経験を強いているともいえるし，見方を変えれば，ネルソンら（Nelson, Meta et al.）が，NCLB法下で教師同士がコラボレーションして専門性を高めていく研究が広まったことを指摘しているように[3]，他の教師との連携や自らの実践の省察など，ようやくその必然性が生まれてきたともいえる。

授業研究の運営という明確な意識はまだなくとも教師間で授業を見合うという必要感と有用性は生まれつつあり，グリムら（Grimm, Emily D. et al.）は，授

業者の課題意識を尊重してデータ集めを行うことを主張し，教師・生徒間の発話記録，具体的な量的測定（生徒からのコメントは何回あったかなど），行動・動線のトラッキング記録（アイコンタクトなども含む）などかなり詳細で多面的な観察のあり方を，教師主体の観察プロトコルとして開発するなど教師自身による声を反映させた専門性の向上をめざす動きも注目されている[4]。

（２）授業研究の具体例

　教師による「観察」と「協議」に着目して，北米地域における授業研究の実践の具体例を２つ紹介したい。１つはサンフランシスコ市（2013年4月30日，アメリカ教育学会〈American Educational Research Association: AERA〉の研究大会と共催でもたれたオフサイト・セッションとして公開された），もう１つはトロント市（2014年2月13日，トロント大学附属小学校の公開研究会），どちらも小学校（学年はK＝幼稚園）の数学の授業である。公開を前提に開催された研究会ではあるが，趣旨は日常的な授業研究スタイルのままを示すものとして行われたものである。

①サンフランシスコ市の小学校

　サンフランシスコ市の南部住宅地に位置する公立L小学校は，研究者らをファシリテーターとして招き，定期的に授業研究を行っている。ここで取り上げる授業研究では，「6」を5マスが2列にならんだ10マスのフレームで多様にあらわす（たとえば2と4，5と1など）ことを数学的目標としながらも，むしろ社会的側面，つまり，いかに他者と協力して他者から学べるかを主たるねらいとして研究授業を公開した。

　同僚数名で，観察シート（ルーブリック）に記入しつつ授業を観察する。観察シートは大きくわけて3様あり，①観察を割り振られた着目対象の児童，②その①の児童と関わるパートナーの児童，③グループ（クラス）全体，である。また①と②は展開（フェイズ）に応じて2種類ずつあり，合計5種類のシート（計7ページ相当）を記入することになる。以下に例として③の様式を抽出する。

　図4-1-1のような観察シートがこの授業では7ページあり，さらに「出口調査」と称されるシート（個別の児童へのインタビュー質問紙）もある。授業を観察している間，教師たちは子どもたちから離れた背後から，指導案のフェイズにあ

目標を共有する：
1対1のやりとり（Give One Get One exchange，G1G1）時
  1. 合意事項（付録F；1. 聞く，2. 手はひざのうえに，3. 順番どおりに，4. 互いを見る）を守る
     聞く（yes / no），手（yes / no），順番（yes / no），視線（yes / no）
  2. クラスの活動の合意事項（付録A；丁寧な言葉遣いをし，他者と共有する，他者の言うことを聞く，指示に従う，手や足やものは決まった位置に）yes / no
     _____
  3. 児童は与えられた文を用いている　1（まったく異なる）　2（異なる）　3（ほぼ合意）　4（強く合意）
  4. テーマに沿った議論がなされている　yes / no
  5. 教室に掲げられたポスターを参照した　yes / no　それはどれを？_____
  6. 児童はポスターやサインを使った　yes / no　それはどれを？_____
     それを自分に向けて / クラスメートむけて　児童名_____
G1G1で共有したこと_____
クラスで共有したこと_____
G1G1とクラスで共有したこととは一致しているか　yes / no / 該当無し

図4-1-1　サンフランシスコ市公立小学校で使用された観察シート（抜粋）

わせて忙しくシート記入するため，観察の自由度は小さい。

　これらの観察シートをもとに，授業後協議が円卓にて50分間行われる。以下がアジェンダである。

　ⅰ）授業の目標と鍵となるスタンダードの振り返り（2分）
　ⅱ）授業者による授業展開の振り返り，何がうまくいき，何を変える必要があるのかに留意して（5分）
　ⅲ）観察シートからのデータの提示と議論（15分）
　ⅳ）観察者（同僚）による授業の振り返り（1人2分，計10分）
　ⅴ）児童の学び，授業デザインが学びを促したか否かについての一般討論。将来，より学びを効率的にするためにはどう授業を変えたらよいか（15分）
　ⅵ）数学者共同体の文脈で子どもたちが共同的に活動することをより効率的に教授するために本日の観察から得られる示唆は何か（5～7分）

日本の伝統的な授業研究協議のように外部講師によるおもてだった講評・講義は組み込まれてはおらず当該校の教師だけで運営されている。

②トロント市の小学校

次に、トロント市の大学附属小学校での授業研究を紹介したい。

この学校では、トロント大学の数学教育の専門家が複数関与し、集中的なテーマを設けて研究している。授業研究当日も30人近くの外部参加者のうち、ほとんどは数学教育の担当大学教員およびその大学院生たちである。公開されたのは「空間推論および可視化をささえる幼稚園の授業」である。指導案においては、政府による幾何学や空間把握能力に関する教育課程との整合性を説明することよりも先行して、教育心理学や数学教育学における知見が整理されたうえで「本時」が位置づけられているのが特徴的である。

8×8のグリッドにいくつかの動物が配されており、教師がグリッド上の特定の場所をスタート地点として、そこからの道のりを子ども（10人）に説明し言い当てる（「右に3進んで下に4進むと何にたどりつきますか」「ビーバーです」など）活動と、先に動物を特定してそこへの行き方を考える活動、またこれらをふまえた子ども同士のペアによる出題・回答の活動が行なわれた。

サンフランシスコと同様、子どもの活動スペースの後ろに観察者の席が設けられ授業観察が行われた。観察シートは設定されてはいなかったが、空間の把握や推論に関わる子どもの発話をできるだけ聞き取ってほしいとリクエストされており、参観者は授業者の同僚も含めて視点が定められた観察を要求されている。

授業後、会議スペースにうつり協議会がもたれる。協議会では、授業者の振り返りが語られた後、同僚教師の感想が1人ずつ述べられ、一巡すると授業者がもう一度そこで出されたコメントや質問に応答する。その後、この日は教育心理学の大学教授が本時とは切り離された認知学習論を講義していた。教師たちは大学教授へ質問の場で本時のテーマでもあった「空間認知」に関わる不明点をただしていた。最後に外部参加者のコメントが出され協議会は閉じられた。

③観察と協議の特徴

どちらも非常にシステマティックに協議会が運営されているのがわかる。プログラム自体を大学や私的な研究所等の外部研究者が開発し、それを現場に提案し遂行してもらうという関係がすでに成り立っていることもこの背景にある。当日その研究者は、授業実践の中身への意見表明は行わず、協議を遠巻き

に参観しつつプログラム自体の有効性をモニタリングするために居合わせているという事情は共通している。研究者と教師たちとの両者の役割の区分は明確である。大学から研究責任者の教授は出席することはなくその大学院生がデータ収集に同席するということもある。

　実際の協議の展開はどうだろうか。観察で得た具体的な子どもをめぐるエピソードはほとんど語られることはない。なぜなら，サンフランシスコ市の事例の場合，観察シートに写し取られた具体的なエピソードはすでにyesかnoや，4件法のコードなどに変換されたり集計されたりしているからだ。日本の多くの実践例であれば，ペアやグループでの活動態度は一般的に方向目標として認識され，その事実やそれに基づいた見取りは具体的なエピソードをもって語られ共有されることが多い。しかし，ここでは，観察者のもつルーブリックにより量的に操作できるよう可視化され，同僚の記入した数枚の「データ」から傾向を文字通り算出することも可能となっている。たとえば，クラスの子どもの7割が教室掲示のポスターを参照して友だちと話していた，という具合だ。主観や印象にとどまらない「客観的な」エビデンスをもとに結論や提言へと到達するという信念がアメリカの授業研究にははっきりしているし，それこそがプログラムの設計に組み込まれた重要な要素でもあるのだ。また，最後の「示唆」の考察は，たとえ1回の授業研究セッションであっても何か普遍性を有した知見を獲得していかねばならないという完結的な強迫観もにじみ出ている。教科研究の意味が大きいトロント市の事例の場合，授業者を含めた教師集団は授業の組み立てと子どもが発する特定のタームの出現を確認することに終始し，所与の理論の妥当性をおおむね確認するというまとめへと導かれる。

(3) 北米地域の授業研究の制約

　一般化することは難しいが，ここに，北米地域において見られる比較的先進的とされる授業研究の特徴を整理してみる。研究のプロセスでは，多くの大学研究者が関わっており数年におよぶプログラムやプロジェクトの効果を明確に示し得なければ拡大や制度化，つまりは予算措置やファンドに影響が直結することになる。ヨシダらのニュージャージー州のグループのほか，タカハシ(Takahashi, Akihiko)らのシカゴのグループなどでも，まさに日本人研究者が

中心となって，授業研究の質的高まりを追究してきた動きはある[5]。だが，一般的には，上記事例のように，なかなか数量化できないような側面も上述のシートを開発し，語ることよりも示すことが期待される傾向がある。ルイスらがアメリカにおける授業研究の拡大を論じる際，教師の専門性向上をうたい，外からのお仕着せの改革ではなく内から外へと向かう (inside-out) 改革を重視し，まさに「研究指定校」の導入などを主唱しているところにこの事情はよくあらわれているであろう[6]。内部すなわち当事者間での変容を期待するというよりもむしろ外に向けた提案性を求めているのである。

　データのとりやすさからか，アメリカのカリキュラム研究系の学会で提案される授業研究に関わる報告は，大学やその連合を単位として教員養成段階の教師の実習場面での適用やファカルティ・ディベロップメントの一形態として高等教育の授業改善をうったえ，その効果（実習生や大学教員の満足度等）を数量化して提示するというものが多い。日本とは違い，学校間人事異動などほとんど起こらず，担当学年ですらほぼ固定のアメリカの学校こそ「専門的な学びの共同体」（Professional Learning Community）を形成しやすいはずではあるが，実際は現職教員における学びに関わる質的研究は相対的に少ない。

　観察直後の協議で，本時を振り返るとは言いつつも使用するデータの制約から早くも抽象度があがる。さらに得られる示唆を模索し結論するという性急な協議会アジェンダからも推察されるとおり，授業者の当事者としての自律性は希薄なものになると言わざるを得ない。子どもの固有名もシートの上のメモにとどまり協議の場では不特定人称と化すことで，具体的な次時の手だてが見通しにくくもなる。

　コモン・コア・カリキュラムや州レベルのカリキュラムとの整合性・関連性を指導案にて丁寧に解説することは，それらと一体となった大規模学力調査の存在を暗示している。ルイスらは，アメリカにおける授業研究の草分けとしてのハイランドの学校（Highlands Schools）を紹介するにあたって，学力調査結果の向上を授業研究の成果の根拠としてあげている[7]。アメリカの授業研究の制約がここにもみとめられる。授業研究による成果は学力調査における数値的向上とセットで示されないとその効果に疑念が抱かれてしまうことになる仕組みなのである。

さらに，標準テストに基づいた教員評価システムも近々導入されることから，学校現場はますますテスト結果の向上への対応を迫られることになる。授業研究による教師の専門性の向上とそれに伴う子どもの学業達成の向上については，北米地域の授業研究に関わる研究者たちが自覚してきたように中期的な実践を前提とするものである。それゆえに，教員評価，学校の予算，統廃合，教師の雇用問題など，文字通り，教師・学校にとってのハイ・ステイクスなテスト圧力の前には，授業研究への期待も薄れる傾向にある。コモン・コア・カリキュラムに準拠した教科書を出版する会社の多くは，その販売戦略もかねて，標準テストへの対策をみすえたワークブックをセットで提供している。それのみならず，点数向上のための指導法などの研修コンサルタントとしても学校に入り込み，教師の学びの機会と内容を占有している状況にある。

3　授業研究と教育評価論の関係

英国のノリッジら (Norwich, Brahm et al.) は，授業研究を通じた教育評価の可能性を提案している。とくに彼らは，形成的評価機能を授業研究に見いだし，生徒のニーズの理解に役立つと考えている[8]。

授業を構想・計画する段階で設定された目標に照らして，授業研究を形成的評価や総括的評価として機能させることは，筆記テスト等による静的な評価方法に比べてダイナミズムをもち，可視化されることも多い。またノリッジらの言うとおり，観察と協議のプロセスで生徒たちのニーズに教師集団が気づく，つまり次の展開にとっては診断的評価機能を有することも多く，カリキュラムや授業の改善に貢献することも期待されている。まさにPlan-Do-Check-Actionのスパイラルに効果を発する「ツール」として期待もされ注目もされているのである。だが，国際的に拡がりを見せる中で，授業研究は，授業改善を促す，より有効な教育評価方法だと意味づけるだけでは不十分である。北米の事例に見られたように，客観性・提案性を求めて可視化＝量化の枠組みを強固にさせる結果につながる危うさもあることは見逃してはならない。

日本において教師の専門性向上の文脈で強調された授業研究は，一人ひとりの参加者が取り替え不可能な集団の1人として，加えて2度とは繰り返さない

事実を共有することに価値を見いだす。同じ専門性をもった学びの共同体の中で，経験や来歴に違いがあるものどうしが同じ事象を観察して，その事実に基づきながら自分なりの解釈を披露し，他者との対話の中で修正もしていくということが価値あることとして捉えられている。授業で実際に起こっていること，なかなか可視化されない子どもの思考，これらを同じ専門職の同僚の多様な見立てに刺激をうけながら自分の見方が更新されていく。いわば評価観点やその前提となる信念の再構成が生じる場なのである。

多様な観察者の存在は，授業研究の，とりわけ授業観察の場で形成的評価が有効に機能することにつながるのは間違いない。だが，形成的評価の目の複数化が授業研究の果実なのではない。何をこそ見逃さないでいるべきなのかを教師一人ひとりが授業研究を繰り返し経験する中で，他者の評価観を内面化し，自身の授業における瞬時の形成的評価が豊かになることが第一義的といえる。また，そこで下した何らかの判断・解釈が決して固定的なものではなく，他者の視点が入り再解釈されれば，授業時に捉えたこととまったく異なる結論に達し，したがって次の展開も再考を迫られる余地がたえず出てくるという経験を授業研究において繰り返すことになる。それゆえに，評価をふまえた授業の再構成というスパイラル枠組みも決して単調なものではないことに経験的に気づく。自らの評価行為そのものへの反省的視点も備わることが授業研究の意義といえるであろう。

既存の評価観（既定の評価規準・基準を用いて観察に臨み，そのデータを分析・考察しあい，その知見に基づき新たな授業を反省的に構想していくサイクル）が授業研究の核心なのではなく，授業の観察事実を前にして，何を見るべきか，公定の教育課程や教育内容から演繹的に設定された評価観点はそもそも機能しているのかといった反省的視点，言い換えれば評価観そのものを問い直す契機となることが授業研究のこの上ない果実であるといえよう。つまり，授業を評価する「授業評価」の概念は，授業研究の実践を通じて，授業自体と授業を見るその見方の両方を対象化して再考される段階にあるといえる。

4　おわりに

　日本発信の授業研究が国際的に認知され教育改革や教員養成改革の切り札として期待されていることは間違いない。本稿で検討してきたようにその方向性は，当然とはいえ，各国の事情に応じて加工・変容され受容されるというものであり，学力の国際比較の盛んな時代にあっては，おおむね効果測定の面が強調される傾向にある。

　日本の学会や教育当局が「輸出」する際，いったいどのような授業研究スタイルが積極的に紹介されているのか，その「輸出品」およびその技術の質もあらためて自省的に問うておく必要があるだろう。

　国際的に拡大する中で効果測定に機能を限定された授業研究は間違いなく一時の流行現象として形骸化や失望を免れ得なくなるだろう。教師の専門性を高める質的な営みになるはずが，既存の可視的測定による評価方法の一種として矮小化してしまったと自覚されるはずだ。そのとき，必ず日本の授業研究があらためて問い直されることになるであろう。そのような反省的な視線がむけられる近い将来，はたして，私たちの授業研究は，教育評価を狭隘なものとせず，教師の専門性を文化として維持させ，子どもの学びの質もそれにより高まりをみせるという魅力を依然として発信し得ているのだろうか。

1) Stigler, J. W. and Hiebert, J., *The Teaching Gap: Best Ideas from the World's Teachers for Improving Education in the Classroom*, The Free Press, 1999 参照。
2) Yoshida, M., "Mathematics lesson study in the United States," *International Journal for Lesson and Learning Studies*, 1 (2), 2012 参照。
3) Nelson, M. and Eddy, R. M., "Evaluative thinking and action in the classroom," Berry, T. and Eddy, R. M. (eds.), *Consequences of No Child Left Behind for Educational Evaluation. New Directions for Evaluation*, 117, 2008 参照。
4) Grimm, E. D., Kaufman, T., and Doty, D. "Rethinking classroom observation," *Educational Leadership*, 71 (8), 2014 参照。
5) Fernandez, C. and Yoshida, M., *Lesson Study: A Japanese Approach to Improving Mathematics Teaching and Learning*, Lawrence Erlbaum Associates, Inc., 2004 および Takahashi, A. and Yoshida, M., "Ideas for establishing lesson-study communities," *Teaching Children Mathematics*, 2004 参照。
6) Lewis, C., Perry, R., Hurd, J., and O'Connel, M. P., "Lesson study comes of age in

North America," *Phi Delta Kappan* 88 (4), 2006 参照。
7) *Ibid.*
8) Norwich, B., Dudley, P., and Ylonen, A., "Using lesson study to assess pupils' learning difficulties," *International Journal for Lesson and Learning Studies*, 3 (2), 2014 参照。

第2節
アメリカにおけるカリキュラム評価論の諸潮流

西岡加名恵

0　はじめに

　学校においてカリキュラム改善を進めるためには、効果的にカリキュラム評価（curriculum evaluation）を行うことが求められる。しかし日本において、カリキュラム評価の研究はまだ始まったばかりと言わざるをえない。そこで本稿では、アメリカにおいて多様に展開されているカリキュラム評価論に注目し、そこから実践に生かせる知見を得ることをめざしたい。

　現代アメリカにおけるカリキュラム評価研究の起点に位置づく論者としては、タイラー（Tyler, Ralph W.）をあげることができる。タイラーは、カリキュラムを編成する際に、①「学校は、どのような教育目的を達成するように努めるべきか」、②「目標の達成に役立つ学習経験はどのようにして選択すればよいか」、③「効果のある指導のためには学習経験をどのようにして組織すればよいか」、④「学習経験の効果はどのようにして評価すればよいか」という4つの問いに答える必要があると主張した[1]。この①～④で示される「タイラー原理」は、学校の教育目標に照らしてカリキュラムの効果を評価し、それによりカリキュラム改善を図る可能性を拓いた点で、画期的なものであった。

　しかし、1960年代後半以降、タイラーが示したような「目標に基づく評価」のパラダイムを批判する立場も登場した。その後のカリキュラム評価論の展開については、いくつかの先行研究で整理が行われている[2]。本稿では、それらの先行研究を参照しつつも独自の視点で、アメリカのカリキュラム評価論を3つの潮流に整理することを試みる。それら3つの潮流を概観するとともに、それぞれの意義と課題について検討したい。

1　カリキュラムに関する価値判断として評価を捉える

「タイラー原理」は，1950年代から1960年代にかけて進んだテスト開発に大きく影響を与えた。しかし，1960年代後半以降，「目標に基づく評価」というパラダイム自体を批判する論者たちが活躍するようになった。「目標にとらわれない評価（goal-free evaluation）」を提唱したスクリヴァン（Scriven, Michael），「応答的評価（responsive evaluation）」を提案したステイク（Stake, Robert），CIPPモデル（後述）を構想したスタッフルビーム（Stufflebeam, Daniel L.）などである。これらの論者には，カリキュラムに関わる関係者が価値判断を行う営みとして「評価」を捉えるという点では共通した特徴が見られる。

1957年のスプートニク・ショックにより，連邦政府が大規模なカリキュラム開発プロジェクトを推進する中で，評価研究への要望も強まった。さらに1960年代には，公民権運動の高まりの中，補償教育に資金が注ぎ込まれることとなった。かくして，納税者のために，複数のカリキュラム・パッケージの有効性を比較して示す産業や専門職が担うものとして「評価」を捉える発想が生まれたといわれている[3]。

とくに，1964年の初等中等教育法改正に際しては，学区が基金を使って補償教育を行うためのプログラムを実施する場合，年次評価を行うことが求められた。年次評価としては，実質的には標準テストのデータを用いた評価が行われることとなった。しかし，まもなく学区は当時の標準テストがあまり役に立たないことに気づく。「手に入る標準テストは，平均的な能力の生徒たちの順序を位置づけるように設計されていた。ミドル・クラスの仲間からははるかに教育的発達が遅れている，不利な条件にある子どもたちのニーズを診断したり，達成された成長を評価したりするには，ほとんど役に立たなかったのである」[4]。

このような状況の中，スクリヴァンは1967年，カリキュラム改善のために行うものとして評価を捉える発想そのものを相対化した。すなわち，カリキュラム改善のために行う「形成的評価（formative evaluation）」とは区別して，完成したカリキュラムが「他の選択肢と比べ，学校システムに採用する際の費用

を正当化するために十分な優位性をもっているか」を扱う「総括的評価 (summative evaluation)」を行うべきだと主張したのである[5]。スクリヴァンは、「料理人がスープを味見するのが形成的評価であり、お客さんがスープを味わうのが総括的評価だ」とたとえたステイクの言葉を紹介している[6]。「総括的評価」のためには、第三者が「目標にとらわれない評価」を行うことが重要だと、スクリヴァンは考えたのである。なお、スクリヴァンが「目標にとらわれない評価」という用語を用い始めたのは、1972年頃のことである[7]。

ステイクもまた1967年の論文において、評価者による判断を重視した教育プログラムの評価の進め方を提案した。具体的には、まず教育プログラムの前提 (antecedents)・処置 (transactions)・成果 (outcomes) のそれぞれについて、意図・観察・スタンダード（期待される水準）・判断を記述する。その上で、記述されたデータの間に見られる一致・不一致に注目し改善に役立てる、あるいはプログラムごとの記述データの比較によってどれを採用すべきか判断を下すという方法である[8]。

ステイクの評価論の特徴は、何に価値があるかは状況によって変わるものであると捉えている点、したがってその状況におけるステイクホルダーの見方を考慮に入れることを強調する点にある。後にステイクは、観察・インタビュー・文献調査といったインフォーマルな方法を駆使して評価対象に精通し、優れた点や不十分な点を捉えようとする「応答的評価」を提唱した[9]。さらには、個々の事例の複雑さを捉える「事例研究」を重視するに至っている[10]。

一方、目標に準拠してテストをするという枠組みを乗り越えることを志向しつつも、あくまでカリキュラム改善に取り組む人々が活用できる評価を構想しようとしたのが、スタッフルビームである。スタッフルビームは、評価を、選択肢に関する意思決定を助けるために、データを収集・分析して提供する過程として捉えた[11]。さらに、コンテクスト (context：文脈)、インプット (input：入力)、プロセス (process：過程)、プロダクト (product：所産) について評価を行うという、CIPPモデルを提唱しはじめた（表4-2-1）。CIPPモデルは、「私たちは何をすべきなのか？　どのようにそれをすべきなのか？　私たちはそれを正しく行っているのか？　それはうまくいったのか？」という4種類の問いに答えるために開発されたものであった。その後、スクリヴァンから「総括的評価」

表 4-2-1 CIPP モデルにおける評価の4タイプ

	コンテクスト評価	インプット評価	プロセス評価	プロダクト評価
目標	その機関のコンテクストを定義するため、ターゲットとなる人々を特定し、そのニーズを査定するため、ニーズを明確にするため、ニーズの根底にある問題を診断するため、提案されたニーズに対応するためのに十分かどうかを判断するため。	システムの能力、代替となるプログラム方略、方策を実施するための手続きの設計、予算とスケジュールを明確にし査定するため。	プロセスにおいて、手続きの設計や実施における欠陥を特定したり予想したりするため、計画された決定のための情報を提供するため、手続きの出来事や活動を記録し判断するため。	記述と成果についての判断を集めるため、それらを目標とコンテクスト、インプット、プロセスの情報に関連づけるため、それらの価値と利点について解釈するため。
方法	システム分析、調査、文書のレビュー、ヒアリング、インタビュー、診断テスト、デルファイ法といった方法を用いることによって。	人手可能な人的・物的リソース、解決方略、関連性、実現可能性、効率性のある手続きの設計の一覧表を作り、分析することによって。文献探索、模範となるプログラムへの訪問、支持者チーム、先行試行といった方法を用いることによって。	可能性のある活動の手続き的障壁をモニタリングし、予期しない障壁には注意をはらい続けることによって。計画された決定のために特定の情報を獲得するために実際のプロセスを記述することによって。プロジェクトのスタッフの活動を継続的に相互作用し、その活動を観察することによって。	操作上の定義をし、成果の規準を測定することによって。利害関係者から成果についての判断を収集することによって。質的分析と量的分析の両方を行うことによって。
変革プロセスにおける意思決定との関連	受け持ちの設定、ニーズに適合することや関連する機会を利用することに関連する目標、問題の解決に関連する目標を確定するため、すなわち、必要な変化を計画し、成果を判断する基礎を提供するため。	支援の出所、解決の方策、手続きの設計、実施のための方略を選択するため、すなわち、変革の活動を構築し、実施を判断するための基礎を提供するため。	プログラムの設計と手続きを実施し、洗練させるため、すなわち、プロセスの統制に影響を与えるため、後に成果を解釈する際に使えるよう、実際のプロセスの記録を提供するため。	変革の活動を継続するか、修正するか、焦点を定め直すか決定するため、すなわち、プロセスが影響（意図されたものと意図されなかったもの、肯定的なものと否定的なもの）についての明瞭な記録を提示するため。

出典：Stufflebeam, D. L., "The CIPP Model for Program Evaluation," in Madaus, G. F., Scriven, M. S. and Stufflebeam, D. L. (eds.), *Evaluation Models: Viewpoints on Educational and Human Services Evaluation* Kluwer-Nijhoff Publishing, 1983, p.129.

についての意識が十分でないという批判を受けて[12]，CIPPモデルは「説明責任」を果たす上でも有効なものとして提唱し直されている[13]。

表4-2-1では，CIPPモデルで用いられている目標，方法，変革プロセスにおける意思決定との関連が整理されている。この表が示すとおり，CIPPモデルは，意思決定に関わる評価の全体像を示したという点で意義深い。しかしその反面，教育目標の選択や配置といったカリキュラム編成に特化した意思決定に関わる評価という点では，焦点が拡散してしまった観が否めない。

スタッフルビームらの提案は，その後，住宅供給プロジェクトの評価などさまざまなプロジェクト評価に応用されている。汎用性が増したという点は肯定的に評価できるかもしれない。しかしながら，カリキュラム改善のための評価においては，子どもたちのより良い人格形成や学業達成といった教育固有の論理を位置づけておく必要がある。この観点から見ると，彼らの提案は，カリキュラム評価の理論としては後退したものと言わざるをえないだろう。

2　社会的な実験として「評価」を捉える

このように関係者による価値判断として「評価」を捉える理論が展開される一方で，社会的な実験として「評価」の方法を鍛えることに焦点を合わせた研究も登場した。その中でも後世への影響が最も大きいとされるのは，キャンベル (Campbell, Donald T.) とスタンリー (Stanley, Julian C.) による著書『実験的・準実験的な研究設計』[14]（1963年）である。

この著書において実験的方法とされているのは，ランダム化比較試験 (Randomized Controlled Trial: RCT) である。ランダム化比較試験においては，調査対象を実験群と統制群に無作為に割り付けることにより2つのグループの等質性をあらかじめ確保した上で，実験群に与えられる何らかの介入（投薬や特定のプログラムの提供など）の効果が検証（評価）される。

ただし，現実の社会においては，ランダム化比較試験を用いられることが不可能な場合や適さない場合もある。したがってキャンベルらは，ランダム化を行わない準実験的方法についても紙面を割いて論じている。準実験的方法には，時系列デザイン (time-series design)，不等価統制群デザイン (nonequivalent control group design)などがある。時系列デザインとは，介入の開始前から実施後にかけて，介入によって期待される変化を捉えるようなアウトカム指標について定期的に測定する方法である。また不等価統制群デザインとは，すでに存在する実験群と特徴が似通ったグループ（比較群）を比較する方法である[15]。

キャンベルらの準実験的方法は，その後，学校効果研究 (school effectiveness research) にも影響を与えた[16]。1966年のコールマン報告書以降，子どもたちの学業成績が人種・家庭背景によってほとんど説明されることを明らかにした研究が続出した。しかし，そうした状況でも例外的に教育効果を上げている学校があることに注目し，その学校に見られる特徴を明らかにしようとしたのが「効果的な学校」研究である。その後，「効果的な学校」研究は，すべての学校を対象とする学校効果研究へと進展した[17]。

1970年代後半から1980年代半ばにかけて，学校効果研究の成果が公刊され，効果的な学校の特徴についての共通理解ができると，その知見を生かした学校改善プロジェクトが行われるようになる。こうして1990年代には，学校効果研究と学校改善研究を統合しようとする動きが生まれた。その特徴としては，量的データによって捉えられる学力面の成果に焦点を合わせる点，ならびに学校レベルではなく教師の指導行動など教室で行われる学習のレベルに焦点を合わせ，「何が有効か (what works)」を解明しようとしている点があげられる[18]。

2000年代に入ると，キャンベルらが提唱した実験的方法が，教育政策において大きな影響力をもつこととなった。NCLB法（「どの子も置き去りにしない」法/2001年制定，2002年施行）は，学力格差の是正をめざすと同時に，科学的に実証されたエビデンスに基づいて教育政策を決定することを重視するという方針を示した。この方針に基づき，2002年には教育省下に教育科学研究所 (Institute of Educational Science: IES) が設立され，ウェブサイトにWWC情報センター (What Works Clearinghouse) が開設された[19]。

WWC情報センターの目的は，教育における意思決定のための情報提供にある。そのために，何らかの教育的な介入（実践，プログラム，方針）の効果を示すような信頼性のある確かなエビデンスを提供している研究を特定し，ウェブサイト上で研究のレビューや実践ガイドを掲載している。2015年11月現在，扱われているトピックは，障害のある子どもと若者，中退の防止，幼児教育，

英語の学習者，リテラシー，数学，中等後教育，科学，生徒の行動，教師とリーダーの効果である。

　WWC情報センターによる情報提供の特徴は，質の高いエビデンスを提示する研究かどうかを見分ける規準として，調査方法にランダム化比較試験を用いているかどうかという観点を重視している点である。WWC情報センターの開設にあたっては，キャンベル共同計画（Campbell Collaboration's foundation）と米国研究協会（American Institute for Research）とのジョイント・ベンチャーに対して契約が結ばれた。キャンベル共同計画のボルチ（Boruch, Robert）は，キャンベルによる研究の継承者の中でもとくにランダム化比較試験を重視する研究者だといわれている[20]。

　しかし，ランダム化比較試験が因果関係を証明する上で最良だという主張に対しては，批判も寄せられている[21]。たとえばスレイヴィン（Slavin, Robert E.）は，ランダム化比較試験であることのみを重視すれば，小規模調査によって介入プログラムの評価が決定される傾向が生まれる，また小規模の実験の場合，結果がプラスのもののみが発表されるというバイアスも存在する，といった問題点を指摘している[22]。また，ションフェルド（Schoenfeld, Alan H.）は，調査研究において用いられている評価テストがどのような能力を測定しているのかを分析することが重要であるにもかかわらず，WWC情報センターはその点に無関心だと批判している[23]。

　教育効果のエビデンスとしては，数値で表される実証的データが重視される傾向が見られる。ランダム化比較試験は，中でも最も科学的な調査手法のように見える。しかし，WWC情報センターの取り組みに寄せられている批判は，そのような実験的方法にも限界があることに留意することの重要性を指摘しているものといえよう。

3　カリキュラム編成のプロセスに学業達成の評価を位置づける

　このように，「目標に基づく評価」を批判する立場から，あるいは実証的データを重視する立場からの評価論が大きな潮流を形成する一方で，「目標に基づく評価」を支持する立場の評価論も脈々と引き継がれている。最後に，その潮

流に注目しておこう。

1960年代に標準テストへの批判が高まる中，タイラーは，ノルム準拠テスト（norm-referenced testing）にかえて規準準拠テスト（criterion-referenced testing）を用いることを提案した[24]。また，タイラーの教え子であるブルーム（Bloom, Benjamin S.）を中心とするグループは，テスト作成の準拠枠として「教育目標の分類学（タキソノミー）」[25]を考案した。これは，教育目標を認知領域・情意領域・精神運動領域に分類した上で，認知領域については「知識」「理解」「応用」「分析」「総合」「評価」の6つのレベルで捉えることを提案したものである。さらにブルームは，公民権運動に参加する中で，社会的に不利な立場にあるマイノリティの子どもたちにも「結果の平等」を補償するために，マスタリー・ラーニングを提唱することとなった[26]。マスタリー・ラーニングとは，学習の途中に形成的評価のためのテストを行い，教育目標を達成できているかどうかを確認するとともに，達成できていない場合は補充学習を行うなどして，完全習得をめざすという指導方法である。

このように，タイラーからブルームへと継承される流れは，2つの特長をもっている。第1の特長は，カリキュラムにおいて提供される教育目標の質を捉える視点をもっていることである。「教育目標の分類学」の発想は，その後，アンダーソン（Anderson, Lorin W.）らによる「改訂版タキソノミー」[27]，マルザーノ（Marzano, Robert J.）の「新しいタキソノミー」[28]や「学習の次元（dimensions of leaning）」[29]などへと展開していく[30]。

第2の特長は，子どもたちの学業達成の状況をふまえてカリキュラム改善を図るという回路を明確に示している点である。ブルームのマスタリー・ラーニング論は授業改善のレベルにとどまっていたが，1980年代にそれを発展的に継承したスペイディ（Spady, William G.）の「成果に基づく教育（Outcomes-Based Education: OBE）」[31]は，意図する学習成果（outcomes）をあらかじめ明確にすることによって，カリキュラムの改善を図り，さらには学校教育全体を再構築することを構想するものであった[32]。

ウィギンズ（Wiggins, Grant）とマクタイ（McTighe, Jay）が提案する「逆向き設計」論[33]は，こういった2つの特長を引き継ぐことによって結実したカリキュラム設計論として位置づけることができる。「逆向き設計」論の要点は，次の4

点に整理できる。

　第1に，単元設計にあたり「求められている結果」（目標）を設定する（第1段階）。とくに，重点的に扱う目標として，単元を通して探究する「本質的な問い」と，対応して身につけさせたい「永続的理解」を明確にする。第2に，「求められている結果」が達成できているかどうかを確かめる上で「承認できる証拠」（評価方法）を決定する（第2段階）。その際，パフォーマンス課題を含め，さまざまな評価方法を組み合わせて用いる（パフォーマンス課題とは，複数の知識やスキルを総合して使いこなすことを求めるような複雑な課題を指す）。第3に，「求められている結果」「承認できる証拠」に対応できる学習経験と指導を計画する（第3段階）。その際，子どもたちが見通しをもって学習に取り組み，自己評価をふまえて効果的に改善を図ることができるよう指導を工夫する。第4に，単元設計（ミクロな設計）と長期的な指導計画（マクロな設計）を往復させながら，カリキュラム全体の改善を図る（図4-2-1）。

　「逆向き」と呼ばれる所為は，指導を行った後で考えられがちな評価を先に計画する点，また単元末・学年末・卒業時といった最終的な結果から遡って教育を設計する点にある。

　「逆向き設計」論は，カリキュラム設計論として提案された理論である。しかし，図4-2-1が示すとおり，「逆向き設計」は，生徒からのフィードバック，生徒の作品，外部のデータを用いて結果を評価し，ミクロ・マクロの双方において設計の改良を図ることを提案している点で，カリキュラム評価論としても捉えることができる。具体的な学習成果等をふまえてカリキュラムの評価・改善につなげる点で，実行可能性かつ有効性の高いカリキュラム評価論といえよう。

4　おわりに

　現代アメリカにおいて，カリキュラム評価は，タイラーを起点として理論化された。しかし，1960年代以降，納税者に対する説明責任が強調される中で，教師が定める目標にとらわれず，外部の評価者が価値判断するものとしてカリキュラム評価を捉える潮流が生まれた。また，カリキュラムの効果を統計的に

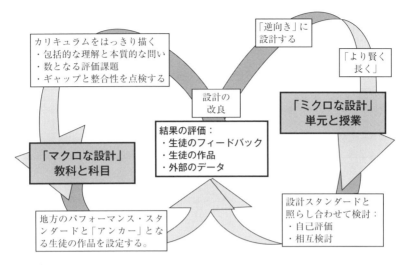

出典:Wiggins, G. & McTighe, J., *Understanding by Design: Overview 2002*, PowerPoint Slides, 2002, p. 111.

図4-2-1 「ミクロな設計」と「マクロな設計」

測定する社会的な実験として「評価」を捉える潮流も生まれた。これらは、一見すると、きわめて異なる理論ではあるが、いずれもカリキュラム評価の主体を、カリキュラム編成に直接かかわる教師たちとは別の者にゆだね、カリキュラムを納税者(消費者)が選択可能なサービスとして固定的に捉えている点では共通している。

　一方、タイラー原理を引き継ぐ第3の潮流は、カリキュラム編成にあたって構想する「目標」論を豊かにし、多彩な評価方法を開発し、その評価方法によって生み出された「証拠」に基づいて実践の改善へとつなげていく構想を確立した。教育を改善するために行うのが教育評価だと考える立場をとれば、この第3の潮流に基づくカリキュラム評価論からこそ学ぶべきであろう。

1) R. W. タイラー(金子孫市監訳)『現代カリキュラム研究の基礎——教育課程編成のための』社団法人 日本教育経営協会、1978年、ⅴ頁(原著は1949年)。
2) Christie, C. A. & Alkin, M. C., "An Evaluation Theory Tree," in Alkin, M. C. (ed.), *Evaluation Roots: A Wider Perspective of Theorists' Views and Influences*, 2nd Ed., SAGE publications, 2013, pp. 11-57. 浅沼茂「アメリカにおけるカリキュラム評価論の

変遷」『教育学研究』第 47 巻第 3 号，1980 年，44-53 頁。
3) Madaus, G. F., Scriven, M.S., and Stufflebeam, D., "Program Evaluation: A Historical Overview," in Madaus, Scriven, and Stufflebeam, (eds.), *Evaluation Models: Viewpoints on Educational and Human Services Evaluation*, Kluwer-Nijhoff Publishing, 1983, p. 11.
4) Ibid., p. 13.
5) Scriven, M., "The Methodology of Evaluation," in Tyler, R., Gagné, R. & Scriven, M., *Perspectives of Curriculum Evaluation*, Rand McNally & Co., 1967, pp. 39-83.
6) Scriven, M., *Evaluation Thesaurus*, 4th edition, SAGE Publication, 1991, p. 169.
7) 根津朋実『カリキュラム評価の方法』多賀出版，2006 年，9 頁。
8) Stake, R. E., "The Countenance of Educational Evaluation," *Teacher College Record*, Vol. 68, No. 7, April 1967, pp. 523-540.
9) Stake, R. E., "Responsive Evaluation IV," in Alkin, *op. cit.*, pp.189-197.
10) Stake, R. E., *The Art of Case Study Research*, SAGE Publications, 1995.
11) Stufflebeam, D. L., "A Depth Study of the Evaluation Requirement," *Theory Into Practice*, 1966, Vol. 5, No. 3, pp. 121-133.
12) Stufflebeam, D. L., "The CIPP Model for Program Evaluation," in Madaus, Scriven, and Stufflebeam, *op. cit.*, pp. 117-141.
13) Stufflebeam, D. L., "The Relevance of the CIPP Evaluation Model for Educational Accountability," Paper read at the Annual Meeting of the American Association of School Administrators, February 24, 1971, pp. 1-30.
14) Campbell, D. T., & Stanley, J. C., *Experimental and Quasi-Experimental Designs for Research*, Wadsworth, 1963.
15) *Ibid.* C. H. ワイス（佐々木亮監修，前川美湖・池田満監訳）『入門評価学——政策・プログラム研究の方法』（日本評論社，2014 年。第 2 版〈1998 年〉の翻訳。原著の初版は 1972 年）も参照。
16) Teddlie, C., Reynolds, D. & Sammons, P., "The Methodology and Scientific Properties of School Effectiveness Research," in Teddlie & Reynolds, *The International Handbook of School Effectiveness Research*, Routledge, 2000, pp. 55-133.
17) 川口俊明「日本における『学校教育の効果』に関する研究の展開と課題」『大阪大学大学院人間科学研究科紀要』第 36 号，2010 年，157-177 頁。
18) Teddlie, Reynolds et al., "Linking School Effectiveness and School Improvement," in Teddlie and Reynolds *op. cit.*, pp. 206-231.
19) http://ies.ed.gov/ncee/wwc/（2016 年 1 月 25 日確認）
20) Christie & Alkin, op. cit., p. 20.
21) 豊浩子「米国のエビデンス仲介機関の機能と課題」国立教育政策研究所編『教育研究とエビデンス——国際的動向と日本の現状と課題』明石書店，2012 年，79-115 頁。
22) Slavin, R. E., "Perspectives on Evidence-Based Research in Education: What Works？ Issues in Synthesizing Educational Program Evaluations," *Educational Researcher*, Vol. 37, No. 1, 2008, pp. 5-14.
23) Shoenfeld, A. H. "What Doesn't Work: The Challenge and Failure of the What Works Clearing House to Conduct Meaningful Reviews of Studies of Mathematics Curricu-

la," *Educational Researcher*, 2006, Vol. 35, No. 2, pp. 13-21.
24) Tyler, R.W., "Changing Concepts of Educational Evaluation," in Tyler, Gogné, & Scriven, *op. cit.*, pp. 13-18.
25) Bloom, B. S. (ed.), *Taxonomy of Educational Objectives: The Classification of Educational Goals. Handbook I: Cognitive Domain*, David McKay Co., 1956.
26) Bloom, B. S., "Learning for Mastery," *The Education Comment*, Vol. 1, No. 2, 1968.
27) Anderson, L. W., & Krathwohl, D. R., *A Taxonomy for Learning, Teaching, and Assessing; A Revision of Bloom's Taxonomy of Educational Objectives, Abridged Edition*, Longman, 2001.
28) R. J. マルザーノ，J. S. ケンドール（黒上晴夫・泰山裕訳）『教育目標をデザインする——授業設計のための新しい分類体系』北大路書房、2013 年（原著第 2 版〈2007 年〉の翻訳。初版は 2001 年）。
29) Marzano, R. J., *A Different Kind of Classroom: Teaching with Dimensions of Learning*, Association for Supervision and Curriculum Development (ASCD), 1992.
30) 石井英真『現代アメリカにおける学力形成論の展開——スタンダードに基づくカリキュラムの設計』東信堂，2011 年。
31) Spady, W. G., *Outcome-Based Education: Critical Issues and Answers*, The American Association of School Administrators (AASA), 1994.
32) 田中耕治「OBE の現状と課題——アメリカにおける学力保障論の展開」稲葉宏雄『教育方法学の再構築』あゆみ出版，1995 年，71-92 頁。
33) G. ウィギンズ，J. マクタイ著（西岡加名恵訳）『理解をもたらすカリキュラム設計——「逆向き設計」の理論と方法』日本標準，2012 年（原著増補第 2 版〈2005 年〉の翻訳。初版は 1998 年）。

第3節
オランダにおける学校評価

奥村好美

0　はじめに

　オランダでは，歴史的に学校に多くの裁量や自律性が認められている。それは，1848年改正憲法で，自由な宗派的私学教育を求めて「教育の自由」が基本的人権として保障されたことに由来する[1]。「教育の自由」は，現行憲法でも認められている。それは，学校を自由に設立することができる学校設立の自由，学校における指導を組織することができる自由，どんな原理に基づくのかを決定する教育理念の自由の3つに整理される[2]。憲法では，1917年以来私立学校（bijzondere scholen）に対しても，公立学校（openbare scholen）との財政平等が謳（うた）われている。こうした自由に付随して，学校選択の自由も認められている。
　こうした「教育の自由」のもと，オランダでは，学校の多様性の保証に対するリスク管理のために，教育監査と呼ばれる学校評価が教育監査局（Inspectie van het Onderwijs）[3]によって行われている[4]。オランダの教育監査局は1801年から存在する。この教育監査局が，定期的にすべての学校における教育の質を監査することとなったのは，1990年代後半以降のことである。同じ頃，各学校は，学校の自己評価の実施を求められることとなった。日本において，学校評価が求められるようになっていったのも同時期のことである。本稿では，オランダでどのような学校評価が実施されているのかを見ることによって，日本においても各学校に多くの裁量を認めながら学校評価を通じて教育の質を保証するための示唆を得ることをめざしたい。
　そのために，まず，オランダでどのような経緯でどういった学校評価が求められるようになったのかを確認したい。その上で，オランダで開発された学校の自己評価ツールの1つZEBO（初等教育の自己評価の意：Zelfevaluatie Ba-

sisonderwijs) を取り上げて検討を行う。ZEBOを取り上げるのは，開発から効果の検証に至るまで研究的な蓄積が豊富であるためである。なお，ここではオランダの学校評価の中でも1990年代後半から2000年代における初等教育の学校評価に焦点をあてることとする。

1 オランダにおける学校評価の概要

(1) 学校評価の背景と制度的特徴

オランダでは「教育の自由」によって，歴史的に学校が高い自律性をもっていた。こうしたオランダにおいても，1980年代以降，新自由主義的な影響から，さらなる学校の自律性が強調されていく[5]。そうした中，1993年，国語や算数といった各教科で学ばれる内容が中核目標(kerndoelen)として初めて設定された。中核目標は，初等学校を卒業するまでに子どもが達成することが望ましい目標である。こうした中核目標が国によって規定された一方で，学校は教育の質に責任を負うことが求められていった。

学校が行う教育の質の管理に関しては，1993年に教育科学省の大臣と教育界代表との間で開催された「行政刷新についてのスヘフェニングス協議(Schevenings Beraad Bestuurlijke Vernieuwingen)」において，初等・中等学校は自身の教育の質に責任をもち質の管理について積極的な方針をたてることや，学校は自己評価のための方法やツールを選ぶことなどが示された。しかし，当時，自己評価のためにどのような方法やツールが存在するのか，また，これらの方法やツールの質はどうなのかについては明らかではなかった。そのため，これをきっかけに教育省が資金を出し，学校の自己評価ツールの調査研究などが行われた[6]。ZEBOというツールは，ここで行われた調査研究をきっかけとして開発されたものである。

こうした経緯を経て，ついに1998年にいわゆる「質の法」が制定される。この質の法において，学校は提供している教育の質や，確実にそれを改善するための質の方針を追求することに責任をもつこととなった。また，すべての学校が質を管理するサイクルを構築することも求められた。具体的には，学校の質に関する方針を「学校計画書(Schoolplan)」「学校ガイド(Schoolgids)」におい

て示すこと，自校の「苦情処理手続き（Klachtenregeling）」を策定することが規定された。質の法に，学校の自己評価が義務であるという直接的な記述はない。学校計画書や学校ガイドで質に関する方針を示すことで，自己評価の実施が自ずと求められるという形になっている。自己評価の中身についての具体的な規定はなく，学校は独自性を生かして自己評価を実施することが可能である。

　このように，質の法によって，質の管理とその責任が学校に求められるようになり，教育監査にも新しい役割が求められることとなった。それは，学校が体系的に質を管理できているかどうかを監査するというものである。新しい教育監査は1990年代後半から実施されることとなり，2002年のWOT（教育監督法の意：Wet op het Onderwijstoezicht）によって規定される。

　2002年WOTのもとで実施されることとなった監査の特徴については，次の3つがあげられよう[7]。1つめは，すべての学校の教育の質が監査されるようになったことである。2つめは，監査報告書の公開である。3つめは，比例重点制（proportioneel toezicht）が導入されたことである。比例重点制には2つの意味がある。1つめは，監査はその出発点に学校の自己評価の結果を利用すべきであるというものである。自己評価が一定の条件を満たしていた場合，監査ではその結果が採用される。2002年WOTによると，監査されるすべての質の側面が含まれ，十分に信頼できる評価の実行方法や特質があり，学校自身が設定した質の目標が十分なレベルである場合，評価結果が監査の判断のために指針を与えるという。2つめは，そのように質を管理し，より良い質を提供している教育機関には，それに比例して監査を量的にも質的にも軽減するというものである。ただし，学校は監督枠組みのみにとらわれることなく，自律的に質の方針に関する選択を行い，児童や環境に合った独自のスタンダードを設定し，それによって質を管理することが求められていた。これらの特徴から，2002年WOTにおいては，「教育の自由」のもとでその学校に応じた自己評価が求められ，それが教育監査の際に尊重されていることがわかる。こうしたオランダの教育監査は，オルタナティブスクールにとってさえ脅威ではなく，実践の質的改善への一助と認識される傾向があることが指摘されている[8]という点で，特徴的であるといえるだろう。

　ただし，オランダではその後2010年にいわゆる「良い教育良いガバナンス

法(Wet goed onderwijs goed bestuur)」が制定されたことで，上述のような学校評価制度にひとつの転機が訪れる。この法律により，子どもの国語と算数の学習結果が一定水準に達していなければ，最終的には学校の予算を停止するなどの制裁が規定された。また，2012年にはWOTそのものも改正され，おもに学習達成度を中心としてリスクの有無を判断する「リスクに基づいた教育監査」が規定された。これによって，2002年WOTの頃のように教育監査の際に自己評価は重視されなくなっている。この詳細については，別稿にゆずりたい[9]。

(2) 学校の自己評価の状況

オランダには，学校が自己評価を行う際に利用できるツールが数多く存在する。2002年WOTのもとで学校が自己評価を行う際には，多くの場合，学校は自己評価ツールを利用していた。こうしたツールには，2つのタイプがある。1つは学力テストである。学力テストは，子どもへの教育成果を見るために用いられる。テストに関しては，COTAN (De Commissie Testaangelegenheden Nederland)という評価ツールの評価を行う委員会によって，妥当性や信頼性が保障されたツールのみが利用されることが多いとされている。しかしながら，妥当性や信頼性があると認められたテストのみを，学校評価で過度に重視することに関しては，オルタナティブスクール協会等が批判を行っている[10]。もう1つはアンケートなどの実施を通じて学校の自己評価を行うものである。ここでは，日本への示唆を得ることを鑑みて，このタイプのツールに着目したい。ツールには，それぞれに共通する要素もあるが，背景理論や評価指標はさまざまである。このタイプのツールは，その多くに客観性や信頼性が疑問視されている。

オランダで実際に最も利用されているツールは，WMK (質のカードとともに働くの意：Werken Met Kwaliteitskaarten)と呼ばれるツールである[11]。2010年に筆者が開発者に調査したところ，WMKは半数以上の初等学校で使用されていた。WMKの特徴は，監査されるポイントが組み込まれている点にある。そのため，学校はWMKを利用することで，教育監査で用いられる評価指標を参照することができる。加えて，WMKは，学校がその理念や教育方法に照らして重視する質をも組み込んで質の管理が行えるよう設計されている。しかしな

がら，Q*Primairという国のプロジェクトグループから出された調査報告書[12]によると，WMKも信頼性や妥当性が低いとされている。

　こうしたツールの信頼性や妥当性の低さについては，2002年WOT以前に実施された自己評価ツールの調査研究でも指摘されていた。自己評価ツールZEBOは，それらの調査研究の1つの結果を受けて，開発されたツールである。シェアは2％と少ないが，信頼性・妥当性のあるツールとして開発され，研究的に利用されてきた実績がある。ただし，Q*Primairの調査では，妥当性解釈の違いからZEBOの妥当性はそれほど高く評価されてはいない。それでも，ZEBOはWMKより信頼性・妥当性ともに高く評価されている。

2　自己評価ツールZEBOの概要と検討

　先に見たように，2002年WOTでは，「教育の自由」のもとでその学校に応じた自己評価が求められ，それが教育監査の際に尊重されていた。自己評価ツールZEBOは，1990年代後半，オランダの学校評価が整備されゆく頃に，既存の学校の自己評価ツールの多くは妥当性や信頼性が確かめられていないという調査結果を受けて開発された[13]。当初，ZEBOを開発するプロジェクトには，Cito（テスト開発中央機関：Centraal Instituut voor Toetsontwikkeling），トゥベンテ（Twente）大学教育学部の研究機関であるOCTO（応用教育学研究センター：Onderzoek Centrum Toegepaste Onderwijskunde），SLO（カリキュラム開発機関：Stichting voor Leerplanontwikkeling）という3つの機関が参加していた。ただし，プロジェクトの結果，当初想定されていたような包括的な自己評価ツールという形での開発は実現せず，OCTOが教育プロセスを評価するツールとして開発した。ZEBOの評価指標は，学校効果研究を基盤に設定されている。学校効果研究とは，一般的に子どもの学力と強い関連のある学校の特徴を発見することを目的とするものである。

　ZEBOについては，その開発にあたったトゥベンテ大学を中心に研究が行われてきた。とくに，開発に関わったヘンドリックス（Hendriks, Maria）らによって，開発の経緯[14]や使い方[15]，他ツールとの比較分析[16]などが行われた。ZEBO開発後は，同大学のスヒルトカンプ（Schildkamp, Kim）によって，ZEBO

を用いた自己評価ツールの使用や効果，自己評価に影響を与える要因の研究[17]，国際比較研究[18]などが進められた。

　このうち，ZEBOの効果に関しては，スヒルトカンプが次のような指摘をしている。ZEBOを使用する学校では，とくに，学校内での協議やコミュニケーションといった学校改善のための重要な必要条件に関して効果が認められている。しかし，ZEBOは学校効果研究に基づいて開発されたにもかかわらず，ZEBOの使用と児童のスペリングや算数の学習達成度とには重要な関連は見られない。これは，ZEBOのアウトプットが学校で限定的にしか使用されなかったためであろうという。また，学校がZEBOのアウトプットを改善のために使用することの難しさも明らかにされている。ただし，これはZEBOに固有の問題というよりは，自己評価の実施一般にいえることであるという。以下，ZEBOの内容を具体的に見ていくことで，これらの効果や限界を検討し直してみたい。

　それでは，ZEBOの全体的な構成を見ていこう。ZEBOは，学校長用・教師用・児童用の質問から成る。質問は，コンピュータ上で回答される。ZEBOでは表4-3-1のように学校長用の質問および教師用の質問の一部の回答から学校報告書が作成される。そして，教師用の質問の一部と児童用の質問の回答からクラス報告書が作成される。児童は3～8年生を対象としている。ただし，オラン

表4-3-1　ZEBOの質問の大項目タイトル

学校レベル		クラスレベル	
学校長・教師用の質問	教師用の質問	児童用の質問	
		3年生	4～8年生
1. 公式な会議　6. チームの団結 2. 共働　　　　7. 学校経営（者） 3. 教育的リー　8. 仕事量 　　ダーシップ　9. 計画的な行動 4. 専門職性 5. 目標設定と期待 ＊学校長・教師向けの質問は7. 学校経営（者）で多少表現が異なる以外，同じである。	10. 教授行為 11. 評価形態 12. 学力が低い児童と高い児童のためのケア 13. クラスの作業雰囲気 ＊質問10以降は教師のみへの質問である。	1. 作業 2. 先生 3. 先生 4. 先生 5. 作業 6. 同級生 7. 同級生	1. 学業成績へのプレッシャー 2. 先生 3. 教授行為 4. 同級生 5. 作業：個に応じている 6. 作業：学習時間 7. クラスの作業雰囲気

出典：Hendriks, M.に提供を受けた資料（2009年4月28日，以下同）をもとに筆者が作成。

ダの3年生は日本の小学校1年生に該当するため，日本の小学校1～6年生にあたる子どもたちを対象としている。質問の大項目は表4-3-1のとおりである。学校は必ずしもすべての質問を用いる必要はなく，選択して利用することができるようになっている。

　表4-3-1を見ると，まず，学校レベルの学校長・教師用の質問の大項目タイトルは1～9まで同様である。実際の評価指標を見てみても主語などが変わるだけでほぼ同様である。そこでは全体的に，学校全体で教育目標が共有されているか，教師が協力的に教育活動を行えているかなど，それぞれの教師のクラスレベルでの教授活動の土台となるような質問が多い。たとえば質問1や2においては，授業内容の提示方法，子どもの扱い，教師が出合う問題，教員研修活動の際得られた経験と情報などが，公式な会議や非公式な場で，どの程度話題となるかが問われている。このように学校レベルの項目が，クラスレベルの教育活動と関連づけられている。こうした質問に加えて，管理職のリーダーシップについての評価（質問7）や，教職員が仕事に意味を感じているか，過度の負担はないかといった教職員の労働環境についての評価（質問8）なども含まれる。

　次に，クラスレベルの教師・児童用の質問である。実際に評価指標を見てみると，全体的に，教師用の質問では，教師自らの教育活動に関することが問われており，児童用の質問では，教師による働きかけに関することが問われている。たとえば，児童用の質問では，教師との関係（3年生向けの質問2・3・4，4年生以上向けの質問2）や教師の教授方法や学級づくりなど（3年生向けの質問1・4・5，4年生以上向けの質問1・3・5・6・7）について問われている。同級生との関係（3年生向けの質問6・7，4年生以上向けの質問4）も問われているものの，これも教師の学級づくりによって影響を受けると考えられるため，ほぼ教師の学級経営手腕が問われているということができる。

　具体的には，表4-3-2のような質問が問われる。表4-3-2はクラスレベルでの児童用の質問3「教授行為」である。表4-3-2を見ると，前時の授業の復習・授業の導入・例の提示・説明・机間指導など具体的に教師の教授行為が取り扱われていることがわかる。このようにZEBOの質問は，学校の教育活動に具体的に光をあてる。他の大項目でも，たとえば教師用の質問11では，多様な評価方法（標準テスト，作文やレポート，観察など）をどの程度の頻度で用いている

表4-3-2　4〜8年生の児童用の質問「3. 教授行為」

a. 授業の始めに，先生は私たちが前時で行ったことを繰り返す。
b. 先生は，たくさんの異なった方法で（算数の）計算問題を説明することができる。
c. 先生は，授業の始めに，私たちが今から行うことを話してくれる。
d. 先生は，新しい計算問題の説明のとき，たくさんの例をくれる。
e. 先生は私たちが理解していないとき，もう1度説明してくれる。
f. 先生は，私がどのように計算問題を解いたか，よく尋ねてくる。
g. あなたがわからないとき，先生はもう1回何かを説明することを嫌だとは思っていない。
h. 私たちがクラスで自分の作業をしているとき，先生は助けるために歩き回っている。
i. 先生は，私たちがすでに以前に練習を積み熟練した計算問題をしばしば繰り返す。
j. 先生は私がどのように計算問題を解いたか決して尋ねてこない。

出典：Hendriks, M.に提供を受けた資料をもとに筆者が訳出。

かなどが具体的に問われている。ただし，ZEBOの質問はすべて，行動の有無を問う形式となっており，一つ一つの行動の質を問うような質問は存在しない。

　また，各質問内容は立場の異なる者から二重チェックが行われるようになっている。したがって，たとえば，表4-3-2の児童用の質問「a. 授業の始めに，先生は私たちが前時で行ったことを繰り返す」にあたる内容は，教師用の質問10においても「a. 授業の始めに，私は前時の授業で扱われたことを復習する」「b. 授業の始めに，私は前時の授業の短い要約を児童に伝える」という形で問われている。このように，ZEBOでは，学校レベルの質問は学校長と教師，クラスレベルの質問は教師と児童といったように，異なる立場から情報が集められている。これは，立場の違いによって回答に違いがでるといった問題に対応するためである。プロセスの特徴を考える際には，事実だけではなく意見が重要となることがある。たとえば，「期待」は，元来非常に主観的であるが，児童にとって実際的な状況を作り出す可能性がある。そこで，できる限りバイアスを除きながら，そうした点を評価するために二重チェックが採用されたのである[19]。

　最後に，評価結果の報告書を具体的に見ていこう。ZEBOをすべて使った場合，学校報告書とクラス報告書がコンピュータで自動的に作成される。学校報告書・クラス報告書の形式は同様であり，報告書はグラフと文章，各スコアの形で作成される。

　図4-3-1は，クラスの報告書のグラフ例である。グラフは箱髭図を用いて作

成される。そこでは，各質問内容における児童間の意見のバラつき（白い箱と線の横幅），児童の意見の平均（白い箱の中の黒い縦線），他の学校サンプルにおける児童の意見のバラつき（灰色の箱と線の横幅），その平均（灰色の箱の中の黒い縦線）があらわされる。ただし，ここでの国の平均値には1999年に121校で集められたデータが用いられている。

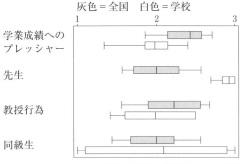

図4-3-1　ZEBO報告書例（クラスの概観）

これをふまえて図4-3-1を見ると，「学業成績へのプレッシャー」に関しては，この学校の平均は普通程度であるが，それは他の学校と比べると低いことがわかる。また，「同級生」に関しては，平均は普通程度で他の学校と変わらないものの，白い箱が横長いことから多様な意見が児童の中にあることがわかる。このように，この学校では，「学業成績へのプレッシャー」「同級生」について，より念入りに検討する必要があることがわかる。こうした他の学校における児童の結果との比較や，意見の相違やバラつき，そしてそのクラスの教師と児童の結果との比較については，簡単な文章でもあらわされる。また，個別の質問への回答も一つ一つグラフで示される。表4-3-2で見たように，質問では具体的な教授行為を取り上げているため，各質問結果から，教師は教授行為について具体的に改善点等を参考にすることができる。

このように，ZEBOの報告書からは，学校で検討されるべき3種類の項目を特定できる。①平均の結果が良くない項目，②意見の相違やバラつきの多さのため検討されるべき項目，③他の学校と比べて良くない項目である。ZEBOの報告書では各結果の平均値だけでなく，同じ立場内（たとえば児童間）・違う立場間（たとえば教師と児童）での意見の相違やバラつきが示される。そのため，そうした項目についての学校内でのコミュニケーションが促される。個々の評価項目の平均値を上げることのみに学校が終始してしまうことのないよう工夫

がなされている。また，ZEBOではできる限り学校が自身で改善計画を立て，実行することが意図されている[20]。学校は必ずしもZEBOの質問項目に従う必要はない。教職員のコミュニケーションが促された結果，ZEBOの質問項目とは異なる方向での改善策が導き出されることも十分に考えられる。教育監査でも，ツールでも，外部から評価基準をおしつけようとするのではなく，学校の判断が尊重されている点にオランダの学校評価の特徴があることがわかる。

3　おわりに

　オランダでは1980年代以降，学校自身が教育の質に責任を負うことが求められていた。2002年に制定されたWOTでは，「教育の自由」のもとで学校に応じた自己評価が求められ，それが教育監査で尊重されていた。ZEBOは，そうした学校評価制度が整備されゆく頃に，既存の自己評価ツールの多くは妥当性や信頼性が確かめられていないという調査結果を受けて開発されていた。

　以下，ZEBOの意義と課題を整理してみたい。まず，意義としては，ZEBOは学校評価や授業評価を個別に捉えるのではなく，学校レベルとクラスレベルの評価を関連づけて学校評価を実現し，改善へつなげていく道を拓こうとしていた。さらに，主観性を含むことを免れえないアンケート形式の学校評価において，できる限りバイアスを除くために，立場の異なる者に同じ内容を評価させる二重チェックという方法を取り入れていた。加えて，評価項目を絶対視し個々の項目の平均値を上げることのみに終始してしまうことのないよう，意見の相違が高いものを示し，学校内におけるコミュニケーションの糸口を提示するという評価のあり方を示していた。先行研究でZEBOが学校内での協議やコミュニケーションを促すと指摘されていたのは，こうした点によると思われる。

　次に，限界について考えてみたい。ZEBOに対しては，ZEBOの使用と学習達成度とには重要な関連がみられないことや，ZEBOのアウトプットを改善に使用することの難しさ等が指摘されていた。その要因としては，次の3つが考えられよう。1つめは，学校効果研究に立脚して選ばれた評価指標が必ずしも学校のニーズと合うとは限らないことである。2つめは，ZEBOの評価指標には質的側面が含まれていない点である。質的側面に目が向かなくなってしまえ

ば，いくらコミュニケーションが促されたとしても，そこでの教育活動そのものが問い直される契機が失われてしまう危険性があるだろう。また，ZEBOのようにリスト化された評価指標を用いると，そこに含まれていない評価の観点に目を向けにくくなることもあるだろう。3つめは，ZEBOでは評価の後にZEBOの質問項目に沿って学校が変化を起こすことが必ずしも求められてはいないため，ツール開発時に想定された学校効果の実現が期待できるとは限らないことである。ここに，「教育の自由」のもとで学校が自主的に改善計画を立てることを重んじながら，研究上効果が実証された特定の教育活動を奨励することの難しさが生じてくる。そうした中で，自己評価の結果を改善へつなげるためにどのようなサポートができるのかについて，ZEBOには未だ課題が残るといえよう。

それでも，先に見たようなZEBOが提起する学校評価のあり方は示唆に富んでいるといえよう。オランダでは近年，おもに学習達成度を中心として学校のリスクの有無が評価されるようになっている。学校評価が，特定の学力テストのみに基づく説明責任へと矮小化されることなく，学校の主体的な改善活動を促すものとして機能するためにも，ZEBOの意義を再度見直すことが重要であるように思われる。

1) オランダの教育の歴史については，結城忠「教育法制の自治・分権改革と学校の自律性 (15) オランダにおける教育の自由と学校の自律性の法的構造 (1)」『教職研修』第32巻第9号，2004年，128-132頁）などに詳しい。
2) van der Ree, R. (eds.), *The Education System in the Netherlands 2007*, Dutch Eurydice Unit: The Hague, 2007, p. 8.
3) 教育監査局の歴史的展開やその法的位置づけに関しては吉田重和「オランダにおける教育監査局の史的展開と法的位置づけ――教育監査局の機能と役割に着目して」『関東教育学会紀要』第36巻，2009年，49-60頁）などに詳しい。
4) リヒテルズ直子「オランダにおける第三者評価制度」（三菱総合研究所『学校の第三者評価の評価手法に関する調査研究――最終報告書』2007年，38-55頁）など。
5) Karsten, S., "Neoliberal Education Reform in The Netherlands," *Comparative Education*, Vol. 35, No. 3, 1999, p. 311.
6) Cremers-van Wees, L. M. C. M., Rekveld, I. J., Brandsma, H. P., & Bosker, R. J., *Instrumenten voor zelfevaluatie: inventarisatie en beschrijving*, Enschede: Universiteit Twente, Onderzoek Centrum Toegepaste Onderwijskunde, 1996.
7) Melanie C. M. E., Leeuw, F. L., & Scheerens, J., "On the Impact of the Dutch Educational Supervision Act: Analyzing Assumptions Concerning the Inspection of Prima-

ry Education", *American Journal of Evaluation*, Vol. 26, No. 1, 2005, pp. 60-76 などを参照した。
8) 吉田重和「オランダにおける『教育の質の維持』のメカニズム——オルタナティブスクールから見た教育監査と全国共通学力テスト」『比較教育学研究』第35号、2007年、147-165頁。
9) 拙稿「オランダの初等教育における学校評価政策の動向——学力テストの位置づけに注目して」京都大学大学院教育学研究科『京都大学大学院教育学研究科紀要』第59号、2013年3月、583-595頁。
10) Boes, A., *Elke school is er één*, Valthe: Network SOVO, 2007. http://www.netwerksovo.nl/cms/upload/docs/elke_school_is_er_een.pdf（2016年1月25日確認）。
11) WMKについては、詳しくは、拙稿「オランダにおける学校評価——初等教育の自己評価ツールを中心に」（『教育目標・評価学会紀要』第21号、2011年、47-56頁）を参照されたい。
12) Dijkstra, N., Linde A. van der, & Majoor, D., *Kiezen voor Kwaliteit Tweede versie 2005: Instrumenten de maat genomen*, Q*Primair, 2005.
13) ZEBOについては、詳しくは、拙稿「オランダにおける自己評価ツールZEBOの意義と限界——学校の自己評価を充実させる試み」（『京都大学大学院教育学研究科紀要』第60号、2014年、411-423頁）を参照されたい。
14) Hendriks, M. A., Doolaard, S., & Bosker, R. J., "Using School Effectiveness as a Knowledge Base for Self-evaluation in Dutch Schools: the ZEBO-project," in Visscher, A. J., & Coe, R. (eds.), *School improvement through performance feedback*, Lisse/Abingdon/Exton/Tokyo: Swets & Zeitlinger, 2002, pp. 115-142 など。
15) Hendriks, M., & Bosker, R., *ZEBO instrument voor zelfevaluatie in het basisonderwijs. Handleiding bij een geautomatiseerd hulpmiddel voor kwaliteitszorg in basisscholen*, Enschede, The Netherlands: Twente University Press, 2003.
16) Hendriks, M. A., "Schooleffectiviteitsonderzoek en kwaliteitszorg in scholen," *Nederlands Tijdschrift voor Onderwijsrecht en Onderwijsbeleid*, jrg. 15, nr. 4, 2003, pp. 195-216 など。
17) Schildkamp, K., *The utilization of a self-evaluation instrument for primary education*, Enschede: Ph.Dthesis for University Twente, 2007 など。
18) Schildkamp, K., & Teddlie, C., "School performance feedback systems in the USA and in The Netherlands: a comparison," *Educational Research and Evaluation*, Vol. 14, No. 3, 2008, pp. 255-282 など。
19) Hendriks, Doolaard, & Bosker, op. cit, p. 123.
20) Ibid. p. 135.

第4節
アメリカにおける教師評価

八田幸恵

0　はじめに

　処遇の決定ではなく，専門職としての力量形成（professional development）に寄与する教師評価はどのような評価か。日本において，力量形成を目的とする教師評価の実現が困難である理由として，しばしば，専門職として身につけるべき倫理や能力を成文化した専門職スタンダード（professional standards）が未確立である点が挙げられてきた[1]。もちろん，教員養成系大学や教育委員会が開発を進めた例はある。しかしながら，その多くが，教師として望ましいと考えられる行動を細分化して列挙し，網羅的に獲得させるという方略を取っており，教師の自律的な力量形成をむしろ妨げるといった批判がなされている[2]。また，評価方法に関しても，チェックリストや5件法のアンケート形式を援用したりしており，教師の力量形成に寄与する評価方法の開発が進んでいるとはいいがたい。そのような状況の下，2015年5月7日付の各社新聞において，文部科学省が小中高校の教員が段階に応じて身につけるべき能力を示した「育成指標」の検討に乗り出すと報じられた。

　アメリカにおいては，1980年代後半以降，教職に関する専門団体が専門職スタンダードを策定し，独自の評価方法を開発している。そして，とくに2000年代以降は，スタンダードに基づく資格認定を通して教職全体の質の維持・向上を図るという動きが活発になっている。

　そこで本稿においては，アメリカにおける教師評価を検討することで，専門職としての力量形成に寄与する評価のあり方について示唆を得たい。その際，全米規模で現職教師の資格認定を行っている機関，全米教職専門職基準委員会（National Board for Professional Teaching Standards: NBPTS）に焦点を当てる。

1　資格認定制度が求められる背景

（1）アメリカの免許制度

　資格認定の内容に入る前に，アメリカにおいて資格認定が求められる背景について確認しておこう。アメリカでは，入職を許可する免許状（license）を発行するのは州であり，免許状の構造は州によってさまざまである。ただし，各州に共通する傾向として，教職への入職ルートが多様化し，州が発行する免許状や民間の資格認定団体が発行する資格（certification）をもたない，つまり教員養成を受けていない入職者の割合が増加している[3]。

　こうした状況の下，2000年代以降は多くの州において終身有効な免許状を発行することなく，さまざまな現職研修の機会を組織することで，免許状や資格を更新・上進し，専門職としての力量形成を図ることが主流となっている[4]。

（2）NBPTS設立の経緯

　NBPTSは，まさに専門職スタンダードを開発するという目的の下に設立された機関である。設立の経緯を確認しておこう。

　アメリカでは，1983年の連邦教育省長官の諮問委員会による報告書「危機に立つ国家（A Nation at Risk）」の発表以降，州行政の統制により，現職教師に対する能力評価と能力給制度を導入してきた。しかし，そのような管理主義政策は，5年間に半数近くが離職するという事態を招いた。

　そこで1986年，カーネギー財団による報告書『備えある国家──21世紀のための教師（A Nation Prepared: Teachers for the 21st Century）』が出された。そこでは管理主義が見直され，学校と大学の協働を基礎に教師の専門職性を自律的に高めることをめざすことが謳われた。具体的な改革案の筆頭に挙げられたのが，「教職に必要な知識と能力に関する高度なスタンダードを確立し，このスタンダードに見合った教師の資格認定を行う」というものであった。実際に，1987年，NBPTSが，現職教師の資格認定を行う機関として設立された[5]。ただし，実際の学校現場において実践しながら力量形成を図ることは，教員養成を受けずに入職するルートと親和性があったとも指摘される[6]。

要するに，アメリカの資格認定制度は，日本とは異なって，教職が安定したステータスをもたず，教員養成と免許状の軽視という事態を改善すべく案出されてきた，苦肉の策という側面がある。しかしながら，後述するように，とくに評価の基準と方法に関しては，我々に示唆を与えてくれる側面も大きい。

2　NBPTSにおける評価の基準と方法

(1) 資格について

　NBPTSの資格認定を受けることは，その認定率が40％を切る程度に難しい。したがって，NBPTSの資格認定を受けた教師はステータスが高く，どの州でも教職に就くことができる。NBPTS資格認定の候補者として登録を行う条件は，学士号をもっていること，3年間の現職経験があること，入職に免許が必要とされる州においては免許保持者であることの3つである。

　資格領域 (certificate area) には，「芸術」「職業と技術教育」「英語」「健康教育」「数学」「音楽」「科学」「歴史」「英語」といった教科 (discipline) が含まれる。生徒の年齢によってさらに区分される領域もある。また，おもに低〜中学年担当の小学校教師を対象とした，「ジェネラリスト (generalist)」という資格領域もある[7]。

(2)「5つのコア主題」と領域別スタンダード

　資格認定の基準であるスタンダードは，すべての資格領域に共通するコア・スタンダードと，各資格領域に固有のスタンダードがある。すべての資格領域に共通するコア・スタンダードは，「5つのコア主題 (The Five Core Propositions)」と呼ばれる[8]。内容は以下である。

主題1：教師は生徒とその学習を委託されている。
主題2：教師は，教える教科について知っており，その教科をいかに生徒に教えるかについて知っている。
主題3：教師は，生徒の学習をマネージしモニターすることに責任がある。
主題4：教師は自身の実践についてシステマティックに思考し，経験から学習する。

主題5：教師は学習コミュニティのメンバーである。

　この「5つのコア主題」に基づいて，各資格領域が独自のスタンダードを作成している。以下に示す例は，「青年期英語スタンダード第3版」である[9]。

スタンダードⅠ：生徒についての知識
　熟練した (accomplished) 英語教師は，英語科における生徒の学習を促進し，うまく世界に参加させる準備をするために，生徒についての知識を獲得している。

スタンダードⅡ：公平，公正，多様性
　熟練した英語教師は，他者の受容と理解にコミットするために，公平そして公正に振る舞う。熟練した教師は，生徒の間にある差異に取り組む多様な方法や教材を用い，すべての学習者の多様なニーズを満たす意味ある学習の機会を提供する。

スタンダードⅢ：学習環境
　熟練した英語教師は，教室において物理的そして規律的要因がいかに組み合わせられるかを理解し，生徒に従事させ，チャレンジさせる学習環境を意図的に設計し，学習を支援する。

スタンダードⅣ：指導計画と実施
　熟練した英語教師は，生徒，学問，そして教育方法についての知識を用いて，すべての生徒の学習を促進する指導を計画し，実施する。

スタンダードⅤ：読む・見る
　熟練した英語教師は，生徒を幅広いテキストを読む・見ることに従事させる。教師は，すべての生徒がテキストを分析，評価，鑑賞するために必要な態度や能力を発達させることを支援する。

スタンダードⅥ：書く・作る
　熟練した英語教師は，生徒が幅広い聴衆と目的に向けたテキストを効果的に生み出すために必要となる，書くことについての処理，スキル，知識における指導を提供する。

スタンダードⅦ：話す・聞く
　熟練した英語教師は，幅広い文脈において多様な目的のもとで実践される，話す・聞くスキルを強化することによって，生徒を効果的な対話者にする。

スタンダードⅧ：言語の学習
　熟練した英語教師は，言語の機能的な側面と美的な側面についての生徒の理解を発達させ，言語を効果的に運用する能力を拡張させる。

スタンダードⅨ：探究
　熟練した英語教師は，探究を通して，多様な視角から調査する態度を強化し，批判的問いを生み出す過程を促進し，生徒自身が学習したことに基づいて行動す

ることを励まし，情報を調査し，組織し，処理し，分析するために必要な道具を身に付けさせる。
スタンダードⅩ：評価
　熟練した英語教師は，生徒の学習を即自的にモニターし価値判断することの一貫として，妥当な評価の道具を創造し選択する。教師は，評価結果を用いて，生徒に有意味なフィードバックを提供し，自己評価に従事させ，多様なステイクホルダーと対話する。
スタンダードⅪ：協働
　熟練した英語教師は，協働して，指導と生徒の学習を改善し，この分野における知識と実践を発展させ，専門職としてのアイデンティティを高め，教室内におけるそしてそれを超える協働を強化する。
スタンダードⅫ：社会的活動（Advocacy）
　熟練した英語教師は，生徒，英語科の内容，そして自らの専門職性のために，社会的活動を行う。

　「5つのコア主題」も領域別スタンダードも，さらに詳しく記述され，よい実践のビジョンや可能性のイメージが明確に示されている。ただし，明確に記述されているのであって，細分化してリストにしているわけではない。また，スタンダードは，資格認定の候補者が自らの実践を分析する際の参照枠であって，取るべき行動を示したものでないということは明言されている。
　そのため，資格領域別スタンダードは，スタンダードそれぞれに「省察（reflection）」という項目が立てられている。たとえば，「青年期英語スタンダード第3版」の「スタンダードⅣ：指導計画と実施」における「省察」は，以下のように記述されている。

　熟練した英語教師は，自身の指導計画と実施の効果について省察する。彼らは，指導目標を達成するという目的のために指導実践を観察し，分析し，改善する。熟練した英語教師は，自身の指導的行為と生徒の成果を明確に関連づけ，自身の意思決定の理由を認識し説明することができる。
（中略）
　熟練した英語教師は，自身の指導計画と実施を改善するために，つねに改訂される基礎に基づいて自身の実践を批判的に検討する。彼らは，実践を持続させると同時に変革し，どの実践がいかに生徒の積極的な参加と成果を改善するか継続的に省察する。熟練した教師は，それが流行しているという単純な理由により新しい教育方法をむやみに採用するということをしない。彼らは，研究のレンズ，

> 過去の経験，特定の生徒のニーズを通して，新しい方法論を分析する。熟練した教師は，生徒の学習を改善するために，教育方法を戦略的に組み合わせる。

　このように，NBPTSのスタンダードは，教師の実践を意思決定（decision-making）や判断（judgement）とみなし，熟練した教師（accomplished teachers）は，自らの意思決定を支える信念や知識を言語化して対象化し，改訂することができると考えられているのである。

（3）2種類の評価

　上記2つのスタンダードに沿って設計される評価は，「評価センター課題（assessment center exercise）」というコンピュータを用いたテストとポートフォリオ（portfolio）の2種類で構成される。資格認定の候補者は資格認定を受ける領域を選択し，3年のうちに2種類の評価の評価課題を遂行する。

①評価センター課題

　「評価センター課題」は，その領域の「内容に関する知識（content knowledge）」を評価する方法である。出題と回答はコンピュータを用いて行われる。問題形式としては，多肢選択式とオープンエンドの記述式がある。「青年期英語」領域におけるオープンエンドの記述式問題は，たとえば以下のような問題が例として示されている。

> 　　　　　　　希望
> 　　　　　エミリー・ディキンソン
> 「希望」は羽根をつけた生き物――
> 魂の中にとまり――
> 言葉のない調べをうたい――
> けっして――休むことがない――
> そして聞こえる――強風の中でこそ――甘美のかぎりに――
> 嵐は激烈に違いない――
> 多くの人の心を暖めてきた
> 小鳥をまごつかせる嵐があるとすれば――
> わたしは冷えきった土地でその声を聞いた――
> 見も知らぬ果ての海で――
> けれど，貧窮のきわみにあっても，けっして，

それはわたしに——パン屑をねだったことがない。
(筆者注:訳は,エミリー・ディキンソン著〈亀井俊介編〉『対訳 ディキンソン詩集——アメリカ詩人選〈3〉』岩波文庫,1998年による)

以下のことに言及しながら回答しなさい。
・ジャンルと目的を特定しなさい。
・テキストの主題,著者の目的,そして意味に影響を与える言語的な装置やテクニックに関する著者の選択や使用について,あなたの解釈を示しなさい。
・テキストの意味と,テキストにおける言語的な装置やテクニックに関する著者の選択や使用との間の関連性について説明しなさい。

②ポートフォリオ

ポートフォリオは,その領域において実際に何をできるかを評価する方法である。候補者は,「5つのコア主題」および領域別スタンダードに沿って,4つのポートフォリオ・エントリーを作成する。内容は,以下のとおりである。

実践分析の報告
1. 指導の文脈
2. 計画と教育実践の分析
3. 2人の生徒の応答(response)に関する分析
4. 省察
[添付資料]
授業を記録したビデオ/生徒に与えた学習課題/生徒に与えた評価課題/生徒の作品

実践分析の報告は比較的大部であり,1つのエントリーにつき5千~4万字程度である。

このようなポートフォリオ・エントリーの作成を通して,候補者は,まず,指導を構想した文脈を示し,指導計画と実際の指導を記述する。そして,添付した授業風景を収めたビデオや特定の生徒の作品といった証拠物に言及しながら生徒の応答を分析し,自身の指導が生徒の学習を改善したことを証明する。さらには,自身の実践,および実践を支える知識や信念について省察するという一連の流れを経験する。つまり,ポートフォリオ・エントリーの作成を通して,候補者は,ある特定の指導を構想し実施した意思決定の理由まで明記して

指導の効果を証明すると同時に，実践から学習する，つまり自身の意思決定を根底で支える信念や知識を対象化し改訂することが求められているのである。

3　教師の意思決定を支える「内容に関する知識」の評価

(1) 従来の教師評価に対する批判

　NBPTSのスタンダードと評価方法の基礎には，1980年代を通してショーマン (Shulman, Lee. S.) が推進した，2つのプロジェクトの成果がある。その成果のエッセンスを示そう[10]。

　ショーマンは，従来の教師評価を次のように批判した。すなわち，従来の教師評価は，「教育方法に関する知識 (pedagogy)」を過度に強調しており，「内容に関する知識 (content)」を軽視している。しかし，教師はつねにある特定の内容を教えているのであり，「教育方法に関する知識」の良し悪しは，「内容としての文脈 (context as content)」に依存する。

　このように，ショーマンは，教師評価において軽視される「内容に関する知識」を重視する。しかし，ショーマンは，たとえば生物の教師は生物学の研究者と同じような「内容に関する知識」をもたなければならないと主張したわけではない。そうではなく，教師は，教師に特有な意思決定過程において，教師に特有な「内容に関する知識」を用いていると主張した。

(2) 教師の意思決定過程

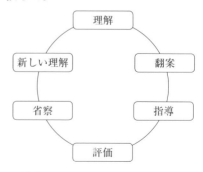

出典：Shulman, L. S., "Knowledge and Teaching: Foundation of New Reform," *Harvard Educational Review*, 1987, 57 (1), pp. 1-22 より筆者作成。

図4-4-1　教師の意思決定過程

　ショーマンによると，教師特有の意思決定過程とは，図4-4-1のようにモデル化できる。少し詳しく説明すると，教育実践は「理解」から始まる。「理解」の局面では，教師は子どもが用いる教材から教えるべき内容を分析して理解する。次に「翻案」（授業づくり）の局面において，教材の批判的解釈や目標の明確化を行い，表現のレパートリーを考え，そのレ

パートリーから特定のものを選択し，生徒のつまずきや能力などに合わせて応用する。そして実際に「指導」を行う。「指導」の最中および「指導」の後に，生徒の理解の「評価」を行う。さらに教師は，以上の自身の実践について「省察」し，経験から学習するということである。

このようにモデル化される意思決定過程の中でも，ショーマンは，「翻案」（授業づくり）をとくに重要な過程とした。

（3）「知識基礎」とPCK

ショーマンは，意志決定過程をモデル化することと同時に，意志決定を支える知識を，「知識基礎（knowledge base）」として整理した。それが以下である。

・教育の目的，目標，価値，そしてそれらの哲学的歴史的基盤に関する知識
・内容に関する知識
・一般的な教育方法に関する知識
・カリキュラムに関する知識
・PCK（Pedagogical Content Knowledge）
・学習者とその特性に関する知識
・教育の文脈に関する知識

これらの中で，PCKは，ショーマンが提案した概念である。ショーマンによると，PCKとは，「内容に関する知識」と「教育方法に関する知識」の「特別な混合物」であり，したがって各教科領域に固有の知識である。具体的には，ある内容に関して子どもがもつ誤概念やつまずき，またそのつまずきを乗り越えさせるために用いる指導のレパートリーが挙げられている。つまりPCKとは，子どもがその内容を理解する過程に関する知識である。ショーマンは，子どもがその内容を理解する過程に関する知識は，内容の専門家である研究者とは異なって，教師が特有にもつ知識であると主張した。したがって，PCKこそが教師を特徴づける知識であり，PCKを評価の対象とすべきであると論じた。そこで，PCKを評価する方法として，教師ポートフォリオを，意思決定過程に沿った評価方法として提案したのである。

4　おわりに

　以上から明らかなように，アメリカにおける教師評価の最も重要な部分を担うNBPTSは，教師の意思決定を支える知識を成文化してスタンダードとして確立し，意思決定過程に沿った評価方法を用いて自身の実践を支える知識を対象化し改訂するという方略を通して，教師の自律的な力量形成を実現しようとする。このことは，コンピテンシー・リストを用いた教師評価が行われつつある現在の日本に対して，大きな示唆を与えてくれる。

1) 佐藤学『専門家として教師を育てる――教師教育改革のグランドデザイン』岩波書店，2015年。
2) 岩田康之「今後の教員資質能力論に向けての課題」岩田康之・別惣淳二・諏訪英広編『小学校教師に何が必要か――コンピテンシーをデータから考える』東京学芸大学出版会，2013年，130-142頁。
3) Darling-Hammond. L., "Teacher Preparation and Development in the United States," in Darling-Hammond, L. and Lieberman, A. (eds.), *Teacher Education around the World: Changing Policies and Practice*, Routledge, 2012, pp. 130-150.
4) 八尾坂修「アメリカの教員養成」日本教育大学協会『世界の教員養成Ⅱ 欧米オセアニア編』学文社，2005年，2-22頁。
5) 佐藤学『教師というアポリア』世織書房，1997年，243-286頁。
6) 小野瀬善行「オルタナティブ教員資格認定制度」アメリカ教育学会編『現代アメリカ教育ハンドブック』東信堂，2010年，23-24頁。
7) NBPTSの資格については，http://www.nbpts.org/ を参照（2016年1月25日確認）。
8) http://boardcertifiedteachers.org/about-certification/five-core-propositions（2016年1月25日確認）
9) http://boardcertifiedteachers.org/sites/default/files/EAYA-ELA.pdf（2016年1月25日確認）
10) Shulman, L. S., "Those who understand: Knowledge Growth in Teaching," *Educational Researcher*, 1986, 15 (2), pp. 4-14 および Shulman, L. S., "Knowledge and Teaching: Foundation of New Reform," *Harvard Educational Review*, 1987, 57 (1), pp. 1-22 を参照。

小 括
教育改善としての教育評価を守り育てるために

赤沢早人

0　市場原理を超えて

　ニュー・パブリック・マネジメント（NPM）の影響下にあって，各学校が，各種の評価の営みを成果主義，市場主義，顧客主義に絡め取られることなく，自律的な教育機関として公共的な教育評価のあり方を貫いていくためには，何をどうしてゆけばよいのか。この問いは，言い換えれば，わが国の学校が，限られた人的・時間的リソースを授業評価や学校評価の結果に関する「グラフ」や「所見」の作成に消費せざるを得ない状況を克服して，教師・授業・カリキュラム・学校の質を改善するためにどのように評価情報を活用すればよいかを実践的に追求することでもある。

　それはたんに，PDCAのようなマネジメントサイクルになぞらえて授業やカリキュラム，あるいは学校の運営をすればよいというものではない。また，こうしたマネジメントサイクルのもとで，事前に計画された各種の教育活動を「計画通り」実行し，「○○という取り組みを計画通り実行した」などと報告書に記載すればよいというものでもない。PDCAサイクルの可視化や取り組み目標・評価の明確化・系統化は学校教育にとって手段にすぎない。そうだとすれば，こうしたアウトプット的な目標・評価の手続き論を超えて，子どもたちにいかなる質の成長を促したかという，アウトカムとしての目標・評価の考え方と仕組みとを，各学校はそれこそ自律的に築きあげていくことが求められる。

　これは，きわめて困難な仕事である。そして，わが国の学校史を顧みても前人未到といえる仕事であろう。成し遂げるには，教育実践に関する数多くの知識と，数多くの関係者の力が必要である。しかしながら，この仕事に失敗することは，私たち学校関係者が市場原理に「屈服」したということを意味する。

第4章では，諸外国における授業評価，カリキュラム評価，学校評価，教師評価の理論と実践について順次検討を加えてきた。章を締めくくるにあたって，諸外国でのこれらの評価のあり方に示唆を得ながら，いかにしてわが国の学校が教育改善としての教育評価の考え方と仕組みを守り育てていくのかについて，若干の考察を試みることで全体の総括としたい。

1　授業評価としての授業研究の再吟味

　わが国で授業評価という場合，大別して2つの行き方があると考えられる。
　1つは，授業を観察・解釈する行為を通じて，どの子どものどのような成長が促進されたのかを具体的に明らかにしようという行き方である。ここでは「授業を通した（子どもの）評価」と呼んでおこう。
　もう1つは，授業を特定の目的・目標に導かれた教育プログラムの1つとみなし，そのプログラムの有効性を判断しようという行き方である。ここでは「授業の評価」と呼んでおこう。
　第1節で検討されたアメリカにおける授業研究および授業評価の動向は，明らかに「授業の評価」を前提にしている。ここでは，アメリカにおいて教師養成や教師教育の視点から授業研究が推進されていることが，授業研究の具体的な実践から明らかにされた。すなわち，教師の専門職性開発をめざした教師評価としての授業評価が行われているということである。同時に，「授業研究を形成的評価や総括的評価として機能させる」（228頁）ことによって，授業研究がカリキュラム評価の視点を有しうることも示された。
　この指摘については，授業評価（授業研究）とカリキュラム評価ないし教師評価とが（目的を一にしているはずであるにもかかわらず）別の局面においてバラバラに実践され，相互に関連をもって言及されることが少ないわが国の学校の状況にとって示唆的であるといえる。私たちは授業研究を通して得られるさまざまな事実（＝評価情報）をもとにしながら，個別の授業を包括するカリキュラムの有効性や，これらの授業を実践する教師の専門職性（知識・能力）の状況を評価し，改善に結びつけていく回路を明確にもつ必要がある。
　他方で，アメリカでの授業評価の取り組みに関わって，NCLB法（「どの子も

置き去りにしない」法)の施行以後,教師同士が協働的に授業研究を行うなど授業の質を高める必要性が高まっているものの,量にこだわりすぎるあまり硬直化の兆しが見られるという指摘を見過ごすことはできない。

　アメリカでめざされているのは,明らかに授業実践のプログラムとしての有効性と,授業研究と授業評価を連動させようとする一連のシステムやプログラムの有効性の検証である。そのため,ここでいう授業評価とは,「その授業」を実践した「その教師」の専門職性や,「その授業」に関わった「その子ども」の一人ひとりの成長にとっての「改善」を導こうとするものではない。

　一方でわが国には,「授業を通した(子どもの)評価」を重視する授業研究・評価の伝統がある。そこでは,授業研究によって観察された事実を量的に記述するというよりは,複数の教師が授業事実についての解釈を披瀝しあうことを通して,授業の複雑さを複雑なまま質的に理解しようとすることがめざされる。こうした手続きを通して得られた評価情報は,客観的・量的なデータに比べると明らかに曖昧模糊としている。

　しかしながらここで重要なのは,「わかりづらい」ことと「成果が上がっていない」ことは同一ではないということである。私たち学校教育に直接携わる者は,成果主義と市場主義がもたらす標準化と数値化の高波にのまれることなく,授業という複雑な「サービス」をトータルに捉えながら,授業研究を通して得られた各種の評価情報を活用し,「今,ここ」の授業を改善しようという意志と行動を貫いていく必要があるだろう。

2　教師-授業-学校を結ぶカリキュラム評価の位置

　第2節では,アメリカにおけるカリキュラム評価の潮流が明快に整理された。ここで示された「社会的実験としてのカリキュラム評価」は,教育評価の説明責任機能に特化したものであるといえる。すなわちこの立場では,特定の教育的介入であるカリキュラムが,他のカリキュラムと比較していかなる成果をあげたかを示す「科学的」なエビデンスを得るための一連の手続きをカリキュラム評価と捉える。第2節では,カリキュラム評価のこうした捉え方が1960年代から現代に至るまでアメリカにおいて一定の影響力をもっていることが明ら

かにされた。「教育効果のエビデンスとしては、数値で表される実証的データが重視される傾向」（238頁）を導いているという指摘は、カリキュラム評価と第1節で検討された授業評価との、システムとしての（アメリカ流の）対応関係を見事に表していて興味深い。

それでは、社会的実験を通したプログラムの有効性の検証としてではなく、教育改善として、すなわち子どもたちの学業達成のためのプロセスとして、カリキュラム評価を捉える立場についてはどうだろうか。第2節では、タイラー以降の伝統を汲む「目標に基づく評価」の潮流として、ウィギンズらによる「逆向き設計」論を取り上げている。「逆向き設計」論は、①子どもに何を教えるべきかという目標論に積極的にコミットしている点、②カリキュラムと授業の両方のレベルにおいて得られた子どもたちの多様な学習成果に関する評価情報を、カリキュラムや授業の設計を改善するための情報として用いている点、③教育プログラムの統計的有意性ではなく、そのカリキュラムや授業に対する「結果の平等」の保障をめざしている点、という3点において、まさしく教育改善としてのカリキュラム評価を全面展開するものであるといえよう。

翻ってわが国におけるカリキュラム評価は、教師評価や学校評価のように法制度化されていないため、とりわけ実践レベルではあやふやな状況に置かれていると言わざるを得ない。しかし、学校という教育システムの中で一人ひとりの教師が専門職性を存分に発揮した授業を行うことで、子どもの成長という教育成果を最大限にあげていくためには、個々の授業と学校全体の教育活動をつなぐカリキュラムという視点を欠かすことはできない。

すべての学校のカリキュラム実践と評価が「逆向き設計」論に準拠する必要はないが、少なくとも、ある学校に勤務する教師が協働してその学校のカリキュラムをマネジメント（計画・実践・評価・改善）していくための拠り所となる考え方と仕組みとを、各学校がもつことは必要であろう。その際に、教師評価や授業評価によって得られた評価情報を軸にしてカリキュラムのマネジメントを行うとともに、カリキュラム評価によって得られた情報を学校評価に生かしていくというように、それぞれの評価の内容と方法の一貫性を図っていくことは、学校現場が「評価漬け」で疲弊しないための重要な布石であるといえる。

3　子どもの成長を促す学校評価に向けて

　第3節では，オランダにおける学校自己評価ツールZEBOについて詳しく検討が加えられた。ZEBOは標準テストによる学業成績（学力）に特化したものではなく，広く学校運営に関する諸条件を評価対象とする学校自己評価ツールである。第3節ではとりわけ授業レベル（クラスレベル）の評価項目と評価方法について詳しく言及されていた。

　ZEBOでは，管理職の「教育的リーダーシップ」や教師同士の「チームの団結」「仕事量」など，授業評価やカリキュラム評価では回収できない学校評価特有の評価項目が設定されている。一方で，「クラスレベル」の評価項目については，「教授行為」や「クラスの作業雰囲気」など，授業評価と重なる評価カテゴリをもっており，かつその評価項目はかなり具体的に設定されている（249頁）。たとえば「授業の始めに，先生は私たちが前時で行ったことを繰り返す」（251頁）などの評価項目は，学校評価の文脈に置かれているにもかかわらず，日々の授業の具体的な諸事実の質を明確にすることをめざすものである。

　わが国では，学校評価と授業評価とは，同様に学校教育活動についての説明と改善をめざすものでありながらも，別の文脈において取り組まれることが多い。すなわち学校評価は，学校長・教頭（副校長）・教務主任のいわゆる三役が，教育委員会に報告したり，学校運営協議会等に諮ったりするために，計画し，実行し，公表する。一方で授業評価は，研究主任や研修主任を中心にして，授業のメンテナンスと教師の指導力形成のために，校内研究・研修計画の一環として計画し，実行し，公表する，という具合である。

　もちろん，わが国の学校評価の取り組みでも，保護者や地域住民への説明にとどまらず，日常的な授業の営みと関連づけながら，学校教育活動全体の活性化や改善につなげることに成功している例もある[1]。しかし，学校評価を基盤に据えて一人ひとりの子どもの成長を促すという意味での成果（アウトカム）については，その可視化・共有化の方法も含めて，まだまだ道半ばというところではないだろうか。今後のわが国の学校評価を考えるにあたって，学校評価と授業評価の斉一化をはかるZEBOの挑戦は，大変示唆的である。

だからといって，ZEBOのような評価ツールをわが国に「輸入」すれば，課題が解決するということではない。むしろZEBO開発の文脈や思想を私たちがよく理解した上で，わが国特有の教育状況や学校文化と擦り合わせながら，学校評価による教育改善のあり方を追求していかなければならない。

4　自律的な専門家としての教師を育てる教師評価のあり方

　第4節では，現代アメリカにおける教師評価の理念と方法について検討された。とりわけ教師の力量形成に寄与する教師評価として，全米教職専門職基準委員会（NBPTS）が開発・運用する専門職スタンダードについて詳述された。

　第4節の説明によると，NBPTSの専門職スタンダードは，わが国の教師養成・教師教育において進められている「教師として望ましいと考えられる行動を細分化して列挙し」（256頁）たものではない。そうではなくて，教師が「自らの実践を分析する際の参照枠」（260頁）である。この両者は，スタンダードの記載項目における差異が大きくないため，一見すると同じように見えてしまうこともあるが，実際には決定的な違いがあることを，私たちは改めて認識する必要がある。

　専門職たる教師の仕事はきわめて複雑であり，多義的であるといわれる。たしかに初任者研修などの場面では，教師として必要な能力や技術が研修のマニュアルやハンドブック等に明文化され，これを規準にして研修が進められることはままある。しかし，だからといってその能力や技術をすべて体得しさえすれば「一人前の教師」になれると考えている研修担当者はほとんどいないだろう。「こういうときにはこうする」という技術主義に還元できない教師の専門職性が確かに存在することは，これまで研究レベルでも実践レベルでも繰り返し指摘されてきたことである。そうだとすれば，教師養成段階・現職研修段階のいずれにあっても，単純な「できることリスト」の開発と運用という教師評価の方略には，教師の力量形成を支えるどころか，逆に教師の専門職性を自らの力で解体し，教師の社会的信頼を自らの力で貶めてしまう危険性がある。

　それでは，私たちはいかにして教師の力量形成を支える教師評価を進めていくべきか。第4節でも示されたように，そのキー概念は，教師の「自律」と「省

察」であろう。言うまでもないことであるが，教師として適切な行動をすべて列挙し，伝えることは理論的に不可能である。教師養成や現職研修に携わる者ができるのは，日々の実践における教師としての適切な行動に関わって，その教師自身が「自分で課題を見つけ，自ら学び，自ら考え，主体的に判断し，行動し，よりよく問題を解決する能力」を発揮できるように支えることである。「教師の自己申告による目標設定（管理）」と「学校管理職による勤務評定」というわが国の現行の教師評価システムは，「自律」と「省察」による教師の力量形成を促す方向で，改善が図られる必要がある。

5　おわりに

以上，諸外国での理論的・実践的知見に示唆を得ながら，わが国における授業評価，カリキュラム評価，学校評価，教師評価のあり方についてささやかな検討を加えてきた。いずれにしても，これらの教育評価については，理論的にも実践的にもまだまだ若い。私たちはこれから，その考え方と具体的な方策とを積み上げ，吟味し，改定していかなければならない。真に子どもの成長を支える授業評価，カリキュラム評価，学校評価，教師評価にしていくために，これらの評価に携わる者に課せられた使命は，きわめて重い。

1) 長尾彰夫・和佐眞宏・大脇康弘編著『学校評価を共に創る——学校・教委・大学のコラボレーション』学事出版，2003年および大脇康弘編著『学校をエンパワーする評価』ぎょうせい，2011年参照。

終章

新時代の教育目標と評価
──日本への示唆

川地亜弥子

0　はじめに

　本書では，主に初等・中等教育を中心にして，現代におけるアジア・欧米の教育評価改革について論じてきた。各章のまとめはすでに小括において行われている。本稿では，各章を超えて浮かび上がってきた論点として，①共通性と多様性，②高次の能力の評価，③教師や学校に対する評価，④評価への参加について考察を加える。さらに残された課題として，⑤教育メディア革命期における評価，⑥特別支援教育，とくに重症心身障害児における評価，⑦学校のもつ福祉機能の評価について論じていく。

1　共通性と多様性——何がどの程度必要かを誰が判断するか

　教育の自由と多様性を尊重するオランダであっても，学校の取り組みについての説明は必要であった。多様性を確保する際にも，応答責任（responsibility）が求められるということであろう。しかし，外部に対して自らの教育を説明することが，すぐに教育実践の抑圧につながるわけではない。オーストラリアやイタリアの取り組みを見ると，教育制度としては共通の規準・基準に基づき数値や記号を用いて評価を記述し公表する一方で，教育実践では多様性を認めるということも決して不可能ではないことがわかる。そこでは，基本的に教師たちの自立的かつ民主的な取り組みを支援するために情報を収集・提供し，そのことを通じて子どもを中心とした関係者，学校の豊かな成長や発達を実現するという基本姿勢が見て取れる。

　共通性と多様性という点では能力に関するミニマムに焦点を当て，複数性へ注目したユネスコの取り組みが興味深い。ミニマムとは何か，どのようにして獲得を援助し，その状況を確かめるのかという議論そのものを当事者に開いていくというアプローチである。ただし，ユネスコの場合でも，国・地域の内における多様性確保へ向かうかどうかには配慮が必要である。たとえば，戦前の日本では国語成立のための教育として方言矯正に力が入れられ，発音指導や作文指導が行われた。現代でも，その国・地域固有のリテラシーといったときに，

こうした内部での差異の否定を招かないように注意しなくてはならないだろう。EUのコンピテンシーの議論では，母語・外国語の両者を位置づけ，コンピテンシーの有無によって人を分類しないことが重視されていた。各国・地域内においてもこうした議論が必要になる。

2　高次の能力をどう指導し評価するか

(1) ディープ・アクティブ・ラーニングからの示唆

　本書でも明らかになったように，多くの国や地域でいわゆる高次の能力の評価が重視されている。高次の能力の評価は，客観性，信頼性に課題が指摘されているものの，そうした課題を乗り越えて評価する努力が行われている。

　高次の能力の獲得をめざした取り組みとして，近年，日本の高等教育で「ディープ・アクティブ・ラーニング」が注目されている。この言葉には，学習の質や内容に焦点を当てるディープ・ラーニングの知見をふまえることで，学習形態に焦点を当てがちなアクティブ・ラーニングを乗り越え，「学生が他者と関わりながら，対象世界を深く学び，これまでの知識や経験と結びつけると同時にこれからの人生につなげていけるような学習」[1]を実現するという願いが込められている。その中で，初等・中等教育よりも抽象度が高い内容を扱う高等教育においても，パーソナルな内容についてそれを深く思考し表現する取り組みが必要だとの主張が行われてきている[2]。

　日本の従来の初等・中等教育では，個人の経験や思いを丁寧に掘り下げる中で，むしろ抽象的な概念の獲得や思考が促されることが示唆されてきた。たとえば，自らの生活を深めることと，教科の学習を通じて概念を獲得することの関係は，すでに東井義雄の「生活の論理」と「教科の論理」などで語られてきた[3]。現代でも，測定可能な能力だけではなく，個人の人生における学ぶことの意味を深めることのできる取り組みが求められるだろう。

　また，読み書きにも困難が大きい生徒が多数入学してくる夜間中学でも，自分の生活を見つめることと，抽象的な概念の理解の相互浸透が報告されている。ある夜間中学卒業生の作品，「私が私であること」の一節を紹介しよう。「漢字で，貧乏と書けるようになりました。矛盾，必要悪，差別，権利，義務，責任，等

の概念も学びました。／そして私は，九中二部で，親を恨んでも，問題の解決にはならないことを，親の後には，社会の大きなながれがあることを，学びました」[4]。歴史，社会科学の概念を学ぶことと，自らの人生を見つめることの両方を通じて，自分の背後にある大きな社会の流れを理解し，自分の生き方が変わっていくというのである。フランスのエスプリ，ドイツのビルドゥングも，深くて質の高い学び，個人にとっての学ぶことの意味を重視しており，これらの評価についての今後いっそうの研究が待たれるところである。

　こうした取り組みを通じて，目標や学習内容について本当にそれでよいのかと問いながら学ぶことがなければ，高次の能力の育成をめざしても，その評価の規準を無批判に取り入れることを促しかねない。イギリスにおける学習としての評価，韓国のパフォーマンス評価におけるメタ認知育成も，枠組みの形成や問い直しに学習者が参加できる構造があるかどうかが重要になるだろう。芸術の評価における「クリット」が重要な知見を提供している。

　ただし，こうした取り組みは信頼性や目標の系統性，指導の計画性といった点で課題が生じやすい。アメリカにおけるオルタナティブな評価改革（1章2節）や，日本における到達度評価運動の蓄積（3章小括），「逆向き設計」論（4章2節）が手掛かりになるだろう。

(2) 他者との共有・交流——コミュニケーションが生まれる場の必要

　現代では，自らの意見を述べて多様な他者と利害関係を調整していくことが求められており，「異質な集団で交流する」(DeSeCo)，「コミュニケーション」，「コラボレーション」[5]（21世紀型スキル）が重視されることも理解できる。

　ただし，個人の能力として取り出して育成することが可能か，また有効かについては疑義が呈されている。岩川は，コミュニケーションは「本来，かかわりや場といった生きた関係から切り離せないはずの問題」であるにもかかわらず，個人の能力として「要素的な『スキル』の有無の問題」にされていることを指摘し，これは「池の水が干上がったせいで泳げなくなった鯉をつかまえて，その鯉にヒレの振り方のスキルを訓練させるようなものだ」[6]というのである。まず池を水で満たす教育実践が求められるというのだ。

　個人の問題として学力や能力が語られるのではなく，関係の中にひらかれて

いくこと。これについては，たとえば中内敏夫が「学力は，モノゴトに処する能力のうちだれにでも分かち伝えうる部分である」[7]（傍点筆者）として，もともと学力を他者との関係にひらかれたものとして構想していた点に立ち戻って考えていく必要があるだろう。

　教科の指導において，その際にヒントになるのは，「思考しコミュニケーションする活動が自ずと生じる課題設定や場づくりを優先」[8]するという発想だろう。「逆向き設計」論，パフォーマンス評価においても重要である。こうした考えが失われると，評価者と演者の関係が固定化した，プロのコンテストや試合のような評価に陥る。

　加えて，日本では豊かな教科外教育・活動研究の蓄積がある。そこでは，子どもの自治・自立の問題を中心として，人間が他者といかに関わり，利害の対立や関与の度合いの違いを超えていかに新しい生活を築いていくかが中心的な課題となってきた[9]。子どもたち一人ひとりが異なった生活をもつことを前提に，その個性的な考え方を大切にし，意見をたたかわせ，その中で共に生きることを学ぶことを重視してきた。

　これらの蓄積は，道徳性の発達に関わる教育と評価の問題を考える上でも重要な示唆を与える。道徳性とはそもそも何かという問題，自分もその一員として参加している文脈の中での思考・判断・行動，こういったものの評価はいかにあるべきか，研究されていく必要がある。数値化になじまないことはもちろんだが，個人の属性として指導要録や通知票に記載するといったことが可能なのか，すべきなのかどうかも議論されていく必要があるだろう。中国の素質教育における徳の評価もこういった観点から分析していく必要がある。

　第1章小括で指摘されているとおり，これらの評価も，目標と評価の主体として教育現場が位置づく中で実施されることが必要である。政府や民間機関が設定した目標に従属する関係の中では，教育実践をまるごと縛る危険な評価になりかねない。学習指導要領では学校の創意工夫の重視が明記されており，評価においても学校を基礎とした創意工夫が尊重され，実質化されるべきである。

3　教師や学校に対する評価
——専門性の向上か,長期目標・ユニークな目標の棄却か

　教師の専門性向上,より良い学校づくりも,多くの国・地域で重視されている。しかしそこで実際に行われている評価には無視できない違いがある。たとえば,アメリカでは教師の意思決定を支える知識がスタンダード化され,自律的力量形成が重視される一方で,学力テストなどによる待遇直結型の教員評価が行われ,学校の予算配分にも強い影響がある。与えられた目標に到達することを最優先にせざるを得ないという条件の中での意思決定の自由である。ここでは短期で成果の出ない目標や,学校や学級固有の目標は看過される。

　日本では教員評価や学校評価が待遇や予算に直結してはいない。しかし,教員評価や学校評価が定着している中で,子どもが人として成長し人生の主人公としてうまくやっていけるかを考えて,国家や社会の枠組みとの間で悩むような「誠実」な教師でいることが難しくなっているという指摘がある[10]。教育関係者による評価結果の「翻訳」の余地がないことも,その困難を増大しているだろう。教師が自ら悩み選びながら成長していける自由を保障する教育評価へと変えていくこと,その前提として多忙化を解消していくことが求められている。

4　評価への参加——枠組み作りに参加し,成長・発達する

　日本では選抜に関する評価において,とりわけ客観性・信頼性の確保が重視されてきた。質的なものの評価は教師が行ってきたものの,その観点,規準,記述の仕方等があいまいだと指摘され,「先生の評価は信頼できるのか」という問いが出されてきた。たしかに,選抜機能を有する評価の場合,先生の判断の誤りや偏りによって,子どもに大きな不利益が生じることが考えられる。

　しかし,そこで教師の質的な判断を排除するのではなく,むしろ教師の力量を高めて積極的に評価するという取り組みが見られた。スウェーデンでは,集団での話し合いなども教師が見とり,語り合って評価を決定していく。その一方で,教師の見とりが偏らないよう,また,教師が評価の力量を高められるよ

うな研修が充実していた。日本でも，評価の信頼性と妥当性，教師の専門性の向上を同時に追求するような努力が求められている。

子ども自身が学問・芸術する共同体へ参加する教育評価の重要性も，複数の論考で指摘されていた。学習者が議論への参加を通じて，他者の成果のよさを改めて味わったり，評価規準を理解したり，より良い目標と評価のあり方を議論する。その中で，学習者自らが他者と問題を共有して文化を生み出す主人公となることを励ます実践が重要になる。

5　教育メディア革命期における教育評価

現代の日本では，授業における電子黒板の活用，タブレットの積極的利用など，公教育におけるメディア革命期にある。教授・学習のためのツールであるだけでなく，画像，動画，音声の記録も容易であるため，これまでよりも容易に，子細な評価を行うことが可能になる。これらが，教師や学習者の全面的管理ではなく，自由な実践とその表現を支えるものになるように使いこなしていく必要があるだろう。注意したいのは，電子黒板が従来の黒板より有用であるとか，紙のノートやミニホワイトボードよりタブレットのほうが学習の道具として優れているとは言い切れないということだ。何にどう使うのかの吟味が必要だ。

日本の教具史をひもとけば，1930年代の日本における教育メディア革命は，安価な筆記具（西洋紙と鉛筆）と謄写版の普及によって進行した。謄写版の原紙となる和紙の存在も重要であった。これを活用したのが生活綴方であった。加えて，文学界における言文一致，新しい文学（文章とはいかにあるべきか，何を書くべきか）への注目があり，それらに親しんできた教師がいたことも重要であった。教師自身が，言語表現のあり方を問い，絵も含めた自由な表現の魅力を感じながら，子どもの文や絵をできる限りそのままうつし，印刷できる道具として謄写版が活用されたのである。

一方，こうした西洋紙，鉛筆，謄写版の普及は，宿題，ペーパーテスト，学習帳の広がりを支え，「詰め込み」「受験シフトの教育体制づくり」を後押ししたことも指摘されている[11]。新しい道具の功罪をよく理解した上で，新たな実

践を楽しんで生み出す道具として使うことが求められていくだろう。

　この点で，アメリカの授業研究を通じた教師の観察と協議に関する指摘は興味深い（4章1節）。授業者の課題意識に沿いつつ，発話記録や行動・アイコンタクト等のデータを集めることが重視しはじめられている。一方，紹介された事例では，協議の場でも具体的な子どものエピソードが語られず，量的操作が可能になったデータをもとに話しているという。特定のタームの出現を確認することに終始してしまう喜劇／悲劇のような授業評価である。そのタームを発言した子どもにはポイントをプラス，発言の多い授業をした教師にもポイントをプラス……，としていけば，子どもたちの学びの内容やその質よりも，評価対象となるキーワードの出現回数上昇が直接の目標とされるだろう。新しいツールが，貧困なルールの導入を促したのだ。日本でのテープレコーダーの普及が授業のプロセスに即した丁寧な授業研究を可能にしたように，評価の質の向上に生かすような道具の使用が求められている。

6　特別支援教育における教育目標・評価論からの示唆

　現代日本の特別支援教育において，情意目標の過剰な軽視が報告されている。三木は，情意目標をきちんと位置づけるべきだとの立場をとり，とりわけ可逆操作の高次化における階層－段階理論[12]に基づく第1の教育階梯にある，最重度とよばれる障害のある子どもたち（回転軸2可逆操作獲得以前，生後4か月以前の発達段階）について，情意的目標を中心に構想していくべきと主張している[13]。生後第1の教育階梯は，新しい交流の手段として情動を獲得していくまでの子どもたちに対する階梯である。この段階の子どもたちの教育目標・評価において，認知目標・行動目標を中心に設定すると，彼らが教育の対象外とされた時代へ逆行してしまう危険性を有するというのである。むしろその前提となるような発達的力量への働きかけを長期に展望すべきであり，その際に情意的目標は重要かつ中心的なものとして位置づけられるのである。

　こうした教育階梯による目標・評価のあり方の違いについて，より明らかにしていくことが求められるだろう。本書でも，特別支援教育における評価の議論の中で一人ひとりの子どもに適した評価の必要性が述べられている。しかし

特別支援教育においても評価における公平性に偏り、子どもに合った評価という観点が後退していることが指摘されていた。その子にとって主要な課題は何か、その課題に取り組むことで人生がどのように豊かになっていくのか。人間発達、ライフステージの理論をふまえた教育目標・評価研究がまたれる。

7　学校のもつ福祉機能の評価

　戦前から現代に至るまでの日本の学校史をまとめた木村は、近年、学校に期待し高い能力を身につけようとする層と、学校で学ぶことよりも生きていくことに精いっぱいの層とに分かれてきたと指摘した[14]。このような時代に、学校の果たすべき役割を学力テストの成績向上に限定してよいはずがない。

　白水によれば、educationの語源はラテン語educatio（養い育てること）[15]であり、学校はよりよき生（well-being）の場でなければならないという。日本では2008年に子どもの貧困に関する出版が相次ぎ、「子どもの貧困問題発見元年」になると期待された[16]。2009年には、厚生労働省が子どものいる現役世帯の相対的貧困率を発表し、政府として子どもの貧困問題に取り組む必要性を明白にした。もちろん、貧困な状態にある子どもたちに焦点を当てた特別の措置は必要である。その一方で、対象児をしぼった施策ではどうしてもその制度の網から落ちてしまう子どもたちが出てくるため、対象児を限定しない取り組みが期待されている。学校の果たす役割は大きい。

　経済的な貧困だけでなく、そこに人間関係の希薄さや学力の貧困が絡まりあっているのが現代の貧困である。一緒に給食を食べ、具合が悪いときには「大丈夫？」と声をかけてもらいながら保健室に行き、わかりにくい表現で訴えてもわかろうとしてくれる教師や友だちがいる。学校は白水の指摘するとおり、まさに福祉（well-being）の場である。

　もちろん、教科外教育・活動に言及した際にふれたように、日本の教師たちは丁寧に子どもたちと向き合おうとしてきた。こうした長期的かつ学校全体における取り組みをいかに評価していくか。こうした取り組みを評価する際には、学習権の保障に向けた教育の充実という制度化要求と同時に、学ぶ人の多様性（障害のあるなし／学習歴／言語・文化／国籍／年齢等）から義務教育制度の画一性

を問い直す共同体として学校が存在しているかどうかについて，改めて考察することが必要となろう。日本ではおよそ半世紀前に，与謝の海養護学校設立運動の中で，「学校に子どもを合わせるのではなく，子どもに合った学校をつくろう」[17]という言葉がスローガンとなった。これは，「多様なリテラシーズ」を保障する学校のひとつのあり方をわかりやすく表している。

こうした包括的・長期的な取り組みを評価するものとして，実践記録を位置づけるべきとの主張が行われてきた[18]。しかし，教師の多忙化の中では困難が大きい。教育に関わる人にとって学びの大きい評価が可能となるような制度設計が求められている。

8 おわりに

以上，本書では新しい時代を生きる人の学びを保障するための教育評価について，アジア，欧米，日本をつないで分析を行ってきた。「まえがき」にもあるように，私たちは海外に理想郷を求めるためにこのような研究を行ってきたのではない。むしろ，共同研究で折にふれて話題になったのは，日本における教育評価実践の蓄積の豊かさであり，それを推進し，研究者と議論しながら記録してきた日本の教師の専門性の高さであった。新しい教育メディアも活用しつつ，こうしたこれまでの蓄積を生かした取り組みが求められている。

1) 松下佳代・京都大学高等教育研究開発推進センター編『ディープ・アクティブ・ラーニング――大学授業を深化させるために』勁草書房，2015年，i頁。
2) 谷美奈「『書く』ことによる学びの主体形成――自己省察としての文章表現『パーソナル・ライティング』の実践を通して」『大学教育学会誌』第37巻第1号，2015年5月，114-124頁。
3) 東井義雄『村を育てる学力』明治図書，1957年。
4) 見城慶和・小林チヒロ『夜間中学校の青春』大月書店，2002年，143頁。
5) Skills21 at EDUCATION CONNECTION
http://www.skills21.org/（2016年1月25日確認）
6) 岩川直樹「コミュニケーションと教育――〈からだ・場・社会関係の織物〉の編み直しの方へ」『教育』第750号，2008年7月，6頁。
7) 中内敏夫『学力と評価の理論』国土社，1976年，52頁。
8) 石井英真『今求められる学力と学びとは――コンピテンシー・ベースのカリキュラム

の光と影』日本標準，2015年，13頁。
9) 山本敏郎・藤井啓之・高橋英児・福田敦志『新しい時代の生活指導』有斐閣，2014年。
10) 松下良平「まじめな教師の罪と罰」『教師になること，教師であり続けること』勁草書房，2012年，46-67頁。
11) 佐藤秀夫『教育の文化史2　学校の文化』阿吽社，2005年，178, 182, 192頁。
12) 田中昌人『人間発達の理論』青木書店，1987年。
13) 三木裕和・越野和之・障害児教育の教育目標・評価研究会編『障害のある子どもの教育目標・教育評価——重症児を中心に』クリエイツかもがわ，2014年，26-27頁。
14) 木村元『学校の戦後史』岩波新書，2015年。
15) 白水浩信「教育・福祉・養生——能力言説から養生へ」『教育學研究』第78巻2号，2011年，168頁。
16) 山野良一『子どもの最貧国・日本——学力，心身，社会に及ぶ諸影響』光文社，2008年，272頁。
17) 青木嗣夫『未来をひらく教育と福祉——地域に発達保障のネットワークを築く』文理閣，1997年，40頁。学校設立の経緯や青木の実践については，窪田知子「青木嗣夫と与謝の海養護学校」田中耕治編『時代を拓いた教師たちⅡ——実践から教育を問い直す』日本標準，2009年を参照。
18) 西岡加名恵・石井英真・田中耕治編『新しい教育評価入門——人を育てる評価のために』有斐閣，2015年。

あとがき

　数えてみれば，14回となる。本書を上梓するために重ねた研究会の回数である。2012年の冬に，全国各地の大学に奉職した教え子たちが，私の還暦を祝うために京都に参集してくれた際に，そろそろ私の退職も近くなったので，何か記念となる学術書を上梓してみようということになった。そして，その春から記念本出版のための研究会が始まった。ところが，同じく2012年の夏に不覚を喫して，私自身大病を患い，人生で初めての半年間の入院を余儀なくされた。その間にも，研究会は継続され，そこで提出された大部な執筆レジュメが病室に届けられ，「大学の先生も大変だ」と担当の医師や看護師さんたちも苦笑されていた。退院間近の12月に開催されていた研究会にサプライズで参加したことが，私の社会復帰の第一歩となった。

　さて，教え子たちとは，出版社の勧めもあり，それまでに多くのテキスト類を上梓していた。いよいよ本格的な学術書となると，そのテーマをどうするかを決めなくてはならない。京大の田中研で出版する限りは，やはり「教育評価」がテーマになるでしょうということで自然と落ち着いた。私が京大に赴任した1997年頃には，まさか自分が「教育評価論」を専門とすることになろうとは予想していなかった。院生時代から「学力論と授業研究」が主たる関心であり，前任校である兵庫教育大学では，院生たち（現職の教員たち）と1単元の授業設計と授業研究にほぼ2年間かけて取り組み（その成果は修士論文として結実），文字通り寝食を忘れるほどのダイナミックな面白さに没入していた。加えて言えば，当時中内敏夫先生の著作にヒントを得て，「指導要録」の研究を始め，また稲葉宏雄先生の勧めもあり，徐々に「教育評価論」の奥深さと射程の長さに気づきはじめていた。この「学力論と授業研究」と「教育評価論」とを結合させたのが，私の最初の著作となる『学力評価論入門』（法政出版，1996年）である。

　京大の院生たちの多くは将来研究者を志望していることもあり，また当時の講座主任であった天野正輝先生の重厚な教育評価史研究に刺激を受け，日本にも大きな影響を与えた，アメリカにおける「教育評価（evaluation）」の源流であ

るタイラーやその教え子であるブルーム学派とその発展型である「真正の評価」論に関する基礎的な研究を進め，その成果を院生対象の「特論」で報告，発表するというスタイルをとった。京大は創立以来何よりも学問の自由を尊ぶ大学であり，教員の研究テーマを教え子たちに押しつけることを嫌うエートスがある。京大在職の後期になると，とくに女性院生たちを中心として，各国に特有な教育方法論と教育評価論に関心が高まり，さらには各自が複数回に及ぶ現地調査を敢行して，その勢いで，次に示す課程博士論文の執筆とさらには出版助成を得ての著作の刊行と続いた。本書で展開される各章は，多くは執筆者の基礎研究に基づくものであり，グローバル化と銘打つ類書と比較しても，遜色のない作品となったものと自負している。

　ちなみに本書の基礎研究ともなる各自の課程博士論文と著作並びに受賞歴を紹介しておきたい。

・伊藤実歩子「戦間期オーストリアの学校改革――労作教育の理論と実践」（学位取得：2007年），『戦間期オーストリアの学校改革――労作教育の理論と実践』東信堂，2010年。
・奥村好美「現代オランダにおける学校評価の展開と模索」（学位取得：2015年），『〈教育の自由〉と学校評価――現代オランダの模索』京都大学学術出版会，2016年刊行予定。
・川地亜弥子「戦前生活綴方における教育評価の理論と実践に関する研究」（学位取得：2007年），日本教育方法学会研究奨励賞受賞（2006年）。
・木村裕　「オーストラリアのグローバル教育の理論と実践――開発教育研究の継承と新たな展開」（学位取得：2012年），『オーストラリアのグローバル教育の理論と実践――開発教育研究の継承と新たな展開』東信堂，2014年。
・項純「中国における教育評価改革」（学位取得：2012年），『現代中国における教育評価改革――素質教育への模索と課題』日本標準，2013年。
・趙卿我「現代韓国における教育評価改革――パフォーマンス評価の意義と課題」（学位取得：2013年）。
・鄭谷心「近代中国における国語教育改革に関する研究――白話文教育方法論史の視点から』（学位取得：2015年）。

- 徳永俊太「イタリアの歴史教育理論に関する考察——歴史教育と歴史学を結ぶ『探究』」（学位取得：2013年），『イタリアの歴史教育理論——歴史教育と歴史学を結ぶ「探究」』法律文化社，2014年。
- 八田幸恵「米国における教師教育論の到達点と課題——リー・ショーマンにおける教師評価の枠組みの展開に焦点を当てて」（学位取得：2011年）。
- 樋口とみ子「現代アメリカ合衆国におけるリテラシー論議の再審：『機能』と『批判』の統一」（学位取得：2007年），日本教育方法学会研究奨励賞受賞（2003年）。
- 細尾萌子「フランスの中等教育における学力評価論の展開——教養・エスプリの揺らぎとコンピテンシー概念の台頭」（学位取得：2015年），日本教育方法学会研究奨励賞受賞（2012年）。
- 本所恵「スウェーデンの総合制高校における教育課程改革——プログラム制の成立過程」（学位取得：2011年），日本カリキュラム学会研究奨励賞（2009年），著作は近刊予定。

　本書は，21世紀初頭に登場したPISAに代表されるグローバル化と占有的に共振して，加速度的に展開してきた日本の教育課程政策を国際的視野から相対化して，その課題，論点，改善点を浮き彫りにしようとしたものである。本書が，読者によって，紹介した諸外国，地域，機関における教育評価のあり方に興味関心をもたれ，さらなる追究心に点火することになれば，執筆者一同にとっても望外の喜びである。

　なお，出版事情が厳しい中，本書の刊行趣旨に賛同いただき，研究会にもご足労いただき，今まで以上のご支援をいただいた日本標準と編集者である佐藤晃氏，郷田栄樹氏，橘田結唯氏に，この場を借りて厚く御礼申し上げたい。

2016年1月

田中耕治

索　引

あ 行

IEA　88
ICT　92
アイズナー, E. W.　197
アウトカム　266
アウトプット　266
アクティブ・ラーニング　275
新しい交流の手段　280
EU　100, 114
一括採点　65
ウィギンズ, G.　239
well-being　281
ARG　185
エスノグラフィー　95
SBAC　34
エスプリ　7, 114
エッセンシャル・スクール連盟　31
エビデンス　81
応答責任　79, 81, 274
OECD　3, 65, 88, 100, 113
オーストラリア・カリキュラム評価報告機構（Australian Curriculum, Assessment and Reporting Authority: ACARA）　40
オーストラリアン・カリキュラム　41
オバマ, B.　28
オルタナティブスクール　246

か 行

外発と内発　7
可逆操作の高次化における階層−段階理論　280
画一化・集権化志向　76
学習指導要領　277
学習者観　161
学習としての評価　193
学習のための評価　186
学習の評価　186
学習発表会　81
学習発表会による卒業証書　31
学年のスタンダードに基づく代替的な評価（alternate assessments based on grade-level achievement standards: AA-GLASS）　178
学力向上　12, 77
学力像　78
学力低下論争　2, 12, 78
学力テスト政策　78
学力テストの活用　76
学力論争　78
学校運営協議会　81
学校間格差　69
学校監査　69
学校効果研究　237, 248
学校の自己評価　244
学校評価　79, 244
学校ベースで教師主導の評価・報告システム（School based Teacher-led Assessment and Reporting System: STARS）　30
活用する力　12, 77
課程標準　17
カリキュラム　104
カリキュラム・スタンダード　141
カリキュラム・マネジメント　217
カリキュラム管理　139
カリキュラム編成　140
管理や選別の道具　15
キー・コンピテンシー　90, 100, 113, 150
「危機に立つ国家」　29
機能的リテラシー　94
機能分化　151
「逆向き設計」論　239, 277
教育インディケーター事業　14
教育改善　219

289

教育改善・学力保障（支援） 76
教育改善と学力保障の道具 15
教育格差 59
教育活動の透明性 81
教育監査 244
教育管理・学力競争（制裁） 76
教育実践の空洞化 79
教育スタンダード 124
教育的鑑識眼 202
教育と知識学会 129
教育の自由 244
教育の商品化 78
教育パラダイムの転換 125
教育批評 202
教育評価 106, 161
　——指標 144
教員評価 79
教科の論理 157, 211, 275
教科横断的なコンピテンシー 107
教科外教育・活動 277
教科の統合 140
教室からの評価改革 80
教室での評価 76, 80
教師による評価 194
教師の専門的判断 81
教師ポートフォリオ 264
競争主義 4, 77
共通基礎 112
共通コア州スタンダード（Common Core State Standards: CCSS） 29
共通性と多様性 5
協同的問題解決能力 92
教養 114, 150
クリット 205
グローバル化 152
芸術教育 196
形成的評価 157, 184, 228, 233, 239
後期中等教育修了資格 42
高次の思考力 164
高次の能力 274
「個人準拠型」の解釈 189
個性 138

子どもの貧困 281
コモン・コア・カリキュラム 222
コンピテンシー 55, 76, 87, 112, 124, 275
コンピテンシー個人簿（livret personnel de competénces: LPC） 113

さ　行

サイザー，T. 33
斎藤喜博 157, 211
刷新（リニューアル） 8
参加（アンガージュマン） 5
資格認定 256
自己評価 201
市場原理 4
悉皆調査 12, 77
実際状況での活用 166
実践記録 282
質と平等 4
指導と評価の一体化 208
「上海児童生徒評価手帳」 23
州学力テスト 172
修正されたスタンダードに基づく代替的な評価（alternate assessments based on modified achievement standards: AA-MAS） 178
習得の披露 31
自由としてのリテラシー 94
授業評価 229, 253
主権国家 152
シュライヒャー，A. 29
情意目標 280
生涯学習 62, 100
　——社会 65
生涯学習のためのキー・コンピテンシーに関する欧州参照枠組み 102
障害者教育法 177
情報技術（力） 20
ショーマン，L. S. 263
自律性 201
新自由主義 13
真正の評価 30

「真正の評価」論　80
診断的評価　228
人的資本　93
信頼性　65, 247, 278
心理的な尺度　168
スクリヴァン, M.　233
スタンダード　81, 198
──に基づく教育改革　13, 80
ステイク, R.　33
成果主義　4, 77
生活綴方　279
生活の論理　157, 211, 275
世界授業研究学会（World Association of Lesson Studies: WALS）　220
説明責任　81, 218, 254
セン, A.　95
全国学力・学習状況調査　12
全国学力テスト　64
選抜機能　278
全米学力調査（National Assessment of Educational Progress: NAEP）　28, 198
全米教職専門職基準委員会（National Board for Professional Teaching Standards: NBPTS）　256
全米州教育長協議会（Council of Chief State School Officers: CCSSO）　29
全米州知事協会（National Governors Association: NGA）　29
全面的な発達　137
専門職スタンダード　256
専門職性開発　219
専門性　278
専門的な学びの共同体　227
洗練　8
総括的評価　185, 200, 234
総合素質評価表　25
総合的学力　19
相対評価　64, 156
相補的アカウンタビリティ　81
素質教育　137

た　行

ダーリン＝ハモンド, L.　33
代替的なスタンダード　179
代替的なスタンダードに基づく代替的な評価（alternate assessments based on alternate achievement standards: AA-AAS）　177
代替的なポートフォリオ　173
タイラー, R. W.　232, 239
タカハシ, A.　226
「確かな学力」観　12
脱専門職化　79
妥当性　247, 279
多忙化　282
多様化・分権化志向　77
多様性　274
多様なリテラシーズ　282
チェックリスト　166
知識基盤社会　153
知識経済　92
頂点への競争　35
通常教育カリキュラムへのアクセス　172
ディープ・アクティブ・ラーニング　275
TIMSS　53
テストのための教育　80
DeSeCo　55, 89, 100, 148, 276
伝統文化の教育　142
東井義雄　157, 211, 275
到達度評価　156
道徳教育　142
特別支援教育　274
「どの子も置き去りにしない」法（No Child Left Behind Act: NCLB）　4, 13, 30, 36, 222, 237, 267
──（NCLB法）遂行義務免除　36

な　行

ナショナル・アセスメント・プログラム（National Assessment Program: NAP）　40

納得可能性　81
21 世紀型スキル　40, 97, 148, 276
21世紀型スキルの学びと評価（Assessment and Teaching of 21st Century Skills: ATC21S）　40
日本型高学力　89
ニュー・パブリック・マネジメント　119, 216, 266
ニューヨーク・パフォーマンス・スタンダード・コンソーシアム（New York Performance Standards Consortium: NYPSC）　31, 80
認知心理学　161
ネブラスカ州　30

は 行

ハイ・ステイクス　14
パフォーマンス　80
　──評価　76, 160, 276
汎用的能力　40
PIAAC　91
PARCC　34
PCK　264
PDCAサイクル　12, 77
PISA　53, 88, 114
　──ショック　12, 124, 150
批判的リテラシー　94
標準化（教育の画一化・規格化）　80
開かれた学力論争　81
Bildung（ビルドゥング）　7, 125
フィードバック　187
複数性　274
普遍性　200
ブルーム，B. S.　239
フレイレ，P.　94
プロジェクト型の学習　80
ペローネ，V.　33
ポートフォリオ　81
　──評価法　159

ま 行

マイヤー，D.　33

マネジメントサイクル　266
南オーストラリア州の教育修了資格（South Australian Certificate of Education: SACE）　47
民主的で教育的なアカウンタビリティ・システム　80
メタ認知　276
　──能力　192
メディア　279
目標達成の自己目的化　79
目標と評価の主体に関する問い　79
目標と評価を問う自由　78
目標に準拠した評価　65, 156, 208
目標にとらわれない評価　233, 234
モデレーション　49
　──研究　33
問題解決能力　165

や 行

夜間中学　275
ユネスコ　93
与謝の海養護学校　282
ヨシダ，M.　221

ら 行

LAMP　94
リテラシー　55, 88, 122, 125, 274
リテラシーとニューメラシーの全国学習到達度評価プログラム（National Assessment Program—Literacy and Numeracy: NAPLAN）　43
ルイス，C.　221
ルーブリック　160
レミスと呼ばれる制度（レミス制度）　70, 74
ロードアイランド州　30

わ 行

私の学校ウェブサイト　44

● 執筆者紹介（五十音順）

赤沢早人（あかざわ はやと）
1977年生まれ。現在，奈良教育大学次世代教員養成センター准教授。専門は教育方法学，教育課程論。主著に『授業と評価をデザインする　社会』（共著，日本標準，2010年）など。

赤沢真世（あかざわ まさよ）
1979年生まれ。現在，大阪成蹊大学教育学部准教授。専門は教育方法学，英語教育。主著に『学力テストを読み解く』（共著，日本標準，2008年）など。

石井英真（いしい てるまさ）
1977年生まれ。現在，京都大学大学院教育学研究科准教授。専門は教育方法学，学力論。主著に『今求められる学力と学びとは――コンピテンシーベースのカリキュラムの光と影』（日本標準，2015年）など。

伊藤実歩子（いとう みほこ）
1974年生まれ。現在，立教大学文学部教育学科准教授。専門は教育方法学，カリキュラム論。主著に『戦間期オーストリアの学校改革――労作教育の理論と実践』（東信堂，2010年）など。

遠藤貴広（えんどう たかひろ）
1977年生まれ。現在，福井大学教育地域科学部附属教育実践総合センター准教授。専門は教育方法学。主著に『アメリカ教育改革の最前線――頂点への競争』（共著，学術出版会，2012年）など。

奥村好美（おくむら よしみ）
1985年生まれ。現在，兵庫教育大学大学院学校教育研究科講師。主著に『〈教育の自由〉と学校評価――現代オランダの模索』（京都大学学術出版会，2016年刊行予定）。

川地亜弥子（かわじ あやこ）
1974年生まれ。現在，神戸大学大学院人間発達環境学研究科准教授。専門は教育方法学。主著に『教師の専門的力量と教育実践の課題』（共著，図書文化，2013年）など。

木村　裕（きむら ゆたか）
1981年生まれ。現在，滋賀県立大学人間文化学部准教授。専門は教育方法学。主著に『オーストラリアのグローバル教育の理論と実践――開発教育研究の継承と新たな展開』（東信堂，2014年）など。

項 純（こう じゅん　Xiang Chun）
1981年生まれ。現在, 中国教育科学研究院助理研究員。専門は教育方法学。主著に『現代中国における教育評価改革――素質教育への模索と課題』（日本標準, 2013年）など。

趙 卿我（ちょう ぎょんあ　JO Gyeonga）
愛知教育大学教育学部講師。専門は教育方法学。主著に『パフォーマンス評価入門――「真正の評価」論からの提案』（分担翻訳, ミネルヴァ書房, 2012年）など。

鄭 谷心（てい こくしん　Zheng Guxin）
東京学芸大学次世代教育研究推進機構助教。専門は教育方法学。主著に『学習評価的挑戦：表現性評価在学校中的応用（学習評価の挑戦――パフォーマンス評価の学校における応用）』（翻訳, 華東師範大学出版社, 2015年）など。

徳永俊太（とくなが しゅんた）
1980年生まれ。現在, 京都教育大学大学院連合教職実践研究科准教授。専門は教育方法学。主著に『イタリアの歴史教育理論――歴史教育と歴史学を結ぶ「探究」』（法律文化社, 2014年）など。

西岡加名恵（にしおか かなえ）
1970年生まれ。現在, 京都大学大学院教育学研究科准教授。専門は教育方法学（カリキュラム論, 教育評価論）。主編著に『新しい教育評価入門――人を育てる評価のために』（共編著, 有斐閣, 2015年）など。

二宮衆一（にのみや しゅういち）
1974年生まれ。現在, 和歌山大学教育学部准教授。専門はカリキュラム研究および教育方法学。主著に『新しい教育評価入門――人を育てる評価のために』（共著, 有斐閣, 2015年）など。

八田幸恵（はった さちえ）
1980年生まれ。現在, 大阪教育大学学校教員養成課程准教授。専門は教育方法学, 国語科教育, 教師教育。主著に『教室における読みのカリキュラム設計』（日本標準, 2015年）など。

羽山裕子（はやま ゆうこ）
1986年生まれ。現在, 国士舘大学文学部教育学科講師。専門は教育方法学, 特別支援教育。主な論文に「現代米国における特別支援教育対象児の学力評価に関する検討：州テストにおける代替的な評価に着目して」『京都大学大学院教育学研究科紀要』（第60号, 2014年）など。

樋口太郎（ひぐち たろう）
1977年生まれ。現在，大阪経済大学経済学部准教授。専門は教育方法学。主著に『〈新しい能力〉は教育を変えるか——学力・リテラシー・コンピテンシー』（共著，ミネルヴァ書房，2010年）など。

樋口とみ子（ひぐち とみこ）
1977年生まれ。現在，京都教育大学教育支援センター准教授。専門は教育方法学。主著に『〈新しい能力〉は教育を変えるか——学力・リテラシー・コンピテンシー』（共著，ミネルヴァ書房，2010年）など。

藤本和久（ふじもと かずひさ）
1973年生まれ。現在，慶應義塾大学教職課程センター准教授。専門は教育方法学。主著に『教育の方法・技術』（共著，学文社，2014年）など。

細尾萌子（ほそお もえこ）
1985年生まれ。現在，近畿大学教職教育部講師。専門は教育方法学，学力評価論。主著に『フランス教育の伝統と革新』（共著，大学教育出版）など。

本所 恵（ほんじょ めぐみ）
1980年生まれ。現在，金沢大学人間社会研究域学校教育系准教授。専門は教育方法学，カリキュラム論。主著に『〈新しい能力〉は教育を変えるか——学力・リテラシー・コンピテンシー』（共著，ミネルヴァ書房，2010年）など。

渡辺貴裕（わたなべ たかひろ）
1977年生まれ。現在，東京学芸大学教職大学院准教授。専門は教育方法学，国語教育，演劇教育。主著に『ドラマと学びの場』（共著，晩成書房）など。

● 編著者紹介

田中耕治（たなか こうじ）
1952年滋賀県生まれ。京都大学大学院教育学研究科博士課程修了。現在，京都大学大学院教育学研究科教授。専門は教育方法学・教育評価論。
主編著に『学力評価論の新たな地平』(1999年)，『指導要録の改訂と学力問題』(2002年)，『人物で綴る戦後教育評価の歴史』(編著，2007年)（以上，三学出版），『新しい教育評価の理論と方法』Ⅰ・Ⅱ（編著，2002年），『学力と評価の"今"を読みとく』(2004年)，『時代を拓いた教師たち』Ⅰ・Ⅱ（編著，2005年，2009年），『新しい評価のあり方を拓く』(2010年)（以上，日本標準），B. D. シャクリー『ポートフォリオをデザインする』（監訳，2001年），『教育評価の未来を拓く』（編著，2003年），『よくわかる教育評価』（編著，2005年），ダイアン・ハート『パフォーマンス評価入門』（監訳，2012年）（以上，ミネルヴァ書房），『教育評価』(2008年，岩波書店) など。

グローバル化時代の教育評価改革
―日本・アジア・欧米を結ぶ―

2016年2月25日　第1刷発行

編著者	田中耕治
発行者	伊藤　潔
発行所	株式会社 日本標準
	〒167-0052　東京都杉並区南荻窪3-31-18
	電話 03-3334-2630［編集］　03-3334-2620［営業］
	http://www.nipponhyojun.co.jp/
印刷・製本	株式会社 リーブルテック

＊乱丁・落丁の場合はお取り替えいたします。
＊定価はカバーに表示してあります。

© Koji Tanaka 2016
ISBN 978-4-8208-0595-3
Printed in Japan